UN PAYS

DE

LA FRANCE CENTRALE

AU TEMPS DE LA LIGUE

ESSAI HISTORIQUE SUR LE GÉVAUDAN

Édit de Nemours (7 juillet 1585). — Édit de Folembray (26 janvier 1596)

PAR

JEAN ROUCAUTE

DOCTEUR ÈS-LETTRES

MENDE
IMPRIMERIE TYPOGRAPHIQUE AUGUSTE PRIVAT
5, Rue Basse, 5

1900

AVANT-PROPOS

Le Gévaudan est l'une des moins connues des régions historiques de l'ancienne France. Les publications de M. de Burdin contiennent surtout des analyses de documents sans références précises ; les travaux de M. l'abbé Prouzet sont trop souvent étrangers à tout esprit critique ; la savante réédition de l'œuvre de Dom Vaissète est, pour le diocèse de Mende, incomplète, parfois inexacte.

La Société académique de la Lozère fut donc heureusement inspirée lorsqu'elle vota, en 1875, l'impression de diverses séries de documents précieux (1). Le concours éclairé de M. F. André lui permit de faire successivement paraître : les « Cahiers de do-« léances du Tiers-État au Roi, pendant les Guerres « de Religion du XVIe siècle », les « Procès-ver-« baux des Etats particuliers du Pays de Gévaudan », trois volumes de « Documents sur les Guerres de « Religion », les « Etats particuliers du Gévaudan

---

(1) « Introduction à la publication des documents relatifs à l'histoire du Gévaudan », par le Comité de rédaction. (Bull. Soc. agr. Lozère, année 1875. pp. 47 et 48).

« devant les Etats Généraux de Languedoc », etc. (1).

Grâce à ces importantes publications (complétées par nos recherches aux Archives municipales de Mende, aux Archives départementales de la Lozère, de la Haute-Garonne, de l'Hérault, de la Haute-Loire, et à la Bibliothèque Nationale), nous avons étudié l'histoire de ce Pays au temps de la Ligue. A défaut de travaux antérieurs sur la dernière période des Guerres de Religion en Gévaudan, nous avons presque exclusivement consulté des documents inédits ou récemment publiés. Les principales pièces justificatives de la présente Etude ont paru, en 1894, sous ce titre : « Documents pour servir à l'histoire « du Pays de Gévaudan au temps de la Ligue » (2).

C'est pour nous un devoir d'associer dans une même expression de gratitude MM. André, Saché, Maisonobe, Porée, successivement archivistes de la Lozère, Berthelé, archiviste de l'Hérault, et Baudouin, archiviste honoraire de la Haute-Garonne, qui nous ont libéralement ouvert les riches dépôts confiés à leurs soins.

---

(1) Cf. infra la Bibliographie.
(2) J. Roucaute. Documents pour servir à l'histoire du Pays de Gévaudan au temps de la Ligue. 1585-1595. Paris, A. Picard éd. 1894. 1 vol. in-8° viii — 269 pp.

BIBLIOGRAPHIE

I

DOCUMENTS INÉDITS

Bibliothèque Nationale. — Mss. français. 15570. — Lettres au Roi et à la Reine-mère relatives à une intervention armée en Gévaudan, [année 1585].

Fonds Dupuy. tome LXI.

Fonds Languedoc. tome XVII.

Archives de la Haute-Garonne. — Série B. (Archives du Parlement de Toulouse) — [Réf. Arch. Haute-Garonne B].

Archives de l'Hérault. — [Réf. Arch. Hérault].
1° « Estat des lieux qui composent les 22 diocèses de la Province de Languedoc, avec le tariffe et pesage de ce que chascun lieu porte tous les ans de la totalité de l'impozition du taillon sur le pied de IIe IIII^{xx} II mille VIe l. t. ;..... et à la marge sont inscrits les noms de ceux à quy les villes, bourgs et villages appartiennent ». — Série C. non inventoriée. Comptes du Trésorier de la Bourse. Registre daté

par erreur 1625. — [M. P. Gachon a prouvé que ce document a été rédigé en 1631 ou 1632. *Les Etats de Languedoc et l'Edit de Béziers,* p. 2, note 2].

2° Registres des Trésoriers de France, classés par année.

3° Descudier. « Recueil des affaires traitées dans les Estats Généraux de la Province de Languedoc, depuis l'année 1501 jusques au dernier jour du mois de décembre de l'année 1664 ». [Ancien consul de Nimes et syndic des Etats, Descudier écrivait pendant la seconde moitié du XVII· siècle].

Archives de la Lozère. — [Réf. Arch. Lozère].

1° Série C. Archives civiles. Inventaire, 1 vol. 1876. par F. André.

2° Série G. [Ancien fonds de l'Evêché de Mende]. Inventaire, 2 vol., 1882 et 1890, par le même.

3° Série H. Clergé régulier du Gévaudan. — Arch. de l'Hospice de Mende. Inventaire sous presse, par F. André, Saché, Maisonobe et Porée.

4° Série E. Les familles du Gévaudan [Apcher, Peyre, Canillac, Cénaret, etc.] Non inventoriée. Classement défectueux.

Archives de la ville de Mende. — Inventaire. 1 vol. 1885, par F. André. [Réf. Arch. Mende].

Archives de la Haute-Loire. — Papiers de la famille de Saint-Vidal. 25 registres, (depuis le XIV· siècle), avec un Inventaire complet des titres dressé au XVIII· siècle.

II

DOCUMENTS PUBLIÉS

Albisson. — Lois municipales et économiques de Languedoc. Montpellier, Rigaud et Pons, 1780-1787, 7 vol. in-4°. [Important recueil de documents relatifs à la situation administrative du Languedoc sous l'Ancien Régime].

F. André. — Documents historiques et inédits sur les Guerres de Religion en Gévaudan, publiés par la Société d'agriculture, industrie, sciences et arts du département de la Lozère. [La tomaison en est défectueuse : cette publication comprend trois volumes numérotés, par erreur, tomes II, III et IV]. Cf. les tomes III et IV. (Extraits du Bull. Soc. Agric. Lozère. Partie historique, années 1886, 1887 et 1888.) [Réf. F. André. Doc.]

Le même. — Procès-verbaux des séances des Etats particuliers du Pays de Gévaudan. 8 volumes. — Cf. le tome I. (Extraits du Bull. Soc. Agric. Lozère. Partie historique, année 1875. pp. 47-200.) [Réf. Proc. verb. Etats du Gévaudan].

F.-André. — Notice historique sur le Gévaudan. [Copie d'un manuscrit tiré des « Recherches « du sieur Lenoir », et conservé aux Archives de l'Hérault. XVII· siècle]. Annuaire du département de la Lozère. Appendice historique, année 1884.

Le même et de Moré. — Notice historique sur le Gévaudan et ses huit baronnies. [Copie d'un manuscrit inédit de l'année 1620]. Bull. Soc. Agric. Lozère. Année 1865, pp. 468 sqq.

Aubais (d'). — Pièces fugitives pour servir à l'histoire de France. — Edition de 1759. 3 vol. in-8°.

Baldit (l'abbé). — Meurtres et massacres en Gévaudan à la fin du XVI· siècle. — [Bull. Soc. Agric. Lozère. Année 1852, pp. 76 sqq].

Bosse (l'abbé). — Le Gévaudan pendant la deuxième guerre civile dite religieuse (1567), ou procès-verbal des faits du baron de Cénaret, gouverneur de Gévaudan, dressé par le sieur Destrictis, son secrétaire. — [Bull. Soc. Agric. Lozère, année 1864, pp. 29, 59, 62, 163, 235, 348, 412 et 549].

Bulletin de la Société d'agriculture, industrie, sciences et arts du département de la Lozère, (de 1850 à nos jours). in 8°. Mende. Privat, édit. [Réf. Bull. Soc. Lozère.]

Burdin (de). — Documents historiques sur le Gévaudan. 2 vol. in-8° 1866-1867. Toulouse. P. Lachapelle, édit.

Chroniques de Languedoc (Les). — Revue du Midi, publiée sous la direction de M. de la Pijardière. — Montpellier. 1874-1889.

« *Discours du Voyage de M. le duc de Joyeuse, pair et amiral de France, en Auvergne, Givaudan et Rouergue, et de la prise de la ville du Malzieu, Maruèges et Peyre,* — écrit par ung gentilhomme de l'armée dudit seigneur à ung sien amy ». — Paris, chez Mamert-Patisson, imprimeur du Roy, 1586. [Bull. Soc. Lozère. année 1863. pp. 205 sqq.]

« *Extrait des Archives de Mende, comté et pays de Gévaudan, contenant :*
    1° La Charte dite Bulle d'Or de 1161.
    2° L'Eschange de 1266 entre Saint-Louis et l'évesque Odilon de Mercœur.
    3° Le Paréage de 1307 ». — in-f° s.l.n.d. imprimé XVII° s. [Arch. Lozère. G. 775].

Intendit présenté au Commissaire du Roi, [en 1582], par le syndic du Clergé de Gévaudan. (Bull. Soc. Lozère, année 1856, pp. 461-472). [Il est daté par erreur 1587].

Mémoires de la Société d'agriculture, industrie, sciences et arts du département de la Lozère. 1827-1850. Mende. Ignon édit. [Réf. Mém. Soc. Lozère].

C. Porée. — Le Consulat et l'administration municipale de Mende. Bull. Soc. Agr. Lozère. années 1898 et 1899. (En cours de publication).

J. Roucaute. — Documents pour servir à l'histoire du Pays de Gévaudan au temps de la Ligue. (1585-1595), publiés avec une Introduction et des Notes. Paris. A. Picard, édit. 1894. 1 vol., in-8° — [Réf. J. Roucaute. Doc.]

J. Roucaute. — Lettres inédites de Montmorency-Damville, gouverneur de Languedoc, Montpellier. Hamelin frères, édit. 1894.

Le même. — Notes et Documents d'histoire gévaudanaise. Bull. Soc. Lozère. année 1899. (En cours de publication).

Le même et M. Saché. — Lettres de Philippe-le-Bel, relatives au Pays de Gévaudan. 1 vol. in-8° 1897. Mende, A. Privat, édit. (Cf. le Paréage de 1307, appendice II, pp. 174 sqq.)

Thou (J.-A. de). — Mémoires. Tome IV. Edit. Desrez. Paris. 1836.

Vaissète (Dom). — Histoire générale de Languedoc. Toulouse. Privat édit. tome XII. Preuves. [Ref. Hist. Lang.]

III

CARTES ET REPERTOIRES

Carte de la partie orientale du gouvernement de Languedoc, où se trouve, dans les Sévènes et dans le Bas-Languedoc, le diocèse de Mende et Gévaudan, — par le sieur N. de Fer. Paris 1703. Bénard, édit.

Carte de la France, par Cassini. Paris, XVIII⁰ s. in-folio.

Carte de la Province de Languedoc dressée par ordre et aux frais des Estats, sous la direction de MM. Cassini, de Montigny et Perronet, réduite sur l'échelle d'une ligne par 500 toises, par le sieur Capitaine. 1781. (La carte de Cassini était à l'échelle d'une ligne par 100 toises).

Anselme (Le P.) — Histoire généalogique et chronologique de la Maison de France et des grands officiers de la Couronne. 9 vol. in-f⁰ 1726-1733.

Bouret (F.) — Dictionnaire géographique de la Lozère. 1 vol. in-8° 1852. Mende. Boyer, édit.

Etat de la population et du commerce de chaque communauté et noms des seigneurs du Gévaudan, d'après les Procès-verbaux dressés par M. Laval, commissaire délégué [vers 1734] [Bull. Soc. Lozère. année 1879].

Gallia christiana nova, par D. Denys de St-Marthe, continuée par l'Académie des Inscriptions et Belles-Lettres. [Sur le diocèse de Mende, Cf. le tome XIII. pp. 83 sqq.]

Germer-Durand (F.) — Notes bibliographiques sur le département de la Lozère, in-8°, Mende, 1889, A. Privat, édit.

Graverol. — Notice et abrégé historique des 22 villes, chefs-lieux de diocèse de la Province de Languedoc. in-f°. Toulouse 1696, Colomiers, édit.

Ignon. — Nomenclature des communes de la Lozère, suivie de quelques remarques historiques et statistiques :

    Arrondissement de Mende. Annuaire départemental. Appendice historique. 1830.

    — de Marvejols ibid. 1831.

    — de Florac ibid. 1832.

Pascal (l'abbé). — Gaballum christianum. 1 vol. in-8°, 1857. Paris, Dumoulin, édit.

Vincens (P.) — Dictionnaire des lieux habités du département de la Lozère. 1 vol. in-8° 1879. Mende. Privat, édit.

IV

OUVRAGES

Arnal (P.) — L'Eglise Réformée de Florac. 1 vol. grand in-8°. Vals 1896.

Daudé. — Recherches historiques sur le Monastier en Gévaudan. 1 vol. in 8° 1885. Paris. Maissonneuve frères et Ch. Leclerc, édit.

Denisy. — Notice sur Marvejols. 1 vol. in-8° 1876. Issoire. Gaffard, édit.

Désormeaux. — Histoire de la Maison de Montmorency. 5 vol. in-12, 1764. Paris, Desaint et Saillant, édit.

Dognon (P.) — Les institutions politiques et administratives du Pays de Languedoc. 1 vol. grand in-8° 1895. Toulouse. E. Privat, édit.

Fagniez (G.) — L'économie sociale de la France sous Henri IV. 1 vol. grand in-8° 1897. Paris, Hachette et Cie édit.

Gachon (P.) — Les Etats de Languedoc et l'édit de Béziers (1632). 1 vol. in-8° 1887. Paris, Hachette et Cie, édit.

Imberdis. — Histoire des Guerres de Religion en Auvergne. 2 vol. in-8°, 1840-1841. [Cf. le tome II].

Louvreleuil (Le P.) — Mémoire historique sur le Gévaudan et la ville de Mende. 1 vol. in-8° 1825, Mende. Ignon, édit.

Lunet. — Notice historique sur le Collége des Jésuites de Rodez. [Extrait des Mémoires de la Société des Lettres, Sciences et Arts de l'Aveyron. Tome V. 1844-1845].

Mandet. — Histoire du Velay. 1860-1861. Le Puy, 7 vol. in-18°. [Cf. le tome V].

Martin. — Notice historique sur Mende. 1 vol. grand in-8°. 1893. Marvejols. Guerrier, édit.

Monin (H.) — Le Gévaudan en 1789. [Bull. Soc. Languedoc. de géographie. t. X. pp. 11 sqq.]

Pontbriant (de). — Le Capitaine Merle. 1 vol. grand in-8° 1886. Paris. A. Picard. édit.

Prouzet (l'abbé). — Annales pour servir à l'histoire du Gévaudan. 2 vol. in-8° 1843-1844. St-Flour, Villefort édit.

Le même. — Histoire du Gévaudan. — Mende. Pécoul, édit. [Les deux premiers volumes ont seuls paru ; in-8°, 1846 et 1848. Les deux derniers, manuscrits, appartiennent à la Bibliothèque des Archives départementales de la Lozère].

Prunières. — La baronnie de Peyre. 1 vol. in-8° 200 pp. (Bull. Soc. Lozère. année 1866).

Truchard du Molin. — La baronnie de Saint-Vidal (Mémoires de la Société agricole et scientifique de la Haute-Loire, année 1896, pp. 100-203).

Vaissète (Dom). — Histoire générale de Languedoc. Op. cit. tome XI.

Vinols de Montfleury (de). — Histoire des guerres de Religion en Velay. 1 vol. in-8°, 1862. Le Puy (1).

---

(1) Les Mémoires (1827-1850) et les Bulletins (1850-1875, 1893-1899) de la Société d'agriculture de la Lozère, contiennent de courtes Etudes sur le Gévaudan. De 1875 à 1893, la partie historique du Bulletin a été exclusivement consacrée à la publication, sans introductions ni annotations, de plusieurs séries de documents. (Cf. plus haut, l'Avant-propos).

INTRODUCTION

Les caractères historiques du Gévaudan au XVIe siècle

I — Configuration du Pays de Gévaudan : la *Montagne*, les *Causses*, les *Cévennes*. — Son isolement.

II — Sa physionomie historique. — Le pouvoir temporel des évêques de Mende, comtes de Gévaudan. — Rapports du Roi et du prélat du XIIe au XIVe siècles. — Le Paréage de 1307.

III — A la veille des Guerres de Religion, la grande influence de l'évêque-comte s'affirme au point de vue social et politique, judiciaire, administratif :

1° Loin d'être une « quantité politiquement négligeable », le Clergé occupe, en Gévaudan, la première place, au-dessus de la Noblesse et du Tiers-état, à côté du Roi — La société gévaudanaise est plus féodale que moderne. — Son caractère archaïque. — Le prélat est propriétaire de l'une des plus vastes seigneuries ecclésiastiques du Royaume ; les nobles gévaudanais sont ses vassaux.

2° La justice est organisée d'après une triple répartition des biens fonds en « Domaine propre du Roi », « Domaine propre de l'Evêque », « Terre commune à l'Evêque et au Roi ». — Bailli royal de Marvejols ; bailli épiscopal de Mende ; bailli de la Cour Commune siégeant alternativement à Mende et à Marvejols. — Les aliénations ou engagements d'une partie du domaine de la Couronne ont porté atteinte à l'autorité du bailli royal. — Grande influence judiciaire du prélat et de son bailli, due surtout à l'étendue du domaine épiscopal.

3° Diocèse civil et diocèse ecclésiastique. — La circonscription administrative se confond avec la circonscription ecclésiastique. — Les Etats Particuliers du Pays de Gévaudan ont des attributions plus étendues que les « Assiettes » ordinaires des diocèses languedociens. — Différences entre les Etats du Gévaudan et ceux du Vivarais, du Velay, de l'Albigeois. — Rôle prépondérant de l'Evêque de Mende.

IV — Dualisme judiciaire et administratif, symbolisé par les deux bourgs les plus importants du Gévaudan : Marvejols, cité royale, Mende, cité épiscopale.

V — Les troubles suscités par les Guerres de Religion gênèrent l'action du gouvernement central et permirent aux prélats d'exercer leurs prérogatives presque souveraines. — Les différences géographiques, économiques et ethnographiques entre le Gévaudan septentrional et central et le Gévaudan méridional sont complétées par l'opposition des « Montagnards » catholiques et des « Cévenols » protestants.

VI — La Réforme dans le diocèse de Mende. — Création des Eglises des Cévennes, — de Marvejols et de la baronnie de Peyre. — Ces deux centres, dont le premier est de beaucoup le plus important, sont les derniers appendices du Midi protestant vers la France centrale. — Deux circonscriptions administratives : le Haut-Gévaudan catholique, le Bas-Gévaudan réformé. — Mais les Huguenots eux-mêmes « reconnaissent toujours et respectent le Prélat de Mende comme comte de Gévaudan »

VII — Caractère général des hostilités entre Protestants et Catholiques de 1563 à 1580. — Le Capitaine Merle.

Plan du présent Travail.

I

Au XVIᵉ siècle, l'ancien pays de Gévaudan, ou diocèse de Mende, est limité au nord par l'Auvergne et le Velay, à l'est par le Vivarais, au sud par les diocèses de Nimes et d'Uzès, à l'ouest par le Rouergue. Confinant à la Guyenne et à l'Auvergne, il est une des plus vastes circonscriptions ecclésiastiques et administratives de Languedoc. (1)

---

(1) « Les limites de l'ancien diocèse de Mende coïncident
« exactement avec celles du département actuel de la Lozère,
« sauf sur quatre points : à l'est, on a joint à la Lozère les com-
« munes de Villefort, Combret, Pourcharesses, les Balmelles,
« St-André-Capcèze, détachées du diocèse d'Uzès; la limite
« passait ici au sud de Planchamp et de la Garde-Guérin, à
« l'est d'Altier, et venait rejoindre la limite actuelle entre le pic
« de Costelade et celui de Malpertuis. Un peu plus bas, par-
« tant du pic de Costelade, elle obliquait à l'ouest et laissait au
« diocèse d'Uzès les communes actuelles de Vialas et de Saint-
« Maurice-de-Ventalon. Au sud, on a également incorporé à la
« Lozère les communes de Meyrueis et de Gatusières, déta-
« chées du diocèse d'Alais. La ligne divisoire, se détachant de
« la limite actuelle à l'ouest de Meyrueis, décrivait un arc de
» cercle et venait rejoindre l'Aigoual. Enfin, au nord, on a
« donné à la Haute-Loire tout le canton actuel de Saugues et la
« commune de la Bessière-Saint-Mary dans le canton de Pi-
« nols. » Note de M. A. Molinier, Hist. Lang. t. XII, p. 170.

Tout entier situé dans la partie la plus élevée du Massif Central, il est constitué par trois zones géologiques et orographiques d'inégale étendue : au nord le granit de la Margeride et le volcanique de l'Aubrac, au centre le calcaire fissuré des Causses, au sud-est le schiste cristallin des Cévennes. Là-haut, les croupes arrondies de la Margeride se confondent doucement avec les pentes gazonnées de l'Aubrac ; ici, les assises dénudées des Causses se soudent aux chaînons déchiquetés des Cévennes. La « Montagne », le « Causse », les « Cévennes », telles sont les trois subdivisions naturelles du Gévaudan. Elles n'ont pas été sans influence sur la formation des partis religieux et politiques au XVI° siècle (1).

La prédominance des terrains imperméables et la fréquence des pluies expliquent la multiplicité des rivières gévaudanaises rayonnant pour la plupart autour du Lozère. Mais l'absence de glaciers ou de lacs régulateurs, la forte inclinaison du sol, et, pour plusieurs, les profonds défilés des Causses, les rendent intermittentes et torrentielles. Avant de déboucher en Rouergue, le Tarn, franchit par d'étroits *canons*, (merveilleuse oasis dans le désert des Causses), la grande masse calcaire qui s'enfonce comme un coin dans les formations anciennes de la France centrale. — Défectueux par leur irrégularité, ces cours d'eau le sont aussi par leur orientation ; assurant aux diverses parties du diocèse de Mende des relations économiques différentes, leurs vallées fuient dans tous les sens, les unes

---

(1) Cf. infra, pp. 30 sqq.

vers le Rhône et la Méditerranée, les autres vers la Garonne, la Loire et l'Océan. Les grandes voies naturelles contournent le Gévaudan, mais ne le traversent pas. Il n'y a pas de région à laquelle puisse être appliquée plus justement l'heureuse expression de « pôle répulsif de la France », dont Elie de Beaumont a caractérisé l'ensemble du Massif Central, par opposition au Bassin Parisien, le « pôle attractif ». Tout s'éloigne du Gévaudan, rien n'y converge.

Aussi ce diocèse devait-il se suffire à lui-même. Or si la variété de ses terrains explique celle de ses produits, leur nature lui assure une fertilité médiocre. La vigne, le châtaigner croissent dans les étroites vallées cévenoles ; sur les hauts plateaux de lave ou de granit se déroulent les pâturages, et sur les harmonieuses croupes de la Margeride se dressent les pins et sapins noirs, arbres robustes aguerris contre les longs hivers. Mais le Gévaudan, « pendant les années les plus
« abondantes, produit à peine assez de grain pour
« nourrir ses habitants, qui se verraient souvent ex-
« posés à en manquer, sans les secours qui leur
« viennent des provinces voisines » (1). Le pays était sillonné par de rudes sentiers et d'anciennes routes romaines (2) difficilement praticables, car elles n'é-

---

(1) Balainvillers. Mém. 1788. cité par M. H. Monin. Bull. Société Languedocienne de géographie. tome x. p. 137.

(2) Notamment la Voie Régordane, aujourd'hui suivie par la ligne ferrée d'Alais à Langogne. Les premières routes modernes datent seulement de l'Intendance de Baville, (fin du xvii⁰ siècle et début du xviii⁰.)

taient plus entretenues depuis des siècles. L'excessive rapidité de leurs pentes les rendait seulement accessibles à des mulets sans véhicules. En temps normal, les Gévaudanais ne pouvaient subsister que grâce au commerce des bestiaux et à l'industrie toute locale des *cadis*, solidaire de l'élevage des moutons. Mais quand les neiges les privaient de toutes relations économiques avec les régions limitrophes (1), ces cantons, abandonnés à eux-mêmes, étaient réduits à la dernière misère.

II

Ainsi isolé (2) dans de hautes et froides montagnes, le Gévaudan a conservé, jusqu'à la chute de l'Ancien Régime, les traits principaux de la

---

(1) « L'Auvergne fournit, par Saint-Flour, les marchés de Saint-Chély et de Serverette, et, par Langeac, ceux de Saugues et du Malzieu ; le Velay fournit celui de Langogne... Le Bas Languedoc fournit les places de Barre et de Florac... » Notice historique sur le Gévaudan. Mémoire de l'année 1767, publié par F. André, Annuaire du département de la Lozère, 1876, partie historique.

(2) « Jusqu'ici, la pénurie des voies de communication a paralysé le progrès. Mais enfin la Lozère, suivant une heureuse expression de l'un de ses représentants, a été *annexée à la France : elle a ses voies ferrées...* » H. Baudrillart. Les populations agricoles de la France 1893. t. III. p. 496.

physionomie vraiment originale dont le dota le Paréage de 1307.

Vers la fin du XIIe siècle, c'est-à-dire dès les premières relations entre les Capétiens et les prélats de Mende, le Gévaudan était un fief épiscopal : les plus grands seigneurs de la région (1), notamment le vicomte de Millau et de Grèzes, prêtaient au prélat l'hommage lige. Mais le comte de Barcelone ayant hérité (2) de la Comté de Provence, des vicomtés de Millau et de Grèzes, l'évêque comprit qu'il n'était pas assez fort pour maintenir par lui-même ses droits à l'égard d'un aussi puissant vassal, dont l'oncle et tuteur régnait même en Aragon (3).

---

(1) « Copie des hommages rendus à l'Evêque de Mende par les barons de Randon, de Cénaret, par les seigneurs de la Garde-Guérin, etc. » Arch. dép. Lozère. G. 146. (Registre de l'année 1134). — « Copie des hommages rendus aux évêques de Mende par les comtes de Rodez, les barons de Mercœur, de Cénaret, de Canilhac, de Peyre, du Tournel, de Châteauneuf, d'Apcher, de Florac, [c. à. d. les futurs huit « barons de tour »], les seigneurs de Montferrant, de Montrodat, etc. ». Arch. dép. Lozère G. 147. (Registre de l'année 1219). etc.

(2) En 1112, Raymond Bérenger, comte de Barcelone, épouse Douce, héritière de la comté de Provence, des vicomtés de Millau et de Gévaudan. Hist. Lang. t. IV. p. 136. — F. André. La vicomté de Gévaudan sous la domination des comtes de Barcelone et des rois d'Aragon. p. 353. Extrait du Bull. Soc. Agr. Lozère. 1886.

(3) 1137. Mariage de Raymond Bérenger, comte de Barcelone, leur fils ainé, [Cf. la note précédente], avec Pétronille, héritière du Royaume d'Aragon. Quant à leur fils cadet, Bérenger Raymond, il a hérité des biens de sa mère ; il est donc comte de

Placé entre deux rois, celui de France et celui d'Aragon, qui indirectement avait déjà pris pied dans le diocèse de Mende, Aldebert du Tournel, un Gévaudanais, se rendit en personne à Paris auprès de Louis VII (1) et lui fit hommage de son Evêché. Hommage simple s'il en fut ! Aldebert, « ayant rapidement « touché les Evangiles, jura fidélité ». En retour, et par une libéralité qui lui coûtait peu, le roi reconnut solennellement (2) au prélat, les droits régaliens sur son diocèse. (La Bulle d'or, 1161).

Provence, vicomte de Millau et de Gévaudan. — F. André. ibid p. 355.

1144. Mort de Bérenger Raymond, vicomte de Millau et de Gévaudan. Son jeune fils, Raymond Bérenger, a comme tuteur son oncle, Raymond Bérenger, roi d'Aragon. A ce titre, ce dernier prit à cœur les intérêts de son pupille et les défendit avec vigueur en Provence.

En 1161, l'année même de la promulgation de la Bulle d'or, plusieurs seigneurs gévaudanais font hommage de leurs châteaux au Roi d'Aragon. ibid. pp. 356 à 359.

1172. Réunion de la vicomté de Gévaudan et du royaume d'Aragon. Douce, unique héritière de Raymond Bérenger, vicomte de Gévaudan, meurt sans être mariée ; ses domaines passent à Alphonse II, roi d'Aragon, cousin germain de Raymond Bérenger. ibid. p. 360.

(1) Note sur le voyage de l'Evêque Aldebert à Paris. Mém. Soc. Agr. Lozère t. I: p. 147.

(2) « Copie de la charte dite Bulle d'or ». Arch. Lozère G. 25. Cet acte solennel était, en effet, scellé d'une bulle d'or. « Les lettres de St-Louis, datées du mois de décembre 1262, dans lesquelles cette charte est insérée, le disent formellement... Nos rois se servaient rarement de bulles d'or pour sceller leurs actes. C'est donc là une singularité paléographique [sic] qu'il est utile de noter ». Teulet. Layettes du Trésor des Chartes, t. I. p. 84.

« Reprenant le rôle et l'attitude des empereurs ca-
« rolingiens », le Capétien renouait ainsi les liens qui
avaient jadis uni le Gévaudan au pouvoir central.
Rattaché à la royauté par un vague serment de fidélité,
l'évêque de Mende entretint avec elle des relations qui
ne pouvaient, vu l'éloignement du suzerain, « pré-
« senter rien de bien gênant ni de périlleux pour
« l'exercice de son autorité temporelle ». Aussi lit-on,
dans une enquête (1) en sa faveur, datée du XIIIe
siècle, qu'il a toujours été regardé en Gévaudan comme souverain « pro majore dominatione » ; sur son
sceau, un sceptre royal est placé devant l'image de
Saint-Privat, le prélat martyr, attestation de la puissance épiscopale. Interrogé sur le sens des termes
« major dominatio », un témoin répond : « major
« dominatio et regalia sunt idem ; et est major do-
« minatio quia episcopus distringit barones, et sibi
« et mandatis suis obediunt, punit excessus eorum,

---

note 1. — La Bulle d'or est transcrite ibid, pp. 84 et 85. Elle a été
publiée, au xviie siècle, [arch. Lozère G. 775,] et, à notre époque,
par Prouzet, Hist. du Gévaudan, t. I, p. 144, note xx. Elle a été
analysée par M. A. Luchaire. [Les actes de Louis VII p. 245]. — Par
ce diplôme, le Roi accepte l'hommage simple de fidélité du prélat de Mende. Mais il le confirme dans tous ses anciens
privilèges et droits régaliens « Longe est a memoria hominum
mortalium nostri temporis, quod aliquis episcopus Gabalitanorum ad Curiam antecessorum nostrorum Regum Francie ve-
nerit et eorum subditionem cognoverit, sive fidelitatem eis
fecerit. *Quamvis tota illa terra, difficillima aditu et montuosa,
in potestate episcoporum semper extiterit, non solum ad faciendum
ecclesiasticam censuram, sed etiam ad judicandum gladio...* » etc.
(1) Arch. Lozère. G. 733.

« et facit que dominus potest facere in subditis ». L'éloignement de son diocèse avait permis à l'évêque de négliger ses obligations féodales envers les successeurs des Carolingiens et de jouir d'une liberté d'action que les Gévaudanais devaient aisément confondre avec l'exercice même de la souveraineté. Les habitants du diocèse de Mende n'étaient pas seuls à penser ainsi. N'avait-on pas été surpris, à la Cour de Louis VII, quand Aldebert du Tournel était venu personnellement reconnaître la suzeraineté du Roi de France ! Ce pays, disait-on, n'avait jamais été soumis qu'à son évêque.

Mais, par le traité de Corbeil (1258)(1), la Couronne acquit définitivement de Dom Jacme toutes les terres que la Monarchie aragonaise possédait en Langue-

---

(1) En 1204, Pierre d'Aragon avait engagé à Raymond VI, comte de Toulouse, pour la somme de 150.000 sous de Melgueil, les vicomtés de Millau et de Grèzes ou de Gévaudan.[Hist. Lang. t. VIII. pp. 510-522]. Héritier des droits de Montfort, Louis VIII fit occuper, en 1226, le château de Grèzes par ses troupes, « et « tunc Gallici inceperunt possidere Gredonam ». [F. André. La vicomté de Gévaudan... op. cit. p. 367.]. L'année suivante, il donna la vicomté de Grèzes en garde à Béraud de Mercœur, qui devait la lui rendre à la première réquisition. [Hist. Lang. t. IV. note XXVI. p. 135, et t. VI. p. 622].

Enfin, en 1229, (traité de Meaux ou de Paris), la séparation des vicomtés de Millau et de Gévaudan fut complète. La première fut restituée à Raymond VII, comte de Toulouse, la seconde fut reconnue propriété de la Couronne de France. [Hist. Lang. t. VI. p. 648. t. VIII. pr. n° 271. (texte du traité), et t. XII, note XVIII, p. 278.]. Toutefois la prise de possession vraiment légitime et définitive de cette vicomté par les Capétiens date du contrat de Corbeil, en 1258. [Hist. Lang. t. VI. p. 859.].

doc, la seigneurie de Montpellier exceptée. La vicomté de Grèzes ou de Gévaudan était du nombre. Telle fut l'origine du domaine royal dans le diocèse de Mende, qui fut rattaché à la Sénéchaussée de Beaucaire, et, plus tard, à la Communauté de Languedoc.

La signature de l'Acte de 1258, qui faisait des Capétiens, héritiers indirects des vicomtes de Millau, les vassaux des évêques de Mende, eut pour conséquence immédiate l'ouverture de négociations dont le résultat fut un échange réglé en juin 1266 (1). Saint-Louis, suzerain de l'Evêque pour tout le diocèse, ne pouvait être son vassal (2) pour la vicomté. Le prélat céda donc à la Couronne toute souveraineté sur la vicomté de Gévaudan ; il acquit toutefois soixante livres de revenus, plusieurs mas et fiefs, et conserva intactes ses prérogatives vraiment royales : droit de confiscation et de guerre, droit de battre monnaie d'argent et de billon ayant cours légalement même dans les terres de la Couronne (3) ; sa seule obligation envers son suzerain fut l'hommage simple de fidélité (4),

---

(1) Arch. Lozère. G. 775.

(2) En 1225, le roi d'Aragon avait formellement reconnu tenir de l'évêque de Mende le château de Grèzes et la vicomté de Gévaudan. Arch. Lozère. G. 70.

(3) Sur les monnaies épiscopales de Mende, Cf. Hist. Lang. t. VII. p. 412. — de Burdin. Doc. hist. t. I. p. 10. — Boutaric. Actes du Parlement de Paris n° 1052. Olim f° 44 r°.— J. Roucaute et M. Saché. Lettres de Philippe le Bel. op. cit. p. 210.

(4) La formule du serment de fidélité prêté par le prélat de Mende, était au xiv° s.: « Ego N..., mimatensis episcopus et comes gabalitanus, recognosco ecclesiam et episcopatum esse in regno Franciæ, et, pro dicto episcopatu, vobis, illustrissimo principi

tel qu'il avait été spécifié dans la Bulle d'Or. Le Gévaudan eut dès lors deux maîtres, le Roi et l'Evêque, ce dernier le plus influent dans le pays.

Soucieux d'étendre les prérogatives royales dans une région où le prélat était très puissant, les officiers de la Sénéchaussée de Beaucaire, dont relevait la vicomté de Grèzes, tentèrent de porter atteinte aux privilèges épiscopaux. Un paréage mit fin à de longues et délicates contestations. Auteur de plusieurs contrats analogues avec les évêques de la France centrale, du Puy, de Cahors, de Viviers, Philippe-le-Bel termina le procès dont l'origine remonte au règne de son aïeul Louis IX (1), par l'acte de 1307, qui, maintefois confirmé par ses successeurs jusqu'à la Révolution, doit être considéré comme la charte constitutive du Gévaudan aux temps modernes (2).

---

domino N..., Dei gratia Francorum regi, fidelitatem juro ».— F. André. « Les évêques de Mende, comtes de Gévaudan ». p. 434. Bull. Soc. Lozère. année 1865.

(1) Sur ce procès, Cf. « Procédures et enquêtes entre les rois Louis IX et Philippe III d'une part, Odilon de Mercœur, évêque de Mende, de l'autre, au sujet du Gévaudan ». 1269-1271. — 5 cahiers papier, incomplets et détériorés. Arch. Nat. J. 894. n° 9 inédit. — « Mémoire relatif au Paréage de 1307 ». Bull. Soc. Lozère, années 1896 et 1897, 607 pp. (arch. Lozère G. 730.) — L'origine de cette grave affaire date de 1269. « Dicta littera, [la Bulle d'or] fuit data anno Domini M°CLXI, videlicet per centum et octo annos *antequam lis moveretur, que fuit mota anno Domini.* M°CCLXIX ». Ibid p. 98.

(2) Les documents relatifs au Paréage de Mende sont nombreux et de grande importance. Ils sont conservés aux Archives de la Lozère, série G. 730 à 913. L'acte lui-même a été plusieurs fois transcrit, notamment sur un rouleau de parchemin, [ibid. G.

Bulle d'Or (1161), contrat de Corbeil (1258) et échange de 1266, paréage de 1307, telles sont les dates qui marquent dans l'histoire des rapports de la « temporalité » de l'Evêché de Mende avec les Capétiens au Moyen-Age.

III

Malgré les progrès de la Royauté, les évêques-comtes n'ont jamais renoncé à leurs antiques prétentions, autorisées d'ailleurs par les prérogatives temporelles dont ils ont toujours joui.

A la veille des Guerres de Religion, cette grande influence du prélat s'affirme au point de vue social et politique, judiciaire, administratif.

1° « La société languedocienne, a récemment écrit « M. Dognon, est encore féodale [à la fin du XV° siè-

---

743], qui, de toutes les copies des Archives de la Lozère, nous paraît être la meilleure et la plus ancienne (début du XIV° siècle) ; nous l'avons inséré dans nos « Lettres de Philippe le Bel relatives au Gévaudan » pp. 174-196. Ce document a été imprimé, au XVII° siècle, dans un « Extrait des archives de l'Evêché de Mende, comté et pays de Gévaudan », 3 feuilles in-f° (s. l. n. d.) [arch. Lozère. G. 775], — à notre époque, par de Burdin, « Doc. hist. sur le Gévaudan ». t. I. pp. 359. sqq., — par Prouzet, « Hist. du Gévaudan » tome II, pp. 337. sqq. note XIV, — par M. C. Porée. Bull. Soc. Lozére. tome L. 1898. pp. 65. sqq.

« cle] et pourtant moderne par certains traits parti-
« culiers qui lui prêtent une physionomie originale :
« le domaine royal est si étendu, si grande la puis-
« sance des villes et des bourgeois, l'état des biens
« et des personnes est si favorable au Tiers, qu'entre
« le peuple et le Roi, la noblesse et le clergé parais-
« sent des quantités politiquement négligeables (1) ».
Très juste pour l'ensemble des pays languedociens,
cette observation ne saurait s'appliquer au diocèse de
Mende ; car, au XVI° siècle, la société gévaudanaise
est encore plus féodale que moderne : domaine royal
très-réduit, aucun centre urbain important, quelques rares consulats (2), industries sans maitri-

---

(1) P. Dognon. Les institutions administratives et politiques du Pays de Languedoc. op. cit. p. 194.

(2) « Au xvi° siècle, écrit M. Dognon, il y avait en Gévaudan 10 consulats, dont 3 seulement remontant au xiv° » (Marvejols, la Terre de Peyre et la Garde-Guérin). » Op. cit. p. 60. — Cette affirmation est inexacte ; car M. D. mentionne Meyrueis comme appartenant au Gévaudan. Cette localité était alors si-tuée dans le diocèse de Nimes ; elle fut rattachée à celui d'Alais, lors de la fondation de ce diocèse en 1686, et, par la Constituante, au département de la Lozère. (cf., plus haut, p. 3 note 1). — Quant au consulat de la Terre de Peyre, on n'en trouve plus de traces après 1403 (Proc. verb. Etats du Gévaudan t. p. 20), même dans une ordonnance de novembre 1464 relative à Peyre et confirmée en août 1466 (Ord. t. XVI. p. 501). — Enfin les consuls de la Garde-Guérin sont nobles et siègent, à ce titre, parmi les membres du second ordre aux Etats particuliers du diocèse de Mende : ce qui réduirait à sept le nombre des consulats appar-tenant au Tiers Etat Gévaudanais, vers le milieu du xvi° siècle: Mende, Marvejols, Chirac, Chateauneuf Randon, Le Malzieu, Florac, Saugues. (Proc. verb. Etats du Gévaudan. t. I. p. 12.).

ses (1), innombrables « mas » peuplés surtout de serfs agriculteurs. Aussi la bourgeoisie, en tant que corps privilégié, n'y joue-t-elle aucun rôle politique. La grande féodalité conserve ses anciens domaines, et l'évêché reste en possession de l'une des plus vastes seigneuries ecclésiastiques (la plus vaste peut-être) du royaume (2).

A défaut d'un Tiers-Etat influent, sur lequel, selon la tradition capétienne, il se serait sans doute appuyé contre l'Evêché et les barons, Philippe-le-Bel, par le Paréage, s'était lié au prélat Guillaume II Durant, successeur et neveu du célèbre *Speculator*, suzerain immédiat de cette noblesse montagnarde que son isolement avait rendue inaccessible à l'autorité souveraine. Cet acte avait favorisé l'intervention du Roi dans un pays, où son action, toujours contrariée par

---

Et quels consulats? Des communautés à syndics, qui, en devenant consulats « au déclin de l'institution », n'ont guère acquis qu'un « nom plus honorable ».

Au contraire, dans le seul arrondissement actuel de Gaillac, il y en avait 53, et dans celui de Carcassonne 114. « C'est que la formation des communautés a suivi pas à pas l'abolition du servage ». (P. Dognon. op. cit. p. 60). Plus il y a de serfs dans un pays, moins il y a de communautés.

(1) Il n'y avait pas de grandes manufactures dans le diocèse de Mende ; il était même impossible d'en établir pour ces grossières étoffes, serges et cadis, « *n'y ayant ni maistres, ni maistri-* « *ses, ni apprentis*. Les pauvres paysans sont les seuls qui s'occu- « pent à cette facture dans leurs chaumines, au temps que la ri- « gueur de l'hiver les empesche de pouvoir travailler la terre, ou, « dans les autres saisons, lorsqu'ils ont quelque petit relasche » [Requête du Syndic de Gévaudan. Arch. de l'Hérault. c. 2199.]

(2) Longnon. Atlas historique de la France. Pl. XIII et XIV.

la prépondérance épiscopale, avait été presque nulle aux XII⁰ et XIII⁰ siècles. Toutefois, si cette alliance gênait la grande et vieille noblesse gévaudanaise, elle fortifiait du moins l'influence du prélat par une sanction solennelle de ses droits et privilèges temporels,(1) qui n'avaient guère été assurés jusqu'à cette date que par l'usage et la prescription (2). Loin d'être une quantité négligeable, le Clergé occupe dans le diocèse de Mende la première place, au-dessus de la Noblesse et du Tiers, à côté du Roi.

2° La justice avait dès lors été organisée d'après une triple répartition des biens fonds en « domaine « propre du Roi », en « domaine propre de l'évê-

---

(1) Par le Paréage, Philippe-le-Bel conféra aux Evêques de Mende le titre de Comte : « Gratiose etiam concedimus dicto episcopo quod, propter honorem dicte ecclesie, Gabalitani sit Comitatus, et quod dictus episcopus et successores sui se possint vocare et vocentur in preconisationibus et aliis *Comes Gabalitani* ». J. Roucaute et M. Saché. Lettres de Philippe-le-Bel. op. cit. p. 191. — Ce titre figura sur le sceau épiscopal dont la légende circulaire fut, dès lors, ainsi conçue : « Sigillum Guillelmi episcopi, Comitis Gabalitani » ; avant le Paréage, le même Guillaume II Durant ne s'intitule jamais que « G. Dei gratia Gabalitanorum episcopus ». [Années 1299 et 1304] —

(2) Dans les enquêtes faites par les officiers du Roi sur les droits et privilèges de l'Evêque de Mende (1269-1271), les témoins se retranchent toujours derrière la prescription. Ils déclarent, sur la foi du serment, « quod xxx anni sunt quod hoc fuit », et ailleurs : « requisitus de tempore, dixit quod xxx anni sunt, et plus, quod hoc fuit ». Arch. nat. J. 894. n° 9 inédit.

« que » et en « terre commune » à l'évêque et au Roi (1).

Le « domaine propre du Roi », « proprietas domini « Regis », comprenait, à l'époque où fut conclu le Paréage, deux groupes d'inégale importance : 1° dans le Haut Gévaudan, les châteaux de Grèzes, de Nogaret et leurs mandements, Marvejols, Chirac, La Canourgue et leurs dépendances ; — 2° dans les Cévennes, une partie de la bailie de Saint-Etienne-Vallée-Française et des paroisses de Saint-Germain-de-Calberte, Sainte Croix et Vébron. Mais, au temps des Guerres de Religion, la Couronne ne possède plus en Gévaudan que Marvejols, Antrenas, Chirac, Grèzes et La Canourgue (cette dernière tenue en paréage avec le marquis de Canillac). Tout le reste de l'ancien domaine a été aliéné ou engagé (2).

---

(1) Sur la répartition des terres en Gévaudan, Cf. un précieux Registre du début du xiv° siècle, intitulé « Feuda Ga balorum ». [Arch. Lozère. G. 757]. Il contient : 1° Les enquêtes relatives aux terres propres du Roi. pp. 1 à 29. — 2° Les enquêtes relatives aux terres propres de l'Evêque. pp. à 29 à 61. — 3° Les enquêtes relatives aux fiefs mouvants du Roi et aux fiefs mouvants de l'Evêque. pp. 61 à 85. — 4° L'énumération des fiefs mouvants du Roi. pp. 85 à 205. — 5° L'énumération des fiefs mouvants de l'Evêque. pp. 205 à 262. —

(2) Le domaine du Roi dans les Cévennes, c'est à dire l'ancienne baylie de St-Etienne-Vallée-Française, avait été cédé, en 1344, à Humbert, dauphin de Viennois, qui venait de vendre au Roi de France ses états ; après avoir appartenu successivement aux Beauforts, aux Canillacs et aux Montboissiers, il est devenu en partie la propriété des Montmorency, par le mariage d'Antoinette de la Mark avec Henri Ier de Montmorency-

Le « Domaine propre de l'évêque », « proprietas « episcopi et ecclesie mimatensis », était autrement riche et étendu : la cité de Mende et son mandement, les châteaux de Chanac, Saint-Hilaire et Badaroux, du Villars, la moitié du château de Randon et leurs dépendances etc., toutes possessions situées dans le Gévaudan central ; dans les Cévennes, le seul mas du Pompidou et ses dépendances, la moitié des petits châteaux de Fontanille, de Saint-Julien. etc.

Les autres parties du Gévaudan, appartenant primitivement à la mouvance royale,« in feodo Regis », ou à la mouvance épiscopale, « in feodo episcopi », formaient,depuis 1307,la « Terre commune » au Roi et au prélat, « Terra communionis seu Pariagii Ga- « balitani ».

En leur qualité de propriétaires, le Roi et l'évêque ont leurs officiers particuliers sur leurs « Terres pro- « pres » : un bailli (1) royal siégeant à Marvejols,

---

Damville. [Hist. Lang. t. ıx pp. 564-565. — Ibid· t xıı, p. 304. — Chron. de Languedoc t. v. pp. 213-215. — Bib. Nat. Fonds Languedoc, t. xvıı f° 131 r° — P. Anselme t. vı pp. 317, 322 et 323]. — Grèzes sera même cédé par Louis xııı à l'évêché de Mende, sous l'épiscopat du célèbre Marcillac.

(1) Au xıv° siècle, le terme « bailly » (ballivus) ne s'applique en Gévaudan qu'au bailli de la Cour Commune. Cf. une lettre de Philippe le Bel, datée du 8 décembre 1309. (J. Roucaute et M. Saché. Lettres de Philippe le Bel..., op. cit. pp. 212 et 213). L'officier royal en résidence à Marvejols et l'officier épiscopal en résidence à Mende étaient seulement des « bajuli », des bayles. Plus tard, toute distinction s'étant effacée, les bayles de Marvejols et de Mende furent appelés baillis, même dans les actes royaux.

un bailli épiscopal à Mende. Mais, partout ailleurs, ils se sont associés et se sont reconnus réciproquement toute juridiction, « haute et basse », tous droits régaliens sur tous les lieux du diocèse, sur toutes les personnes nobles ou non nobles, ecclésiastiques ou laïques, pour quelque cause que ce soit. Leur compétence commune s'étend à toutes les actions personnelles, à tous les crimes publics ou privés, capitaux ou non capitaux, dans leurs fiefs et arrière-fiefs communs. Ils instituent de concert un bailli de Gévaudan et un juge ordinaire chargés de rendre la justice en leur nom collectif, et dont les jugements sont relevés en appel, au choix de l'appelant, devant la Sénéchaussée de Beaucaire ou le Parlement de Toulouse. La « Cour Commune du Bailliage de Gévaudan » siégeait une année à Mende, ville épiscopale (1), une année à Marvejols, ville royale. Telle était encore au XVI° siècle l'organisation judiciaire du Gévaudan.

Le prélat avait même obtenu de Philippe-le-Bel et de ses successeurs, la confirmation solennelle de sa puissance temporelle, limitée, il est vrai, dans la Terre Commune par les droits égaux de la Couronne,

---

(1) Sur les divers sceaux de la Cour Commune conservés aux Archives de la Lozère (années 1310, 1604, 1678. .etc.), le prélat est toujours figuré tenant d'une main la crosse, et, de l'autre, le glaive. — F. André. Les évêques de Mende, comtes de Gévaudan, et le sceau de la Cour Commune. [Bull. Soc. Lozère 1865 p. 433]. — En 1310, c'est-à-dire à l'époque du Paréage et en 1604, c'est-à-dire au lendemain des Guerres de Religion, le glaive est à droite et la crosse à gauche. Mais, en 1678, sous Louis XIV, crosse et glaive ont changé de mains.

mais fortifiée dans ses vastes domaines, autrement importants que ceux du Roi et des principaux seigneurs du pays : arme précieuse dont les évêques de Mende, la plupart très influents, ne manquèrent pas d'user, souvent avec succès, pour s'opposer aux empiétements des officiers royaux et surtout obtenir pour leurs terres propres de palpables privilèges(1). Mais, même dans la Terre Commune, l'isolement de leur grand diocèse montagnard devait leur assurer une action prépondérante, le jour où ils se décideraient à résider dans leur palais de Mende ou leur château de Chanac.

3° Au point de vue administratif, le Gévaudan, rattaché à la Généralité de Montpellier, ne se confond pas avec les autres pays et diocèses dont la juxtaposition a constitué la Communauté de Languedoc. « L'élection en se greffant sur l'évêché n'en a le plus « souvent respecté ni reproduit exactement les limi- « tes » (2). En Gévaudan, au contraire, la circonscription ecclésiastique coïncide non seulement avec la circonscription judiciaire (3), mais avec la circonscription financière.

---

(1) Cf. infra, I Partie, Ch. II.
(2) P. Dognon, op. cit. p. 285.
(3) Il faut en excepter seulement les terres gévaudanaises de la baronnie de Mercœur, rattachées depuis 1555 au Parlement de Riom, non à celui de Toulouse, et la baylie de Saint-Etienne-de Valfrancesque relevant directement de la Sénéchaussée de Nimes. Au contraire, les diocèses de Mirepoix et d'Albi, qui sont « entièrement rattachés pour l'impôt à Carcassonne, relèvent en partie de la juridiction du Sénéchal de Toulouse ». P. Dognon. ibid. p. 282 note 4. La différence est surtout

Dans presque tous les pays languedociens, l'assemblée de répartition des tailles ou « assiette » ne s'occupe guère que des questions financières intéressant le diocèse civil. Mais il y avait en Gévaudan des traditions particulières dont elle hérita. Dans cette région historique, qui formait une seigneurie entre les mains de l'évêque, s'étaient tenus de bonne heure de véritables « Petits Etats » (1). Le diocèse de Mende étant devenu frontière au temps des guerres anglaises, cette ancienne institution reprit vie. Dès sa création, l'assiette se confondit sans doute avec elle. Ainsi sont nés les « Etats « particuliers du diocèse de Mende et pays de Gévau- « dan », où les représentants des trois ordres traitent les affaires financières, administratives, politiques même qui intéressent la communauté (2), — envoient des députés (3) aux Etats de Languedoc qui distribuent l'impôt entre les vingt-deux diocèses de la pro-

---

sensible avec le diocèse de Viviers ; Cf. infra, p. 22, note 3.

[1] « Pluries barones Gabalitani veniebant, [XIII° seculo], mandato episcopi, ad ipsum episcopum, et consedebant cum eo, et habebant consilium inter se.. [Testis], interrogatus quare veniebant, dixit quod vel tam pacis vel pro guerris ipsius episcopi... » Arch. Nat. J. 894. Cf. notre Thèse latine. Pièces justificatives n° iii [Milieu du XIII° siècle].

(2) Cf. les procès-verbaux des Etats particuliers du Pays de Gévaudan publiés par F. André. 8 vol. in 8° (Bull. Soc. Lozère. années 1876. sqq .).

(3) Pour le clergé, l'Evêque ou son vicaire général ; pour la noblesse, « le baron de tour » ; pour le tiers état, un consul de Mende et un consul de Marvejols.

vince, — délèguent aux Etats généraux du Royaume (1), — et font entendre au Roi en son Conseil leurs doléances par des députations en Cour.

Le Vivarais, le Velay, l'Albigeois ont, eux aussi, des « Etats particuliers », de « Petits Etats ». Mais nulle part la suprématie de l'évêque ne s'accuse plus nettement qu'à l'assemblée du diocèse de Mende. Président de la « Commission de l'assiette » (2), le prélat l'est aussi des Etats. En Vivarais, la présidence appartient au « baron de tour » ou à son bayle. L'évêque n'y assiste qu'au titre de seigneur de Viviers ; il y est représenté par un bayle, son vicaire général le plus souvent, qui a le premier rang parmi les membres de la noblesse. Le clergé n'y figure donc pas ; comme propriétaires fonciers, les Montlaur, les Crussol sont autrement riches que le prélat. Il n'y a d'ailleurs en Vivarais aucune unité religieuse (3) ; aussi les députés s'y réunissent-ils partout où les convoque le « baron de tour »

---

(1) Un ecclésiastique, un noble, un bourgeois, désignés par les Etats particuliers.

(2) La Commission de l'Assiette est présidée par l'évêque de Mende ou son vicaire général ; elle comprend le commissaire principal (le bailli de Gévaudan le plus souvent), le commis des nobles nommé à vie par les Etats, les premiers consuls de Mende et de Marvejols. [Albisson. Lois municipales de Languedoc. t. IV p. 572]. La Commission s'adjoint fréquemment d'autres membres des Etats particuliers.

(3) « Quatre baronnies et les villes d'Annonay et de Tournon sont situées dans le Haut-Vivarais, qui, pour le spirituel, dépend en majeure partie des sièges de Valence et de Vienne ». Albisson. Ibid. p. 582.

qui présidera l'assemblée. — A Albi (1), les séances ont lieu dans la « maison consulaire » ; à Mende, dans « la grande salle des maisons épiscopales » (2). Ici domine l'influence du prélat, tandis que dans les autres diocèses la direction de l'assiette appartient, en fait, aux consuls de la ville principale. — Enfin, en Gévaudan, les Etats sont présidés par un vicaire général en l'absence de l'Evêque ; au Puy, ils le sont par le puissant vicomte de Polignac. C'est au XVII° siècle seulement que les prélats languedociens seront autorisés à se faire suppléer par leurs grands vicaires, à la condition toutefois que les lettres de vicariat « donnent pouvoir de conférer des bénéfices » (3). La présidence des Etats appartient donc à l'évêché ; ce droit, plus accentué en Gévaudan que dans tout autre diocèse, est la dépendance d'importantes possessions territoriales et de juridictions étendues, « reconnais-« sance de pouvoirs et de services anciens », privilège tout féodal.

---

(1) Sur l'assemblée du diocèse d'Albi, Cf. Rossignol, « Petits Etats d'Albigeois ». Paris 1875 in 8°, — En 1542, ils furent présidés par « le baron d'Albigeois », M. de Laguépie, commissaire général de l'Assiette ; et cependant le vicaire général y assistait. ibid. p. 11. — Ce fut seulement en 1612 que le prélat d'Albi obtint du Roi des Lettres patentes lui conférant la présidence de toutes les assemblées du diocèse. ibid. p. 14.

(2) L'année de leur réunion dans la cité du prélat. Toutefois, pendant les Guerres de Religion, Marvejols, ville huguenote, fut délaissée par les Etats qui tinrent généralement leurs séances au château épiscopal de Chanac.

(3) Albisson. op. cit. tome I. p. 344.

Les prélats de Mende ont toujours eu une conscience très nette de leurs prérogatives temporelles. Comme le dernier des évêques-comtes, et même plus que lui, les Nicolas Dangu, les Renaud de Beaune, les Adam de Heurtelou ont bien le droit, au XVIe siècle, de déclarer fièrement que « leur place [à l'as-
« semblée diocésaine], leurs possessions et leur rang
« les mettant au-dessus de tous les particuliers
« de leur diocèse, ils ne peuvent être précédés par
« pesonne, qu'étant suzerains de toutes les terres et
« particulièrement des baronnies ils ne peuvent céder
« le pas à leurs vassaux et arrière-vassaux, bref
« qu'ils sont rois ou peu s'en faut [en Gévaudan] » (1).
Rois nommés, il est vrai, comme les fonctionnaires les plus modestes, mais rois sacrés et partant inamovibles, très fidèles sujets et souvent très humbles courtisans du Roi de France, mais ayant réussi à conserver une très grande autorité temporelle dans la Comté de Gévaudan.

Aussi, quand la Royauté, au XVe siècle, avait régularisé, en la fixant, l'organisation financière du Pays de Languedoc, divisé en 22 diocèses ou circonscriptions administratives, le domaine « rural » de l'Evêque, gratifié de faveurs réelles dont ne bénéficiaient même pas les terres roturières de la Couronne avait-il été imposé d'après un tarif très réduit (2). Le

---

(1) H. Taine. Les origines de la France contemporaine. Tome I. L'ancien Régime. p. 26. Cf. aussi la note 2, même page.

(2) Cf. Infra, I. Partie, Chapitre II.

Roi ménageait ainsi les droits seigneuriaux du prélat qui venaient en concurrence avec les siens. « Dans « l'évêque, ... il a respecté le propriétaire en renver- « sant le rival ; mais dans le propriétaire subsistant « cent traits indiquent encore le souverain amoin- « dri » (1).

IV

Deux villes symbolisent ce dualisme judiciaire et administratif : Marvejols et Mende, dont la jalousie eut de si funestes conséquences pendant les Guerres de Religion.

Cité royale entourée d'une enceinte, que perçaient trois portes fortifiées (2), Marvejols était assise sur la rive droite de la Colagne. En relations avec l'Aubrac et la vallée du Lot, elle ne pouvait, comme Mende, communiquer assez facilement avec la région de la Loire supérieure ou le versant méditerraénen. Dominée par le château dressé sur la hauteur de *Coustarade*, résidence du bailli royal, elle n'est pas aussi bien protégée par la nature que sa rivale, car elle n'a ni le fossé du Lot, ni le rempart des Causses. Dans la maison consu-

---

(1) H. Taine. op. cit. tome I. p. 21.
(2) **Les portes** du Soubeyran, de Chanelles et du Théron restaurées sous Henri IV, sont encore intactes.

laire s'assemblaient le Conseil politique et les Etats particuliers, l'année de leur réunion à Marvejols (1).

Propriété de l'évêque, Mende est vraiment le centre topographique du Gévaudan, comme elle en est le centre historique. Le Lot, continué vers l'Est par l'Altier, sépare les assises calcaires des Causses des hauteurs volcaniques de l'Aubrac et de la chaîne granitique de la Margeride. Dans le Bas-Gévaudan, le Tarnon trace une longue voie orientée du sud au nord et prolongée par le Valdonnez, qui vient s'embrancher, en aval de Mende, sur l'artère centrale, la vallée du Lot. La cité de l'évêque, naturellement fortifiée par le haut plateau du Palais du Roi au nord et au nord-est, par le Causse au sud, occupe la position la moins défavorable pour gagner St-Chély ou Langogne, situées aux deux extrémités septentrionales du diocèse. Ainsi a pu se constituer à Mende un centre vital assez puissant pour régir les mouvements et coordonner les fonctions de cet organisme administratif et politique qui s'appelle un Pays. Siège de l'évêché, probablement depuis le IXe siècle, cette ville a dès lors résumé et comme absorbé l'histoire du

---

(1) Charles V dota sa ville d'un consulat en 1366: «... la com-
« mune nous estre rendue plus obéissante, et nos droicts et
« honneurs accreus et augmentés, si la dicte communauté es-
« toit pourveue d'un consulat ». Ord. t. iv. p. 674. — Denisy. Notice sur Marvejols. p. 40. — Philippe de Valois avait déjà octroyé, en 1346, un syndicat et des coutumes à Marvejols, moyennant 500 livres tournois. Ibid. p. 30. — Au temps des guerres anglaises, Marvejols, restée fidèle à la Couronne, avait été déclarée inaliénable.

Gévaudan. De nos jours, elle n'a pas encore perdu toutes traces des XV⁰ et XVI⁰ siècles. Ici ce sont des portes à arc brisé, ornées de fines archivoltes que surmontent des armoiries presque effacées, là des tronçons de remparts à demi éboulés, ailleurs d'élégants encorbellements, et, dans le creux de quelque muraille, une vierge noire (1), vieille madone grossièrement sculptée. Le palais des évèques (2), siège des Etats une année sur deux, des bureaux de l'administration diocésaine et de l'officialité, était adossé (3) à la cathédrale, dont la gracieuse flèche ogivale, élancée, ciselée, écrasait de ses quatre-vingt-quatre mètres la petite cité mal bâtie, aux rues étroites et tortueuses. Palais épiscopal et cathédrale s'appuyant l'un sur l'autre, tels sont les deux centres étroitement unis de la vie de Mende, vie administrative, vie religieuse. Combien plus humble était la maison des consuls (4) ! C'est que la ville était une propriété de

---

(1) On sait que la Vierge Noire est, à Mende, (comme d'ailleurs en Auvergne et en Velay), l'objet d'une vénération toute particulière.

(2) « Cet édifice avait été construit au xii⁰ siècle ». Tourrette. Notice sur l'ancien Palais des Evêques de Mende. [Bull. Soc. Agr. Lozère. année 1859. pp. 303 sqq.]. C'est sur son emplacement que s'élève la Préfecture actuelle.

(3) Jadis la rue qui sépare aujourd'hui la Cathédrale de la Préfecture n'existait pas ; l'Eglise communiquait avec le Palais épiscopal.

(4) L'ancienne maison consulaire est située dans la rue du Musée ; elle fut acquise par les consuls en 1578. La porte d'entrée principale, aujourd'hui murée, s'ouvrait sur la façade méridionale.

l'évêché. Vainement Louis XI avait-il tenté, par la création d'un consulat doté de réels privilèges, de contrarier l'influence du prélat (1). L'évêché sortit victorieux d'une lutte (2) qui dura vingt-cinq ans. Sous Charles VIII (1494), un arrêt du Grand Conseil (3) abolit la nouvelle institution, qui, selon les expressions de l'évêque, « le privait du gouvernement « et administration de toute la chose publique de la « ville ». Jusqu'au milieu du XVIe siècle, Mende n'aura que des syndics ; si, à cette époque (4), le consulat reparaît, c'est pour laisser intacte l'autorité épiscopale. En Languedoc, la communauté choisit, en général, les consuls que le seigneur « investit » (5) ; mais, à Mende, choix et investiture appartiennent exclusivement au prélat (6). Les consuls sont

---

(1) *Lettres patentes de Louis XI portant érection du Consulat de Mende*. Décembre 1469. — Ch. Porée. Le Consulat et l'administration municipale de Mende. Bull. Soc. Lozère Tome L. année 1898. pp. 129. sqq. — Ord. t. xvii. p. 275. — Sée. Louis XI et les villes. Paris, Hachette et Cie. 1892. pp. 60 et 61.

(2) L'opposition de l'Evêché fut telle que Louis XI dut même modifier, en faveur du prélat, le Consulat de Mende. (janvier 1475). Ch. Porée. ibid. pp. 169 sqq. — Ord. t. xviii. p. 74.

(3) Ch. Porée. Ibid. pp. 188. sqq.

(4) Entre les années 1543 et 1555. C. Porée. Ibid. p. 255, note 1.

(5) P· Dognon. op. cit. p. 74.

(6) Avant de procéder à l'élection des Consuls le Conseil de ville, ou ses délégués, se rendait au palais épiscopal pour demander au prélat les noms des candidats de son choix ; « sur sa simple désignation, on se réunissait, le lendemain, en corps de communauté, dans une des salles dudit palais pour y procéder à l'élection des sujets ci-devant choisis par l'Evesque,

toujours ses créatures. Affirmant ses droits de propriétaire, il donne le mot de guet et garde les clefs de la ville.

Ainsi se complète la physionomie historique du Gévaudan, façon de petit état à demi indépendant sous la suzeraineté de ses évêques.

V

Les troubles suscités dans le diocèse de Mende par les Guerres de Religion gênèrent l'action du gouvernement central et permirent aux prélats, devenus indispensables au maintien de l'autorité royale, de proclamer hautement et même d'exercer leurs prérogatives presque souveraines.

Les « Cévenols » accueillirent favorablement la Réforme ; mais les « Montagnards », sauf à Marvejols et dans la baronnie de Peyre, restèrent fidèles à la religion traditionnelle.

---

qui présidoit toujours, lui ou son grand vicaire, à cette dernière assemblée, et qui, après l'élection faite, donnoient l'un ou l'autre le chaperon aux trois consuls et recevoient leur serment ». Notice historique sur le Gévaudan, [xviii° siècle], publiée par F. André. Annuaire départemental de la Lozère, appendice historique. Année 1876.

Les circonstances historiques ne suffisent pas à rendre compte d'une division aussi marquée. La géographie religieuse et politique du Gévaudan au XVI° siècle s'explique en partie par l'opposition des deux grandes régions de cet ancien diocèse : « la Montagne » et « les Cévennes ». D'importantes différences dans la nature du sol, la topographie, le climat et l'hydrographie du Gévaudan septentrional et du Gévaudan méridional, la divergence des intérêts économiques ont, de tout temps, imposé à leurs habitants des conditions d'existence très diverses.

Sur les hauts plateaux du nord, pays de pâturages et d'élevage, au climat rude et pluvieux, vit une race assez grande, mais massive et d'un tempérament indolent. Dans ces régions doucement ondulées, la facilité relative de la culture du sol et la fréquence des chutes de neige habituent le cultivateur à l'inaction. Lourdement bâti, capable d'un long travail, à condition d'agir lentement, le « Gavot », l'ancien Gabale, manque le plus souvent d'initiative.

Derrière le Lozère et les Causses, dans les nombreuses et parallèles vallées des Cévennes, où la température est moins rigoureuse, s'est perpétuée une race plus petite, aux yeux noirs et vifs, au teint brun, que les difficultés des cultures, péniblement maintenues par des terrasses artificielles sur les pentes abruptes des ravins, ont rendue plus ingénieuse et plus active. Sous une apparence chétive, le « Cévenol » ou « Raïol » est assez robuste pour endurer les plus grandes fatigues. L'habitude de porter de lourds fardeaux a accru sa force musculaire, tandis que son adresse s'est développée par la variété même de ses travaux. Sa nature est primesautière, méridionale par l'indépendance du caractère et la facilité de l'enthousiasme. Toutefois sa vie âpre et solitaire le rend aisément rêveur et méditatif.

Peut-être n'y a-t-il pas en France un autre pays où vivent deux groupes d'habitants si divers et ne se mêlant jamais. Les uns, par la culture de la vigne, annoncent les populations méditerranéennes, quand les autres vivent encore de « la vie somnolente » de l'homme d'Auvergne.

Les rivières, de directions opposées, leur assurent d'ailleurs des relations économiques différentes : le Lot, la Truyère, l'Allier et ses petits affluents supérieurs attirent les « Montagnards » vers le Rouergue, l'Auvergne et le Velay ; les innombrables Gardons, qui « s'en vont tous en bas..... abreuver le « vieux Languedoc en courant au Rhône » (1), invitent les « Cévenols » à descendre avec eux vers Alais et la plaine de Nimes.

Le diocèse de Mende comprend deux régions très distinctes : ses habitants s'en rendaient nettement compte, au XVIe siècle, quand, la religion ayant encore accentué cette opposition, ils appliquaient le terme de Bas-Gévaudan (2) aux Cévennes protestantes et celui de Haut-Gévaudan à la vallée du Lot, aux plateaux de la Margeride et de l'Aubrac peuplés surtout de Catholiques. Au point de vue his-

---

(1) Michelet. Notre France. — Paris. A. Colin. 1890. p. 130.
(2) Cette distinction entre le Haut et le Bas Gévaudan date donc du xvie siècle, et non du xviiie, ainsi que l'affirme M. A. Molinier. Hist. Lang. t. x. p. 353.

torique, ce pays présente donc des contrastes (1) qui ne sont pas sans liens avec ceux que la géographie permet de constater.

VI

« Ce fut en ce même temps [1560], écrit l'auteur
« anonyme de l'Histoire Ecclésiastique, que ceux des
« Cévennes receurent avec une merveilleuse ardeur
« la vérité de l'Evangile, auxquels s'adjoignirent
« non seulement quasi tout le commun, mais aussi
« les gentilhommes (2), tellement qu'en un instant

---

(1) Cette opposition est telle qu'en 1789 « les gentilshommes « de la partie des Cévennes comprise dans le Gévaudan deman- « deront une distribution d'Etats particuliers dirigée moins « sur la division des diocèses que *sur les convenances géogra-* « *phiques, le climat, la qualité du sol et les productions* ». Cahiers de doléances de la noblesse de Gévaudan aux Etats généraux de 1789. [F. André. Annuaire départemental de la Lozère. Année 1892. Appendice historique.].

Le clergé lui-même n'échappe pas à cette influence. Seuls, les ecclésiastiques des Cévennes jureront la Constitution civile.[L. André. Essai sur la Révolution en Lozère. Marvejols. 1894. p. 34.]

(2) Deux documents permettent de dresser la liste des principaux seigneurs protestants du Gévaudan au XVIe siècle : 1° « Ex- « trait du Rolle pour les gentilshommes du Gévauldan, appelés « pour le ban et l'arrière ban, à Mende, pardevant Philippe de Ro- « bert, escuyer, seigneur de Boisverdun, bailly du Gévauldan,

« furent dressées plusieurs Eglises... à savoir celle
« d'Anduze, qui est l'entrée des Cévennes du costé de
« Nismes, par Pasquier Boust,.. celle de Saint-Jean
« du Gard par Olivier Tardieu, et celle de Saint-
« Germain de Calberte par un auparavant libraire à
« Genève ; le labeur duquel, conjoint avec un sin-
« gulier exemple de bonne vie, profita tellement
« qu en peu de temps il acquit au Seigneur ceux de
« Saint-Estienne de Valfrancesque, du Pont-de-Mont-
« vert, de Saint-Privat, de Gabriac et autres lieux
« circonvoisins (1) ». Les Eglises de Saint-Etienne,
Barre et Florac furent définitivement « dressées »
en 1561. De ce côté, la Réforme avait remonté les
vallées par Alais et Anduze.

Un second centre protestant, beaucoup moins important, avait reçu de Millau, en Rouergue la « Bonne
Nouvelle ». Il comprenait seulement les quatre pa-

« suivant la lettre du Roy donnée à Paris le 27 septembre 1575 ».
Prouzet, Histoire du Gévaudan. t. III.'p. 311. ms. bibl. des Archives de la Lozère. — 2° « Liste des principaux nobles du Gévaudan ». 30 décembre 1580. — A. de Pontbriant. Le Capitaine
Merle. op. cit. Pièces justificatives. p. 232.

Ce sont : MM. de Peyre, du Tournel, de Gabriac, de St-
Etienne, de Folaquier, des Abrits, de Falguieres, de Gasques,
de Colas, de Bédouès, des Plantiers, de Fontanilles, de la
Roquette, de Sauveplane, de la Bastide, de Vialas, etc. — Sauf
les quatre premiers, ils appartenaient tous à la petite noblesse
Tournel et Peyre se convertirent au Catholicisme avant la fin
des Guerres de Religion.

(1) Hist. Eccl. des Eglises Réformées du Royaume de France.
Toulouse. 1882. t. I p. 123.

roisses de Marvejols, Chirac, Saint-Sauveur et Saint-Léger-de-Peyre. Marvejols avait été « évangélisée » dès les premiers jours d'octobre 1560 par Mallet, ministre de Millau ; l'année suivante, une église y était organisée. (1) Dans cette région, les progrès de la Réforme furent favorisés par la conversion du comte de Peyre (2), époux de l'ardente huguenote, Marie de Crussol ; ses sujets adoptèrent sa foi nouvelle avec cette facilité à suivre docilement leurs seigneurs immmédiats, qui a toujours caractérisé l'attitude politique ou religieuse des habitants du Gévaudan septentrional.

Tels furent les deux groupes réformés du diocèse de Mende, reliés à la partie protestante du Midi de la France, dont ils sont les derniers appendices vers le nord. En Gévaudan, la Réforme s'est surtout développée dans les régions où l'action temporelle de l'Evêché était le moins sensible, baylie royale de

---

(1) Ibid. p. 469. — F. André. Doc. t. III p. 409. — Ce fut l'œuvre de M. Théron, ministre de Meyrueis.

(2) Les villages protestants de Saint-Léger et de Saint-Sauveur appartiennent au Comte de Peyre, qui jouit aussi de certains droits de justice sur Marvejols. Ce fut Astorg de Peyre qui attira Théodore de Bèze dans ces régions. Le 17 février 1563, malgré l'opposition du bailli royal, le Réformateur entra dans Marvejols. Charles IX ordonna à son représentant de le faire « desloger sans retard », par des Lettres patentes datées de Saint-Germain-en-Laye, 25 février 1563. — Denisy. op. cit. p. 108. «... Passa au chasteau de Peyre le sieur de Bèze, « qui venoit du Colloque de Poissy et retournoit à Genève, luy « ayant le sieur de Thoyras, baron de Peyre, faict de grantz « caresses ». F. André. Doc. t. III. p. 411.

Marvejols, ancienne viguerie de Saint-Etienne de Valfrancesque (1). Elle a brisé l'unité du pays par la création de deux factions hostiles ayant chacune ses tendances (2), son organisation particulière ; le Bas-Gévaudan, auquel sont rattachés les Réformés de Marvejols et de la baronnie de Peyre, s'est séparé du Haut-Gévaudan catholique pour former une circonscription administrative distincte. Ainsi s'est complétée, au temps des Guerres de Religion, l'opposition entre les deux parties du diocèse de Mende (3). Et cependant, en principe, la suprématie temporelle du prélat reste intacte ; car les Réformés eux-mêmes le « reconnaissent et le respectent comme comte de « Gévaudan, désirant lui rendre très humble service, « en tant que la liberté de leur conscience le leur « permettra (4) ».

---

(1) Dans les Cévennes, le Prélat de Mende ne possède que le Mas de Pompidou et la petite paroisse de Saint-Martin de-Lansuscle.

(2) Au début du xviii° siècle, les Camisards proclameront même bien haut, dans leur « Manifeste », que les Cévenols ont toujours « faict profession de la Religion. plusieurs siècles « avant la Réforme... Aux temps des Albigeois et des Vaudois, « affirment-ils, nos montagnes estoient remplies de ces gens-« là... Les grandes Croisades des Papes excitèrent contre eux « quelques persécutions ; mais ils demeurèrent toujours fermes « dans leur foy. Leur zelle se ralluma au commencement de la « Réformation ; en moins de rien, tout ce païs se vit Réformé et « l'a toujours esté depuis ». — « Manifeste des habitans des Sévennes sur leur prise d'armes ». p. 1. — Imprimé à Amsterdam. 1703. 27 pp. in-4° [Arch. Lozère. G. 1007.]

(3) « Sur les divisions d'ordre administratif et politique les « divisions religieuses se greffe[nt] aisément ». P. Dognon. op. cit. p. 413.

(4) J. Roucaute. Doc. p. 104.

VII

Entre Catholiques et Réformés, la lutte, commencée dès l'année 1563, s'est prolongée presque sans interruption jusqu'à la paix de Fleix (1580). M. de Pontbriand en a tracé l'histoire dans sa récente étude sur le capitaine Merle (1). C'est, en effet, la rude physionomie de ce chef huguenot qui domine en Gévaudan pendant cette période.

Issu d'une famille noble d'Uzès, Mathieu Merle avait été recommandé par Jacques de Crussol à son beau-frère, Astorg de Peyre, l'un des plus riches seigneurs du diocèse de Mende. Eloigné du Haut-Gévaudan par de fréquents séjours à la Cour, à la suite du Roi de Navarre, et dans les Cévennes, où il recrutait les troupes du parti réformé, Astorg lui confia la garde de sa baronnie ; mais il mourut à Paris, victime de la Saint-Barthélemy. Sa veuve, Marie de Crussol, pressa son lieutenant de venger cette mort. La virile huguenote mit à la disposition du capitaine toutes ses ressources en hommes et en argent. Les soldats éprouvés que lui fournirent Marvejols, Uzès et les Cévennes permirent à Merle d'infliger défaites sur défaites aux troupes catholiques.

De rapides succès le rendent maître du Gévaudan septentrional dès l'année 1574. Le 3 juillet 1575, Ay-

---

(1) A. de Pontbriant. Le Capitaine Merle. grand in-8°. Paris. A. Picard, éd. 1886.

mar de Calvisson, seigneur de Saint-Alban, représentant du Roi dans le vicomté de Grèzes, lui abandonne, moyennant 1200 écus d'or, le gouvernement de Marvejols. Le 15 octobre suivant, il surprend Issoire, en Auvergne ; se conformant aux instructions de Damville, il entretient, de cette place forte, de fréquentes relations avec le duc d'Alençon, dont le camp est à Moulins. Le 25 avril 1577, Saint-Vidal, gouverneur du Gévaudan et du Velay, l'assiège vainement dans Ambert. Mais, isolé dans la France centrale, livré à ses seules ressources, le Capitaine se retire dans le diocèse de Mende. Son départ permit aux troupes royales et ligueuses, commandées par Guise, Nervers et Mercœur, de reprendre Issoire ; la ville fut rasée, et sur ses ruines fut dressée une colonne avec cette inscription « Icy fust Issoire ».

Un échec devant Saint-Flour (9 août 1578) le fit renoncer à s'établir fortement dans la Haute-Auvergne (1) pour y assurer les communications entre Montmorency et le Roi de Navarre par le Bas Languedoc, le Rouergue, le Gévaudan, le diocèse de St-Flour et la Guyenne.

Sur les ordres d'Henri de Béarn, Merle tenta heureusement un hardi coup de main sur la ville de Mende. L'assaut fut donné pendant la nuit du 24 décembre 1579, tandis que la cloche « non pareille » sonnait à toute volée pour annoncer la fête de Noël et la messe de minuit. Le pillage dura trois jours : ce

---

(1) Il s'était marié le 10 septembre 1576 avec Françoise d'Auzoles qui appartenait à une famille noble de la Haute-Auvergne.

furent les représailles de la ruine d'Issoire par les Catholiques. Nommé gouverneur de Mende par le Roi de Navarre, il s'empare de la plupart des châteaux situés autour de cette ville. En 1580, grâce à lui, les Réformés dominaient en Gévaudan, car ils occupaient le Malzieu, Serverette, Peyre, Marvejols, Mende et les Cévennes.

La reddition de Mende aux Catholiques fut une des clauses du traité de Fleix (26 novembre 1580). Soutenu par Condé, général des Eglises réformées, Merle hésita à se soumettre aux ordres d'Henri de Béarn ; Mais, ayant compris que toute résistance était devenue inutile, il essaya d'obtenir les conditions les plus favorables. Les Etats de Gévaudan acquirent du seigneur d'Apcher, au prix de 8.000 écus, pour la céder au capitaine Merle, la baronnie de Lagorce en Vivarais. La paix fut publiée à Mende le dimanche 11 juin 1581. Un mois plus tard, Merle quitta le Gévaudan pour prendre possession de sa nouvelle seigneurie. Il n'en jouit pas longtemps, car il mourut, épuisé de fatigues, en janvier 1584, âgé seulement de 35 ans.

Le capitaine Merle mis à part, l'histoire des luttes entre Catholiques et Réformés, jusqu'à la paix de Nemours, ne révèle rien de particulier au diocèse de Mende : violentes attaques des uns, représailles sanglantes des autres.

Il n'en est plus de même pour la période comprise entre les années 1585 (édit de Nemours) et 1596 (édit de Folembray), où les haines religieuses le cèdent aux rivalités politiques entre Ligueurs et Royalistes. Par son dévouement à la Couronne, le Gévaudan gêna les relations des Ligueurs de Languedoc, de l'Acquitaine, de l'Auvergne, et fut un obstacle aux progrès de la Sainte-Union dans la France méridionale et centrale. Rechercher pourquoi, seul parmi les pays voisins, Auvergne, Velay et Rouergue, le Gévaudan, (où cependant la coexistence des Catholiques et des Hugnenots a rendu, jusqu'à l'expédition de Joyeuse, la guerre si cruelle), a presque tout entier résisté aux sollicitations de la Ligue, tel est l'objet du présent Travail. On s'est donc proposé d'expliquer — par la situation économique et administrative du diocèse de Mende, gravement compromise par vingt-cinq années de luttes civiles — la répartition, dès la mort d'Henri III, des factions gévaudanaises, d'importance très inégale, la prépondérance des Royalistes catholiques et la nature de leurs relations successives avec les Réformés et les Ligueurs jusqu'au jour de l'apaisement.

De grands noms ont, il est vrai, été mêlés à l'histoire de cette contrée : Henri III et Henri IV correspondent avec l'évêque et les commis des Etats particuliers ; Damville, gouverneur de Languedoc, comte d'Alais et baron de Florac, est le chef des Réformés Cévenols ; Joyeuse, le mignon favori du dernier des Valois, annule par la prise de Marvejols et du château de Peyre l'influence des Protestants dans le Haut Gévaudan ; l'archevêque de Bourges, Renaud de Beaune, président de l'assemblée du clergé aux seconds Etats de Blois est le métropolitain et le protecteur de l'évêque royaliste, Adam de Heurtelou, dont il a été le prédécesseur sur le siège de Mende ; Mercœur, gouverneur ligueur de la Bretagne, est propriétaire d'un vaste domaine situé sur les confins du Velay ; le baron de Saint-Vidal, grand maître de l'artillerie de la Ligue, est gouverneur et sénéchal du Gévaudan ; l'ambitieux Nemours lui-même intervient dans ces hautes régions. — Toutefois, en Gévaudan moins que partout ailleurs, les personnages qui ont pour ainsi dire figuré au premier plan ne doivent pas seuls fixer l'attention. Les préoccupations d'intérêt régional, souvent local, ont ici d'autant plus d'importance que ce pays est situé en dehors des voies naturelles sillonnées en tous sens par les grands mouvements politiques ou sociaux.

Contribution nouvelle à l'histoire si confuse des luttes civiles du XVIe siècle, la présente Etude permettra donc de déterminer avec quelque précision leurs conséquences pour une région historique nettement caractérisée. On pénètrera ainsi dans la vie réelle d'un ancien Pays à une époque où « états, villes et diocèses livrés à eux-mêmes se reprennent à agir, et où les vieilles institutions ont un regain de vitalité ». Pour ceux qui estiment que « l'histoire d'une nation ne peut se faire sans l'histoire des groupes qui l'ont formée », qui ont vécu de sa vie, mais chacun pour sa part, des Travaux de cette nature ne paraîtront peut-être pas dépourvus d'intérêt.

PREMIÈRE PARTIE

CHAPITRE I

L'expédition du duc de Joyeuse. — Le siège de Marvejols
(1586)

I. — Edit de Nemours. — Réveil des hostilités en Gévaudan. — Progrès des Réformés commandés par Andelot, — Prise du Malzieu.

II. — Les Catholiques gévaudanais, appuyés par les prélats de St-Flour et du Puy, réclament du Roi une intervention armée. — Henri III y consent, mais exige du diocèse de Mende une contribution de 23.000 écus. — Les créanciers du Gévaudan. — L'amiral duc de Joyeuse, fils du lieutenant général de Languedoc, commande l'armée royale et ligueuse.

III. — Cette tentative se rattache à un plan général d'attaque des forces du Roi de Navarre et de ses alliés dans le Midi de la France. — Projets de Joyeuse.

IV. — L'amiral traverse la France centrale. — Reprise du Malzieu.

V. — Sur les conseils de M. de Saint-Vidal, gouverneur du Gévaudan et du Velay, l'armée, évitant le château de Peyre, investit Marvejols. — Surprise des Réformés. — Le siège. — La capitulation. — Massacre des fugitifs. Sac de Marvejols. — Mende profite de la ruine de sa rivale.

VI. — Siège et prise du château de Peyre défendu par Pierre d'Auzoles. — M. de Lavardin, lieutenant de Joyeuse, livre Pierre d'Auzoles aux habitants de Mende, qui se vengent sur lui des excès commis par son beau-frère, le capitaine Merle.

VII. — Mais le Gévaudan a failli à tous ses engagements. — L'armée, mal soldée, mal nourrie, décimée par la peste, est licenciée en Rouergue.

VIII. — Conséquences religieuses et politiques de cette tentative en Gévaudan : ruine des Religionnaires de Marvejols et de la baronnie de Peyre ; le Haut Gévaudan exclusivement catholique ; les Protestants isolés dans les Cévennes. — L'Evêque et sa ville, Mende, à l'abri du péril huguenot. — Les Catholiques gévaudanais peuvent se rendre plus nettement compte de la grave situation économique et administrative que leur ont créée vingt cinq années de luttes civiles, tristement couronnées par l'expédition de Joyeuse.

I

Dès l'annulation par Henri III des Edits de tolérance, les haines religieuses furent habilement exploitées en Languedoc par le gouverneur, Henri de Montmorency-Damville, et son lieutenant-général, le maréchal de Joyeuse.

Par jalousie pour les Joyeuses (1), dont l'insolente fortune le froissait, et en haine des Guises (2) tout-puissants sur l'esprit du faible Henri III, Damville eût été heureux d'assurer à Henri de Béarn le trône de France ; aussi refusa-t-il l'autorisation de publier dans son gouvernement l'acte impolitique de Nemours. Le Roi, docile aux volontés des Ligueurs, lui retira

---

(1) Anne de Joyeuse, fils de Guillaume, (lieutenant général de Languedoc, vicomte de Joyeuse et maréchal de France), fut le mignon favori d'Henri III ; ce prince le créa coup sur coup duc et pair, amiral de France, premier gentilhomme de la chambre, gouverneur de Normandie, et lui donna en mariage la sœur de la reine (1581). François, frère cadet de l'amiral, fut nommé archevêque de Narbonne et, plus tard, de Toulouse.

(2) Dès l'avènement de François II, le vieux Connétable de Montmorenci avait été entrainé dans la disgrâce qui avait atteint Diane de Poitiers, sa protectrice; dès lors les Guises exercèrent une influence prépondérante sur le royaume.

par lettres patentes tout pouvoir, ordonnant à ses sujets de ne plus obéir qu'à Guillaume de Joyeuse (1).

Les deux rivaux entrent ouvertement en lutte dès la fin de l'année 1585. La majeure partie du Pays de Languedoc, de Toulouse à Narbonne, se déclare pour le lieutenant-général ; mais le gouverneur disgrâcié domine de Narbonne au Rhône (2).

Nulle part la situation n'est plus tendue que dans le diocèse de Mende (3) : les anciens compagnons du capitaine Merle se répartissent dans les deux places les plus fortes du Haut-Gévaudan, Marvejols et le château de Peyre ; les Cévenols, alliés de Montmorency, se préparent à la guerre. — De son côté, et en l'absence du prélat Renaud de Beaune, M. de Saint-Vidal, violent catholique, gouverneur et sénéchal du pays, fait jurer aux habitants de Mende, inquiets des menaces des Réformés (4), l'observation du récent édit. Tout le diocèse est en armes (5).

Les garnisons de Marvejols et de la baronnie de Peyre étaient commandées par M. d'Andelot (4), fils

---

(1) Lettre du Parlement de Toulouse au Roi l'informant que les lettres patentes de révocation de Damville ont été publiées. 23 septembre 1585. Hist Lang. t. xii preuves, n° 400.

(2) Hist. Lang. t. xi, p. 734.

(3) Ibid. p. 735, note 1.

(4) 27 juillet 1585. Fausse attaque des Huguenots contre Mende. F. André. Doc. t. iii, pp. 155-164. Arch. Lozère C. 1794.

(5) Lettres au Roi et à la Reine-mère des 8, 10 et 15 juin, 10 et 13 août, 24 et 25 septembre 1585. Bibl. nat. mss. fr. 15570. pp. 21, 24, 35, 176, 186, 238, 286.

(6) Charles de Coligny, marquis d'Andelot.

de l'amiral Coligny, tandis que M. de Châtillon (1), « gouverneur pour le Roi de Navarre en Rouergue et « Hautes-Cévennes, allait et venait » (2) de Florac à Millau par Meyrueis. Andelot séjourna cinq mois dans la cité royale dont il organisa la défense. Sur son ordre, les Réformés ayant poussé hardiment une pointe vers l'Auvergne, s'emparèrent du Malzieu, dans la baronnie de Mercœur (3). Reprenant les projets de Merle (1578), il tentait ainsi de s'établir fortement dans le Haut-Gévaudan et le diocèse de Saint-Flour, afin de se ménager un facile accès dans la vallée de la Dordogne et d'assurer les communications des Huguenots du Languedoc septentrional et de l'Auvergne avec la Guyenne, où dominait le Roi de Navarre.

Au mois d'avril suivant, Andelot voulut surprendre La Canourgue, située au sud-ouest du pays, et rattacher directement à Millau les Réformés de la baronnie de Peyre (4). L'entreprise ayant échoué, il ne tarda pas à quitter définitivement Marvejols pour rejoindre son frère en Rouergue ; du moins laissa-t-il le gouvernement de cette place à l'un des anciens lieutenants de Merle, le capitaine La Roche (5), de Saint-Germain.

---

(1) François de Coligny, frère aîné du précédent, seigneur de Châtillon-sur-Loing, fut nommé en 1586 gouverneur de Montpellier et du Rouergue pour le Roi de Navarre. — Loutchisky. Doc. inéd. sur la Réforme et la Ligue. Paris 1875 in-8° pp. 195 et 196.
(2) Hist. Lang. t. XII preuves n° 404.
(3) Février 1586. F. André. Doc. t. III. p. 423.
(4) Ibid. p. 424.
(5) En juin 1586, les Catholiques avaient tenté de surprendre Marvejols. « Bientost après ledict attemptat commis, il fust, au

II

Dernier terme de l'expansion des Huguenots vers le Velay et la Haute-Auvergne, la récente attaque du Malzieu parut, non sans raison, menaçante aux prélats du Puy et de Saint-Flour. N'a-t-on pas déjà essayé de surprendre leurs villes? (1) Si, comme le bruit en court, les reîtres du Prince Jean-Casimir doivent opérer leur jonction en Auvergne avec les troupes de Châtillon, la situation du parti royaliste et catholique dans la France centrale est gravement compromise. Aussi sollicitent-ils d'Henri III une intervention armée dans leurs diocèses (2). Autrement pressants et

---

mesme moys de jung audict an, tenu ung conseil général en la maison commune, auquel fust résolu qu'on envoyeroit chercher des gens de guerre en Cévènes pour les mettre en garnison dans la ville ; ce que fust aussitost exécuté, estant venu le *capitaine La Roche de Saint-Germain, avec environ deux cens hommes, qui furent logés par les maisons des catholiques romains.* » Cette troupe fut entretenue sur « l'arrentement des biens ecclésiastiques au pays de Gévauldan ». F. André. Doc. t. III. pp. 419 et 420.

(1) Interrogatoire du capitaine d'Auzoles, sieur de la Peyre, beau-frère de Mathieu Merle. F. André. Doc. t. III. pp. 267 et 268.

(2) Ibid. p. 425.

décisifs furent les appels à lui adressés par ses sujets catholiques du Gévaudan. Ici, l'ennemi est dans la place : il faut l'en déloger au plus tôt. « Fatigués de tant de courses, ravaiges et pillaiges », les barons d'Apcher et du Tournel s'offrent, eux et leurs biens, aux Commis du diocèse de Mende. « De ma « part, leur déclare ce dernier (1), je dédie à cette sainte « expédition ma vye..... et mes moyens ; de quoy vous « pouvez faire très certain et asseuré estat ».

Les Commis avaient déjà écrit, à plusieurs reprises, au Roi et à la Reine-Mère, les suppliant d'envoyer une armée de secours, car « les lieutenants de M. « de Montmorency, MM. de Chastillon et d'Andelot, « occupoient, avec de grandes forces Marvejols, le « Malzieu, Florac et les Cévennes... Les affaires sont, « Dieu merci, très bien disposées et acheminées pour « parvenir à la réduction [de toutes ces places]..... « Les habitans des villes catholiques et plat pays sont « résolus d'y exposer tous leurs biens ; et les diocèses « circonvoisins, qui sont infestés, comme nous, de « cette vermine, nous veulent secourir et assister de « leurs forces, deniers, munitions et aultres choses « requises à cette exécution ». Ces missives furent remises à Henri III par M. de Sabran, bailli de Gévaudan, et le capitaine Virgile, députés en Cour. De son côté, le nouveau prélat de Mende, Adam de Heurtelou, alors à Paris où il attendait sa prochaine consécration, avait été vivement sollicité (2) d'user de

---

(1) F. André, t. III, p. 171. août 1585. Arch. Lozère. C. 1797.
(2) Ibid. pp. 173-177. Arch. Lozère G. 1797.

toute son influence auprès d'Henri III pour hâter une solution favorable.

La proximité de l'hiver rendait toute expédition immédiate impossible (1). Aussi le Roi prescrivit-il seulement au gouverneur particulier, M. de Saint-Vidal, de travailler à l'investissement du Malzieu et de Marvejols (2). Mais, dès le printemps suivant, le 31 Mars 1586 (3), il annonce à l'évêque de Mende un important envoi de troupes sous le commandement de M. d'Aumont, l'invitant à « faire tenir preste l'artille-« rie qui est en la ville [épiscopale] afin qu'elle soit « délivrée à son cousin le Maréchal ». Avertie de la prochaine arrivée de l'armée royale, la Commission des Etats particuliers du pays de Gévaudan autorise un groupe de « notables personnages » à emprunter au taux le plus modéré, à Lyon, au Puy, à Clermont ou ailleurs, la somme « qu'il plaira à Sa Majesté et à Mgr le Maréchal d'Aumont ordonner pour la dite réduction » (4). Sur ce dernier point, les volontés royales ne se font pas longtemps attendre. Henri III exige du diocèse de Mende le paiement de la moitié

---

(1) F. André, Doc.t.III.p.175. Arch. Lozère C. 1797. Le 14 août 1585, les Commis du diocèse écrivent au prélat(bien qu'il n'ait été sacré qu'en 1586, A. de Heurtelou était, à cette époque, déjà nommé par le Roi): « Il n'y a que deux mois, ou pour le plus deux mois et demi à travailler, tellement...... qu'il est à craindre que nous ne tombions sur l'arrière saison, que pourroit causer l'interruption de ceste entreprinse ».

(2) Dès le 13 août 1585, Ibid. p. 172. Arch. Lozère. C. 1797.

(3) Ibid. pp. 189 et 190.

(4) Ibid. pp. 194 et 195. 30 mai 1586.

de ses deniers ordinaires, plus la somme de vingt trois mille écus jugée nécessaire à l'entretien des hommes de guerre (4).

---

(4) J. Roucaute. Doc. pp. 48 et 49. « *Estat des munitions de vivres nécessaires pour la nourriture et entretènement d'une compaignie de 100 hommes de pied pour le siège de Maruéiols, et ce pour ung mois entier à raison de 30 jours le mois.*

Pains. — A raison de deux pains pour chascung soldat par jour, chascung pain du poids de 1 livre et demie, revenant en général le sestier bled, mesure de Mende, à raison de 120 pains pour sestier, se monte ledit entretènement de 100 hommes, pour un mois entier.................................... 6.000 pains.

Bœufs. — A raison de 3 livres par jour pour chascung soldat, pour le mois entier.................................... 90 kintaux.

Moutons. — Quatre à chacune compaignie de 100 hommes, par jour, revenant pour le mois................. 120 moutons.

Vin. — A une charge et demie pour ledict nombre revenant à 5 sestiers, qui sont 80 pots chacune, qui sont 120 pots chaque jour, savoir : 100 pour ledict nombre, qui est ung pot pour soldat et 20 pots de surplus pour advantaiges aux chefs. » [Arch. dép. Lozère, C. 2].

Ibid. p. 49. « *Estat de la solde et appoinctement par nous ordonnés pour chascung mois à la compaignie de cinquante arquebuziers à cheval dont a la charge le sieur du Fau.* »

Audict capitaine du Fau...............	40 escus
A son lieutenant.......................	30 —
Au porte-cornette.....................	20 —
A ung fourrier et ung trompette, chascung 6 escus.........................	12 —
A vingt des plus apparans, à chascung 6 escus 2 tiers........................	133 e., 1 tiers
Aux vingt-cinq aultres, à chascung 6 escus.	150 escus
Somme.....	385 esc. 1 tiers

Faict au camp, à Peyre, le 1er jour de septembre 1586

                      Anne de Joyeuse

et, plus bas,

                 Charron [commissaire des vivres].

[Arch Lozère. C. 1348].

Les principaux créanciers du Gévaudan furent le marquis de Canillac, lieutenant général d'Auvergne (1), Jean d'Apcher (2), tous deux barons du pays, et les treize villes maitresses de la Basse-Auvergne (3). Pressé par le bailli de la Cour commune et l'évêque de Mende, le marquis, alors à Paris, s'engage à avancer quatre mille écus, mille charges de blé et cinquante d'avoine ; Apcher fournira deux mille écus, trois cents charges de blé et autant d'avoine. Cédant aux instances de Canillac (4), Clermont et les villes voisines offrirent trois mille charges de blé et quinze cents de vin.

Il faut se hâter, car, selon toutes probabilités, Marvejols sera assiégée dans le courant du mois de Juin. Le 27 Mai, M. Charron, commissaire général des vivres de l'armée royale, prescrit aux représentants du diocèse d'envoyer sans retard à Clermont, où il se rend

---

(1) F. André. Doc. t. III. p. 204. Arch. Lozère. C, 1797.

(2) Ibid. pp. 205 et 222. Arch. Lozère. C. 1797.

(3) Ibid. pp. 233 et 234. Arch. Lozère. C. 1724.
« *Estat des obligations faictes par les Consuls et Eschevins des treize villes maistresses du bas pays d'Auvernhe pour ceulx de Gécauldan* », du 18 juin au 6 juillet 1586. Le total s'élève à la somme de 14.966 écus deux tiers, payables par « ceulx de Gévaul« dan à ceulx d'Auvernhe dans la fin de l'année 1586 ». En 1586, les 13 villes maitresses de la Basse Auvergne, qui dépendaient immédiatement du Roi et représentaient seules le Tiers aux Etats provinciaux et généraux, étaient : Clermont, Montferrand, Riom, Billom, Issoire, St-Germain-Lembron, Brioude, Auzon, Ebreuil, Aigueperse, Saint-Pourçain, Cusset, Langeac.

(4) F. André. Doc. t. III. p. 228. Arch. Lozère. C. 1797.

lui-même, deux ou trois députés chargés de contracter l'emprunt en question. Les sommes auxquelles seront évaluées les munitions ainsi fournies devront être ensuite imposées sur tout le pays (1).

La maladie de M. d'Aumont servit au roi de prétexte pour donner plus d'importance à la prochaine entreprise. En juin 1586, Adam de Heurtelou informe M. de Saint-Vidal que les troupes ont changé de chef: l'amiral duc de Joyeuse a remplacé le maréchal (2). Avec lui, l'expédition prend un tout autre caractère. « Sa Majesté a estimé que, donnant le commandement de son armée au sieur de Joyeuse, les affaires de son service en seroient d'aultant promeues et fortifiées » (3).

Henri III n'avait-il pas une aveugle confiance en son mignon de prédilection, l'amiral de Joyeuse, fils du lieutenant général de Languedoc ? Aussi augmente-t-il ses troupes de quatre mille hommes de pied, de six compagnies de gens d'armes et « d'un beau ren-
« fort d'artillerie et munitions de guerre », dont il supportera tous les frais. Il ne s'agit plus de ruiner seulement le parti huguenot dans la France centrale. Plus vastes sont les projets du Roi, plus haute l'ambition de son favori.

---

(1) F. André. Doc. t. III. pp. 210 et 211. Arch. Lozère. C. 1797.

(2) Le Maréchal d'Aumont était un « homme d'une valeur et « d'une fidélité à toute épreuve ; il avoit déjà faict de grandes « dépenses par rapport à cet emploi, lorsqu'Anne de Joyeuse, « ennuyé de son oisiveté, et bruslant de se signaler contre les « Protestans qu'il détestoit, demanda au Roy le commandement « de ceste armée ». J.-A. de Thou. Hist. Univ. t. IX p, 594.

(3) F. André. Doc. t. III pp. 215-217. Arch. Lozère. C. 1797.

III

Cette tentative se rattache à un plan général d'attaque (1) des forces des Réformés et de leurs alliés concentrées au Sud et au Sud-Ouest du Royaume. Mayenne marche contre le Roi de Navarre en Guyenne, où il se propose de rejoindre Matignon, tandis que Biron se prépare à agir en Saintonge contre Condé. Quant à l'Amiral, il doit non seulement s'emparer de Marvejols, mais s'avancer en Languedoc pour y porter les plus rudes coups à l'autorité de Damville, le redoutable adversaire de son père ; cela fait, il tendra la main aux autres chefs de l'armée royale et ligueuse pour battre définitivement Henri de Béarn. La tâche la plus lourde est donc pour lui ; mais les difficultés matérielles d'une expédition à travers ces hautes régions seront sans doute très atténuées par les dispositions d'esprit dont témoignent leurs populations catholiques. Les pressantes requêtes, les promesses renouvelées des évêques de Mende et de Saint-Flour, du bailli et des commis du Gévaudan n'autorisent-elles pas une aussi favorable impression ?

Nouvellement sacré (2), Adam de Heurtelou prend

---

(1) Hist. Lang. t. XI. p. 748.
(2) A. de Heurtelou fut sacré le 1ᵉʳ juin 1586.

le premier la route de son diocèse, car Henri III l'a chargé de « préparer toutes choses pour l'armée de « son beau-frère, le duc de Joyeuse » (1), qui quittera la Cour dans quelques jours. M. de Canillac et M. Charron ne tardent pas à arriver à Clermont (2), où les députés du Gévaudan viennent les rejoindre. Enfin, dès la première semaine de juillet, les « échevins « des treize villes maistresses du bas pays d'Auver- « gne » se portent caution de la somme de quatorze mille neuf cent soixante six écus deux tiers, nécessaires à l'achat de l'avoine et du blé exigés pour les troupes de l'Amiral. (3) Le diocèse de Mende s'engage à payer cette dette vers la fin de l'année.

Tout paraissait prêt. En prenant congé du Roi, Joyeuse qui ne doutait nullement du succès, lui promit, non seulement de « raser toutes les villes des « Réformes, d'en exterminer les habitans », mais « d'aller ensuite chercher le Roi de Navarre, de « tailler en pièces son armée et de le lui amener « pieds et poings liés ». (4).

---

(1) Lettre d'Henri III à l'évêque du Puy. 23 juin 1586. Arch. Lozère C. 1797. F. André. Doc. t. III, p. 226.

(2) Le 24 juin 1586. Ibid. p. 230.

(3) Ibid. t. III, pp. 233 et 234. Arch. Lozère C. 1724.

(4) La mort tragique de Jean d'Apcher ne contraria nullement l'expédition de Joyeuse ; car Philibert d'Apcher tint les engagements pris par son père. — Ayant obtenu d'Henri III commission pour une compagnie de 50 hommes d'armes, Jean d'Apcher revenait de la Cour avec l'ordre de faire marcher l'avant-garde de l'armée de Joyeuse, quand il se heurta à Vissac, le 24 juin, à un corps de troupes religionnaires commandées par Tristan de Taillac, baron de Margeride. Vigoureusement chargé par les

IV

L'Amiral « se met en marche avec une pompe qui « ressemble mieux au faste des rois de Perse qu'à « l'équipage d'un homme de guerre ». (1) Il pénètre dans la France centrale par la grande voie naturelle, la vallée de l'Allier. Mais, dès son entrée à Moulins, rendez-vous général des troupes, il tombe subitement malade (10 juillet). (2). De « violentes douleurs de hanche » l'obligent à prendre sans aucun retard, les eaux d'une station thermale voisine, Bourbon-l'Archambault. A peine rétabli, il apprend l'investissement par M. de Châtillon de la petite place de Compeyre (en Rouergue) (3), située sur la route de Marve-

---

Huguenots, Apcher reçoit de leur capitaine un coup mortel. Renversé, baignant dans son sang, il se relève brusquement, et, de son poignard, frappe au cœur son adversaire : ils tombent tous deux. — Cf. Imberdis, Histoire des luttes religieuses en Auvergne. 1840-41. t. II.

(1) de Thou. Hist. univ. t. IX, p, 595.

(2) « Discours du voyage de Monseigneur le duc de Joyeuse en Auvergne, Gévaudan et Rouergue ». D'Aubais, Pièces fugitives. Edit. 1759 c. II. p. 2.

(3) Auj. commune du cant. de Millau. (Aveyron). C'est par erreur que de Thou écrit « Compeyre en Velay ». Hist. Univ. t. IX, p. 599.

jols à Millau. Les forces dont il dispose sont encore peu nombreuses : soixante chevaux de sa maison, cinquante hommes d'armes de M. de Lavardin (1), maréchal de camp, la compagnie de M. de Sipière (2) et quelques arquebusiers. Mais il y a danger à laisser plus longtemps les Huguenots se fortifier en Rouergue et en Gévaudan. Il part en toute hâte et entre à Brioude, le premier Août. Le lendemain, on l'informe de la délivrance de Compeyre : heureuse nouvelle qui lui permet d'attendre le gros de son armée. Les lansquenets étrangers arrivent enfin (3), tandis que les six canons amenés du Puy par M. de Saint-Vidal viennent constituer, avec les quatre pièces tirées de l'arsenal de Paris, l'artillerie royale.

Laissant sur la gauche la vallée de l'Allier, Joyeuse franchit la limite du Gévaudan. (4) Le 3 août, son

---

(1) Ancien colonel d'Henri de Béarn, Jean de Beaumanoir, sieur de Lavardin, avait abandonné celui qui l'avait « nourri et élevé dès son enfance », pour prendre le parti contraire. — Brantôme. Vies des grands capitaines. Edit. Buchon, p. 686.

(2) Imbert de Marsilly, sieur de Sipière.

(3) Le 2 août. Discours du voyage de Mgr le duc de Joyeuse... op. cit. p. 3.

(4) Sur le passage de l'armée de Joyeuse en Gévaudan (août-septembre 1586) Cf. :

a. *Discours du voyage de Mgr le duc de Joyeuse en Auvergne, Gévaudan et Rouergue... écrit par ung gentilhomme de l'armée du dit seigneur à ung sien amy.* Paris. Mamert - Patisson mprimeur du Roy. 1586. — d'Aubais. Pièces fugitives... édit. 1759, t. II pp. 1 sqq. — L'auteur de ce « Discours » est très favorable à Joyeuse.

b. *La prise de Marvejols par l'amiral de Joyeuse*, par un anonyme. F. André. Doc. t. III pp. 405-471. — L'auteur de ce long

avant-garde, commandée par Lavardin, paraissait sous les murs du Malzieu. Les Huguenots crurent que c'étaient là toutes les forces de l'amiral. La voilà donc cette redoutable armée! Mais elle est « de beurre frais, car elle a fondu par les montagnes », répondirent-ils ironiquement à Lavardin qui les sommait

---

et vivant récit est le religionnaire Jean Boissonade, qui « feust présent... et spectateur de tout » ce qu'il rapporte. [Ibid p. 446.] Il se mentionne lui-même parmi les victimes du siège de Marvejols : « Jehan Boissonade, praticien, et que, à présent, est procureur à la Cour des Aydes, feust grièvement blessé... ». [Ibid. p. 443]. — Or, à la page 465, il ajoute : « Après avoir récité ce qui s'est passé sur la ville et en général sur les habitans dicelle, il ne sera poinct incompatible que celui qui a rédigé par escript ce récit mette icy la fortune qu'il coureust... », et plus loin, p. 467. « Ayant esté reçu procureur en la Cour des Aydes le 11e jour de juing 1591, il se maria le 19 février 1592 avec Isabeau de Garnier, fille du sieur Nicolas de Garnier, bourgeois dudict Montpellier. et espousa le 22 octobre audict an, ayant heu despuis huict enfans... » Le registre des mariages protestants de Montpellier, (année 1592) ayant été égaré, nous avons eu recours à celui des baptèmes, où nous avons trouvé la mention suivante, qui confirme notre hypothèse sur l'auteur de ce récit : « Octobre 1593. *Isabeau Boissonade*, née le second de ce mois, fille de *Jehan Boissonade* et *Isabeau de Garnier*, présentée par le sieur *Nicolas de Garnier* et Isabeau de Garnier. (Arch. mun. Montpellier. Reg. GG. 319 f° 105 v° — Reg. de baptèmes. Religion Réformée. — Cette narration très complète du siège de Marvejols par un témoin huguenot confirme, en général, les données fournies par l'auteur catholique du « Discours du voyage de Mgr le duc de Joyeuse... » Jean Boissonade n'est pas sévère pour Joyeuse ; il se plait même à constater que l'Amiral ne fut pour rien dans les excès qui suivirent la prise de Marvejols, et qu'il en « feust fort fasché ». F. André. t. III p. 441.

de lui ouvrir les portes de leur cité fortifiée. (1) Tout autre dut être leur attitude, quand, trois jours plus tard, sur les sentes qui dévalent des hauteurs boisées de la noire Margeride vers les bords riants de la Truyère, ils distinguèrent les troupes du Roi, grossies des petits groupes de soldats catholiques qu'elles avaient drainés depuis Brioude. Le 7, au matin, la place était investie, (2) et les dix canons commençaient aussitôt le feu qu'ils ne devaient cesser qu'à la nuit. Six cents boulets de pierre avaient, en un seul jour, fait d'importantes brèches aux remparts et détruit plusieurs quartiers. (3) Toute résistance eût été téméraire : le soir même, le Malzieu se rendait à merci. La garnison aura la vie sauve ; mais elle devra promettre de ne se réfugier ni à Marvejols, ni au château de Peyre que Joyeuse se propose d'assiéger. Volontiers l'amiral eût fait grâce ; mais il lui fallut céder aux obsessions de St-Vidal, qui jugea trop

---

c. *Récit du siège et de la prise de Maruéjols...* par un religionnaire anonyme. F. André t. III. pp. 242 à 257. Début du XVIIe siècle ; à la page 256. on lit, en effet : « ceulx de Maruéjols..... grandement soulatgès... par les largesses... *du feu Roy Henry le grand, d'heureuse mémoire.....* » Ce récit est un abrégé du précédent.

d. Les principaux documents relatifs à l'expédition de Joyeuse, épars dans les Archives du département de la Lozère et de la ville de Mende, ont été publiés par F. André, Doc. t. III. pp. 220-290, et J. Roucaute. Doc pp. 48-56.

(1) d'Aubais. Pièces fugitives. op. cit. t. II p. 4.
(2) La garnison du Malzieu comptait 150 hommes. — Hist. Lang. t. XI p. 749.
(3) d'Aubais. op. cit. t. II, p. 16.

belle pour la négliger la première occasion qui s'offrait à lui de se venger du capitaine Merle sur ses anciennes troupes. Sept victimes lui furent dévouées. Il obtint même le gouvernement du Malzieu. L'armée entra dans la ville et la pilla, car « les soldats, « ayant eu déjà grande disette de pain, commençoient « à murmurer » (1) Or il y avait trois jours à peine qu'ils étaient en Gévaudan.

V

Pendant que ses troupes se refont ainsi de leurs premières fatigues, Joyeuse, prenant les devants, gravit les hauteurs qui bordent la rive gauche de la Truyère et se rend à Saint-Chély pour y tenir conseil. (2) Attaquera-t-on d'abord le château de Peyre, ou se portera-t-on immédiatement sur Marvejols, la plus importante des agglomérations de Réformés ? Diverses sont les opinions. L'avis du baron de St-Vidal prévaut. « Il faut avoir plustost la poule que les œufs, « dit-il, lesquels on aura après facilement ». Sur

---

(1) d'Aubais. op. cit. t. II, p. 4.
(2) F. André. Doc. t. III p. 426. A ce conseil assistèrent : Joyeuse, Lavardin, Saint-Vidal, les évêques de Saint Flour et de Rodez, etc.

ses ordres, un peintre et six « blanchiers, qui sont « ceux qui vont par les villages acheter les peaux » tracent le plan de la ville royale et de ses environs.

Evitant le château de Peyre, l'armée descendit donc a pas pressés sur Marvejols. Grande fut la surprise des habitants de la cité menacée, quand, le mercredi 13 août, sur les onze heures du matin, le tocsin se fit entendre: les troupes de l'Amiral apparaissaient du côté d'Antrenas. Le lendemain arrivèrent deux mille fantassins allemands et les deux régiments de Courtenay et de Puy du Fou.(1) Personne ne s'attendait à une si prompte attaque : Joyeuse n'avait-il pas « crié tout haut » qu'il assiègerait d'abord le château de Peyre ? N'avait-il pas tenté, de ce côté, quelques reconnaissances suivies d'escarmouches ? La résistance qu'opposerait « l'imprenable » citadelle permettrait à M. d'Andelot d'envoyer les secours promis. Le stratagème conseillé par Saint-Vidal, approuvé par l'Amiral, avait donc réussi. Cette fois, la vigilance des Réformés était prise en défaut.

Les défenses de la ville n'étaient pas solidement assises ; il fallut les fortifier en toute hâte. Les assiégés s'y employèrent volontiers. « Il n'y avoit pas de « distinction de religions, ni de différence de qualités « de personnes, parce que chascung travailloit pour

---

(1) Puy du Fou, sieur de Sévérie. — E. Henry et Ch. Loriquet. Correspondance du duc de Mayenne. Reims 1860 t. I. p. 233 note 1.

« Courtenay prit son quartier sur le chemin de Mende ». J.-A. de Thou Hist. univ. op. cit. t. IX p. 602.

« la [protection] de ses vie et ville ; car les Catholi-
« ques romains... prévoyoient bien que leur condi-
« tion ne seroit pas meilleure que celle de ceulx de la
« Religion P. R. ». (1)

Le dimanche suivant, « sous le couvert de la halle »,
le ministre Monnier prêcha sur le 19⁰ chapitre du II⁰
Livre des Rois relatif à l'armée de Sennachérib et de
Rabschakè ; après avoir informé ses auditeurs que
les prêches seraient suspendus, il les pressa de prier
Dieu « chacun en son domicile et en son particulier. » (2)

Tandis que dans la maison de ville se font les pré-
paratifs pour la défense des remparts au moment où
se livrera l'assaut, — « sarments enduits de poix, pots
pleins de chaux », — les capitaines prennent leur dernières dispositions. Le sieur de Peyrefiche occupe le
quartier de l'Hôpital ; Vachery protège le clocher et
y fait hisser deux « pièces de campagne qui offens[e-
« ront] fort les assiégeants » ; enfin La Roche est à
la porte du Théron. (3)

L'armée mit quatre jours à investir la place. Ses
douze canons (on en avait fait venir deux de Mende)
étaient répartis en trois batteries : l'une, sur la route
de Chirac, dirigeant ses feux sur la Tour de l'Hôpital ; l'autre, au Poujoulat, faisant face à la Tour de
Peyre, et à la porte du Théron ; la troisième battant
la Terrasse de la maison de Peyre.

---

(1) F. André. t. III. p. 430.
(2) Ibid. p. 428.
(3) Ibid. p. 431.

Les sommations faites par un trompette le lundi 18 août étant restées sans réponse, le feu fut ouvert par un coup de canon tiré sur la Tour de l'Hôpital « au milieu des armoiries du roi ». Le 21, l'artillerie donnait encore : Marvejols avait reçu douze cents boulets en trois jours. (1) Chacune des batteries ennemies avait fait une brèche ayant au moins « quinze ou vingt pas de long. » Les soldats de Joyeuse approchaient des remparts ; l'assaut était imminent.

Et cependant, du Languedoc n'arrivait aucun secours. C'est qu'il eût été téméraire pour Châtillon, qui disposait seulement de 2000 hommes de pied et de 300 chevaux, (2) de tenter une bataille rangée contre les 6000 soldats ligueurs et royalistes, (3) dont la renommée grossissait encore le nombre. (4) Quant

---

(1) d'Aubais. Pièces fugitives. op. cit. t. II. p. 16.

(2) A. de Pontbriant. Le capitaine Merle. Op. cit. p. 138.

(3) Dès la reddition de Marvejols, Joyeuse passa la revue de ses troupes. Elles se répartissaient ainsi : 4000 arquebusiers français, 1500 lansquenets, 500 chevaux, soit 6000 hommes. d'Aubais. op. cit. t. II. p. 10.
D'après de Thou, les lansquenets étaient au nombre de 2000. Total 6500 hommes. — De Thou. Hist. univ. op. cit. p. 603.
Marvejols n'était défendue que par « 200 gens de guerre des Cévennes » et ses habitants armés à la hâte. F. André. Doc. t. III. pp. 420 et 430. Mais la ville était très forte. « Il n'y avoit moïen de venir à l'assaut, parce qu'il falloit descendre au fossé, monter la faulce braye, la descendre et monter au rempart... ». Ibid. p. 429.

(4) Jean Boissonade traduit ainsi l'impression que produisirent sur les assiégés les troupes de l'Amiral : « Cependant l'armée se renforsoyt toujours, *estant venue jusqu'au nombre de dix-*

à Damville, ayant « achevé ses affaires aux quartiers de Bagnols », (1) il annonçait, le 12 août, aux consuls de Florac, son trés prochain départ pour le Gévaudan ; (2) or, ce même jour, le siége de Marvejols commençait. Cette attaque inattendue le fit probablement renoncer à la mise à exécution de ce projet.

Seul, un corps de troupes sous les ordres de M. de Lecques, son maréchal de camp, occupa Florac jusqu'à la fin septembre. (3) Une compagnie de secours, envoyée de Millau à Marvejols, fut repoussée par Canillac et le Grand Prieur de Toulouse, frère de l'Amiral, qui les avait dépêchés en toute hâte du côté de La Canourgue (4).

Comprenant qu'ils n'avaient plus à compter que sur eux-mêmes, les plus braves des assiégés « commencèrent d'entrer en perte de courage » et prièrent le gouverneur La Roche de ménager une capitulation, « à quoi il ne se fit guère tirer l'oreille ». (5)

---

septa dix-huit mil hommes ». F. André. Ibid. p. 428. Et ailleurs, il ajoute : « *Il y avoit dix huit gros canons* ». Ibid p. 429.

(1) Chef-lieu de canton du département du Gard (arr. d'Uzès), sur la Cèze.

(2) F. André. Ibid. pp. 239 et 240.

(3) Charbonneau. « Journal sur les Guerres de Béziers pendant la Ligue » (1583 — 1586) publié par Azaïs. Bull. Soc. Arch. de Béziers. t. VII. pp. 38 — 97. — Damville passa tout le mois de septembre à Montpellier « pour voir le chemin que pren-« droit l'armée de Joyeuse ». Ibid pp. 70 et 71.

F. André. Doc. t. III. p. 292.

(4) d'Aubais. op. cit. t. II. p. 5.

(5) F. André. Doc. t. III. p. 430. D'après le « Discours du voyage de Monseigneur le Duc de Joyeuse... » [Cf. plus haut,

Le lendemain, vendredi 22 août, le premier consul, M. de Rodes, et le sieur Barreau, juge de la Terre de Peyre, (1) allaient trouver Joyeuse, le priant d'accorder aux habitants et défenseurs de Marvejols la vie sauve, et leur permettre de sortir avec armes et bagages, enseignes déployées, tambour battant, balle en bouche, épée au côté ; la ville ne serait pas pillée ; des otages seraient échangés de part et d'autre. Joyeuse leur tourna le dos, après avoir répondu avec aigreur qu'ils « y mettaient trop de saulce. » Avec son autorisation, Saint-Vidal « mena seul l'affaire. » Il leur fit observer qu'on ne devait pas parler ainsi à un lieutenant du Roi ; « cela serait bon à dire à un capitaine » ; leurs prétentions sont d'ailleurs excessives. Après délibération il fut convenu qu'aucun des assiégés ne serait passé par les armes. Seuls les soldats étrangers auront l'épée et le manteau ; malades, blessés et femmes enceintes sortiront à cheval. Tous les habitants, escortés de trois gentilshommes au service de l'Amiral, chargés de les protéger contre tout excès, devront défiler au milieu de l'armée royale ; mais la ville sera livrée au pillage. (2)

Le capitaine La Roche ayant accepté ces conditions, l'exode commença. A deux heures de l'après-midi, la porte du Soubeyran s'ouvrit pour laisser passer les assiégés. Ils sont cinq ou six mille, femmes,

---

p. 55 note 4], ce fut La Roche qui proposa la capitulation à Canillac, le 21 août à 10 h. du soir.

(1) F. André. Doc. t. III. p. 433.
(2) Ibid. pp. 433 et 434.

vieillards, enfants et soldats. Selon les conventions, Canillac et deux autres gentilshommes les escortent ; mais bientôt ils se retirent, les abandonnant ainsi à la fureur des troupes de Joyeuse. (1) « Miséricorde fut perdue », écrit un témoin oculaire. Insultés par les « lansquenètes », armées de barres de bois et de hâches, les femmes et les infirmes, jetés à bas de leurs chevaux, sont tués et volés. On ne voit partout que viols et meurtres ; les soldats « forcent » l'épouse sous les yeux du mari, la fille en présence du père, et prennent plaisir à égorger les enfants, dont ils noient les cadavres dans la Colagne. « Le piteux spec-
« tacle ! C'estoit misère de voir cette pauvre troupe
« confuse d'hommes désarmés, la frayeur, les plain-
« tes des assiégés de ce qu'on ne leur tenoit pas la
« foi promise,... l'épouvantement et les pleurs des
« femmes, les cris des enfants ». (2) Une femme enceinte ayant été éventrée, son fœtus « sort par la
« plaie ». Une autre se défend vaillamment pour échapper aux violences des lansquenets ; après lui avoir arraché un sein, ils la précipitent dans un puits. Passent deux gentilshommes de l'armée victorieuse

---

(1) Jean Boissonade reconnait cependant qu'ils « firent tout ce qui estoit en leur pouvoir », mais il ne purent « empescher la violence que les soldats faisoient... ». F. André. Doc. t. III. p. 436. (Les détails relatifs au massacre des fugitifs de Marvejols sont très précis dans le récit de Jean Boissonade. Ibid. pp. 435 à 450).

J.-A. de Thou croit au contraire à la perfidie de Canillac. Hist. Univ. Op. cit. t. IX. p. 603.

(2) F. André. Doc. t. III. p. 437.

qui, émus de compassion, « l'en font sortir par ceulx
« là même qui l'y ont précipitée » ; à peine ont-ils disparu que les meurtriers s'acharnent à nouveau sur leur misérable victime, « l'attachent à un arbre, la
« tuent, et, ce fait, la jettent dans la rivière. »

Les bandes isolées de fugitifs se dirigent vers le Causse de Sauveterre, derrière lequel s'abritent les protestantes Cévennes. Nouveaux dangers, nouveaux massacres. Les enfants, abandonnés par leurs parents, sont dévorés par les loups ou meurent de frayeur et de faim. Aussi cruels que les soldats et les bêtes féroces, les Caussenards, rendus farouches par leur grande misère, guettent les Huguenots au passage pour les tuer et les détrousser. Trente-sept fugitifs sont cruellement mis à mort en un champ d'avoine. Un notaire royal, M. Jean Pelissier, s'étant sauvé en chemise, se réfugie auprès de moissonneurs, « pensant y être en sauvegarde..... » ; mais ils l'assomment à coups de bâton, et, « de leur faucille, lui ouvrent le ventre pour
« voir s'il a mangé de l'or ».

Autour de Marvejols, la tuerie durait depuis plus d'une heure et demie, quand Joyeuse prescrivit sévèrement à ses troupes de mettre fin à tous leurs excès. D'après les deux principaux récits de ce siège (1), l'Amiral, qui probablement n'avait pas assisté à la sortie des Huguenots, « fut fort fasché de cette félonie. » Il monta aussitôt à cheval, et, suivi de quelques gentilshommes, arrêta le massacre, tuant, de sa pro-

---

(1) d'Aubais. Pièces fugitives, t. II, pp. 5 sqq. — F. André t. III. pp. 441 et 444. Cf. plus haut, p. 55, note 4.

pre main, ceux qui enfreignaient ses ordres. « Il re-
« tira tant de blessés qu'il put, les mit dans sa tente »,
et ordonna à « 150 pionniers de couvrir les cadavres
de terre et de sable ».

Avant de la livrer à ses troupes avides de butin,
Joyeuse, suivi de Canillac, des évêques de Mende et
de Saint-Flour, fit son entrée dans la ville. Lavardin et Saint-Vidal l'y avaient précédé, mettant à mort les quelques habitants catholiques qui n'avaient pas cru devoir chercher dans la fuite la sécurité que leur vaudrait sans doute leur communauté de foi avec les vainqueurs. Mais à cette soldatesque mal disciplinée qu'importait la religion ! Seules de riches dépouilles pouvaient compenser les privations de toutes sortes qu'elle avait endurées dans ce misérable pays de Gévaudan (1). Aussi n'épargnat-elle ni vieillards, ni prêtres. Deux chanoines sont mis à mort. L'un, pris par les pieds, est précipité dans la rue, « où il rend l'âme à Dieu » ; l'autre, âgé, de quatre-vingts ans est massacré, après avoir eu « la
« barbe bruslée par un fer ardent ».

Le sac de Marvejols dura cinq jours. Deux cents mulets venus de Mende, Saint-Flour, Saint-Chély, Chanac, Saugues, Langogne, « ne faisoient que char-
« rier les meubles des pauvres habitans (2) ». Enfin le 8 septembre, M. de Saint-Vidal, de sa propre autorité, ordonna de mettre le feu aux quatre coins de

---

(1) « Maruèges fut abandonnée au pillage en partie pour sa-
« tisfaire le soldat qui avoit manqué de pain et de vivres » —
d'Aubais. Pièces fugitives. t. II, p. 14.

(2) F. André. Doc. t. III, p. 449.

la ville, dont il venait d'obtenir de l'Amiral le gouvernement (1). Telle fut la violence du vent que quarante maisons seulement restèrent debout ; encore en profita-t-il pour les rançonner trois fois.

« Voilà Maruéjols ruinée et réduicte en cendres, » tellement qu'à bon droict on peut dire avec le Psal-« miste, au Psaume septante-neuf :

« Les gens entrez sont en ton héritaige ;
« Ilz ont pollu, Seigneur, par leur oultraige,
« Ton Temple Sainct, Maruéjolz ont destruicte, (2)
« Sy qu'en monceaux de pierres l'ont réduicte (3) ».

Les données très précises du narrateur huguenot sont confirmées par l'auteur anonyme du « Voyage « de l'Amiral de Joyeuse en Gévaudan », gentilhomme de l'armée royale, et surtout par J. de Thou, qui passa par Marvejols trois ans plus tard : « Il n'y est de-

---

(1) « Il n'y a poinct de cruautez ny d'outraiges que les sol-« dats n'ayent commis [à Maruèges], *à l'instigation de M. de* « *St-Vidal*, à quy Joyeuse donna fort imprudemment le gou-« vernement de ceste place, saichant qu'il estoit l'ennemi juré « des habitans ». J.-A. de Thou. Hist. univ. t. ix, p. 603.

(2) Sur la porte du Soubeyran, restaurée sous Henri IV, fut gravée l'inscription suivante, toujours visible :

« Pour avoir déchassé l'Anglais de ma province,
« Je porte d'une main la belle fleur de lys ;
[allusion aux armes de Marvejols].
« Pour avoir soutenu le grand Henry, mon prince,
« *Par fer, par feu, par sang, presque je défaillis* »
....

Une colonne de marbre fut même dressée sur la Place : une inscription y fut gravée pour perpétuer le souvenir de la ruine de Marvejols. — Hist. Lang. t. xi, p. 750.

(3) F. André. Doc. t. iii, pp. 453 et 454.

« meuré d'entier qu'une fontaine avec son bassin,
« du costé du Levant, et, du costé du Couchant, une
« seule rue ; le reste n'est qu'une solitude et qu'un
« amas confus de maisons renversées (1) ». Merle
n'avait pas été plus cruel que Saint-Vidal.

Les hostilités religieuses, l'indiscipline des soldats
de Joyeuse, ne suffisent pas à expliquer les horreurs
du siège de Marvejols. J. de Thou a émis à ce sujet
une opinion très juste : « La ville de Maruéges estoit
« si riche et si considérable que celle de Mende ne

---

(1) J.-A. de Thou. Mém. op. cit. liv. IV, pp. 638, sqq.
Dans son Hist. univ. op. cit. t. IX, p. 603, il écrit : « Ce qui
« estoit eschappé au feu fut réduict depuis dans un estat digne
« de compassion par les pluyes qui suivirent l'incendie ; en
« sorte qu'à la réserve de la Rue Haute, il ne reste aujourd'hui
« de ceste ville, qui estoit la plus florissante de ce païs-là, que
« des ruynes de maisons entassées çà et là par monceaux, qu'on
« aperçoit de fort loin, et qui nous firent presque verser des
« larmes lorsque nous passames par là, trois ans après, et que
« nous vimes le cadavre affreux de cette cité infortunée ».
Accompagné de Schomberg, de Thou traversa le Gévaudan
en l'année 1589. Il était chargé par Henri IV de lui procurer,
en Allemagne, 10,000 reitres et 16,000 lansquenets. Il devait
même parcourir toutes les cours de l'Europe pour les engager à
favoriser le nouveau Roi. — (Hist. univ. op. cit. t. XI, p. 630). —
Il se proposait d'atteindre directement l'Allemagne par la Bourgogne, quand il apprit, à Romorantin, que des ordres avaient
été donnés pour l'arrêter. « Il résolut alors de changer de
« chemin et de prendre un grand détour ». Il passe par le Poi-
tou, Bergerac, Figeac, St-Antonin en-Rouergue, Calvinet, Mur
des Barres, *Maruéges*, *Chanac*, *Mende* et Villefort ; il franchit
les Cévennes, atteint Alais, Uzès, Pont-Saint-Esprit, traverse
la Provence et s'embarque à Saint-Raphaël pour Gênes. [Ibid.
p. 631].

« pouvoit plus cacher l'envie qu'elle luy portoit ; et
« comme il y avoit beaucoup de Protestans dans la
« première, *parce qu'elle estoit au Roy*, et qu'on ne
« vouloit pas les souffrir dans l'aultre, *qui appartenoit
« à l'Evesque, les habitans de Mende, jaloux de
« la fortune de ceulx de Maruéges, se servirent de
« la Religion pour engager Joyeuse à l'assiéger, à
« dessein de satisfaire leurs haines et de ruyner
« ceste ville*......... *L'issue* [du siège] *porta un
« grand préjudice à l'auctorité du Roy* » (1).

Aussi Mende accueillit-elle la nouvelle de ce désastre avec une satisfaction qu'elle ne cacha point : sa rivale administrative et économique n'était-elle pas passée au second rang ? « On fit mesme crier par tout
« le pays qu'on n'allast plus à Maruéjols pour foires
« ni marchés, mais de les aller tenir à Mende, où le

---

(1) J. A. de Thou. Hist. univ. op. cit. t. ix, pp. 601 et 602.
Henri III écrivit même, le 7 septembre 1586, aux députés du diocèse de Mende et les félicita de la prise de Marvejols « pour
« l'utilité que ses bons subjects de son païs de Gévauldan et
« aultres circonvoisins en recevroient..... » Il ordonna de raser le Malzieu et Marvejols. — de Burdin. Doc. hist. op. cit. t. ii, p. 58. — Le 14 septembre, trois capitaines s'engagèrent, moyennant 2.000 écus, à raser, en trois semaines, un « mois tout au plus, ce qui pouvoit rester des tours et murailles de Maruéges ». Ibid. p. 59. — Devançant les ordres royaux, Joyeuse avait déjà prescrit, le 25 août, le « démantellement » de la cité huguenote. — F. André. Doc. t. iii, pp. 258-261. Arch. Lozère. C. 1797. — Délibération des commis du Gévaudan relative à la démolition des murailles de Marvejols, 14 septembre 1586. — Ibid. pp. 278-281. Arch. Lozère. C. 1797.

« Roi les avait remis ; ce qui estoit faux » (1). Le soleil qui orne les armes de la vieille cité épiscopale éblouit enfin la ville royale de ses rayons : *Tenebrae eam non comprehenderunt* (2).

VI

Tandis que Saint-Vidal livrait aux flammes la malheureuse cité, Joyeuse assiégeait le château de Peyre. Il avait quitté Marvejols le mercredi 27 août. Son armée mit trois jours à gravir, par de pénibles sentiers, les troies lieues et demie qui séparent Marvejols de la forteresse réputée imprenable. Fièrement dressée sur sa motte de basalte, à 1180 mètres d'alti-

---

(1) F. André. Doc. t. III, p. 462.

(2) Les armoiries de Mende étaient « d'azur à M gothique d'or, surmonté d'nn soleil rayonnant ». Elles furent enregistrées en 1697, à l'Armorial général de France. « Nous les trouvons « reproduites quatre fois sur le timbre de l'horloge qui porte la « date 1598..... La devise jointe à ses armes est conçue en ces « termes : *Tenebrae eam non comprehenderunt.* » Mende fut toujours la ville catholique, tandis que Marvejols, jusqu'en 1586, fut la cité réformée. Voilà pourquoi les fleurs de lys et l'L couronnée, données par Louis XI, furent remplacées, au XVIe siècle, par une M et un soleil ». — F. André. Notice sur les Armoiries de Mende. pp. 429 et 430. — Extrait du Bull. Soc. Agric. Lozère. Partie historique. Année 1865.

tude (1), le château comprenait deux corps de logis :
l'un, le plus important, à la base du rocher ; l'autre,
au sommet, « où l'on ne montoit qu'avec des échelles » (2). Pierre d'Auzoles, sieur de la Peyre, beau-frère et ancien lieutenant du capitaine Merle, en était
le gouverneur (3).

L'artillerie royale ayant « foudroyé le terre-plein »,
la garnison, très réduite par la fuite nocturne de quatre cents soldats huguenots de Serverette, « dut se
« retirer en haut, n'ayant ledit sieur d'Auzoles assez
« de soldats pour garder les deux forts ». De nouvelles défections se produisirent dans les rangs des assiégés. Parmi ceux qui se défendaient vaillamment,
les uns étaient tués par les « éclats des canons », les
autres se tenaient « à plat ventre, parce que le donjon
« estait rasé à fleur de rocher, et la ruine qui tomboit
« les offensoit fort ». En une semaine, Peyre reçut
2.200 boulets, soit 400 de plus que le Malzieu et Marvejols réunis (4).

---

(1) Le roc de Peyre, connu aujourd'hui dans le pays sous le nom de « Truc de Peyre », est un jet de basalte isolé au sommet d'un mamelon granitique. Les ruines du château ont presque totalement disparu.

(2) J. A. de Thou. Hist. univ. op. cit. t. IX, p. 604. Joyeuse « fit
« passer son canon par les montagnes à force de bras, car on
« ne se sert pas de chevaux dans ce pais-là ». Et pour cause :
il n'y a pas de route.

(3) Il ne faut pas confondre la seigneurie de *la Peyre*, située
dans la Haute-Auvergne, avec la *baronnie de Peyre*, en Gévaudan. Pierre d'Auzoles avait sous ses ordres le marquis de Renel, Hauterive et Lavergne, ancien capitaine des gardes du duc
de Brabant. — J. A. de Thou. Hist. univ. op. cit. t. IX, p. 604.

(4) d'Aubais. Op. cit. t. II, p. 17.

Abandonné de la plupart de ses hommes, entouré de blessés, blessé lui-même, le capitaine de la Peyre se décida à se rendre, à la condition toutefois que « tous les soldats auroient la vie sauve ». Lavardin jouant hypocritement sur les mots, et le considérant lui-même non comme « soldat », mais comme « capitaine », le livra aux habitants de Mende, qui l'emmenèrent dans leur ville ; il y fut condamné par le juge ordinaire de l'évêque à être écartelé, comme lieutenant de Mathieu Merle (1).

Les autres localités protestantes du Haut-Gévaudan ne furent pas mieux traitées que le Malzieu, Marvejols et Peyre. Chirac fut pillée, Saint-Léger-de-Peyre incendiée. Seul, le village de Serverette fut épargné, parce qu'il appartenait au prélat (2).

---

(1) Les habitants de Saint-Flour, jadis menacée par Merle, et de Mende, prise et pillée par lui, se disputèrent son beau-frère et lieutenant, le sieur de la Peyre. Mende l'obtint ; son procès fut rapidement mené par le tribunal ordinaire du prélat. — Extraits de l'interrogatoire du capitaine Pierre d'Auzoles (9 septembre 1586). F. André. Doc. t. III, p. 265-273. — Il fut écartelé le 10 septembre 1586. L'évêque lui reprocha d'avoir ruiné sa ville. Sur l'échafaud, La Peyre « ne dict aultre chose, sinon qu'il « appela le sieur de Lavardin « traitre », et qu'il ne luy avoit « pas tenu ce qu'il luy avoit promis ». Ibid. p. 458. — Frais pour l'exécution du capitaine La Peyre. Ibid. pp. 273 et 274. — Le château de Peyre fut rasé. Ibid. p. 265. Arch. Lozère. C. 1350.

(2) M. de Calvisson, seigneur de Saint-Alban, commis des nobles, reproche doucement cette faiblesse à Adam de Heurtelou. « Parce que le lieu vous appartient pour la plupart, vous « serez peut-estre enclin à le conserver... Pour vostre regard, « je vous ai toujours cogneu si affectionné au bien de ce païs, « que vous le préférerez, je m'en asseure, au vostre particulier,

Complète est la victoire : victoire de Joyeuse sur les alliés de Damville, — des Catholiques, jadis vaincus et humiliés par Merle, sur son beau-frère et lieutenant, chef des Huguenots massacrés ou fugitifs, — de Mende, cité épiscopale, sur Marvejols, ville royale (1).

VII

Evitant Millau, l'armée de Joyeuse prend la route de Rodez ; mais sa marche en avant est enrayée par le défaut de vivres et surtout par les ravages de la peste. L'hiver approche. L'Amiral est obligé de congédier, jusqu'à l'été prochain, ses troupes décimées (2).

« quand bien mesme il vous reviendroit quelque intérest de la
« perte de ce lieu, duquel, pour l'honneur de vous, je désirerois
« la conservation ». Ibid. pp. 276 et 277. Arch. Lozère. C. 1797.

(1) Les terres royales, situées pour la plupart (Chirac) aux environs de Marvejols, eurent particulièrement à souffrir de l'expédition de Joyeuse.

(2) « Le chasteau de Peyre prins et razé, l'armée print la
« route vers Roudez et, pensoyt on bien, yroit à Milhau, où *le*
« *sieur de Chastillon l'attendoit avec 18 compaignies* ; toutes-
« foys elle passa près, mais ne l'oza attaquer ». F. André. Doc.
t. III. p. 458. L'amiral s'empara de Salvagnac et alla « saluer son père » qui avait pris Montesquiou en Lauraguais. « Le siège de
« Mas-Sainte-Espuelle, où moururent 32 capitaines et 500 har-
« quebuziers, fut la ruyne de leurs troupes ». Palma Cayet.
Chron. noven. édit. Petitot, t. XXXVIII, pp. 300 et 301. « Après quelque séjour, il laissa à Lavardin le commandement de son armée qui estoit en mauvais estat..., et s'en revint en poste à la Cour. » J.-A. de Thou. op. cit. t. IX, pp. 604 et 605.

Aussi le sacrifice du Haut-Gévaudan Réformé ne fut-il inutile ni à Châtillon, ni à Damville, ni, par contrecoup, à Henri de Béarn. Les troupes du « Gouverneur pour le Roi de Navarre en Rouergue » et du Gouverneur disgrâcié de Languedoc sont intactes (1), tandis que Joyeuse licencie les siennes, très réduites par la famine et la contagion. Cette fois du moins, son armée « estoit de beurre frais », car elle avait littéralement « fondu » (2) parmi les rudes et inhospitalières montagnes du Gévaudan.

Le diocèse de Mende avait failli à tous ses engagements ; vainement les Commis des Etats ordonnèrent la levée des sommes dues à l'Amiral pour le paiement

---

(1) « Tandis que toutes ces choses se font, le mareschal de « Montmorency ne demeure oisif en Languedoc ; il asseure tou- « tes ses places, charge et deffaict les troupes de la Ligue à « Lodève et à Saint-Pons, et les faict desnicher le plus qu'il « peult de son gouvernement de Languedoc ». Palma Cayet. op. cit. t. xxxviii, p. 301.

D'ailleurs Joyeuse manquait de ressources. Le pays de Languedoc avait offert au Roi 100.000 écus pour l'entretien de son armée (Etats convoqués par le maréchal de Joyeuse à Castelnaudary le 4 août 1586. — Hist. Lang., t xi. p. 747). Les Etats avaient même « député au duc de Joyeuse, pour le prier d'accélérer sa marche ». Les délégués trouvèrent à Marvejols l'Amiral, qui leur déclara que, le Roi, fournissant seulement 100,000 écus et la Province autant, il lui était impossible de continuer sa marche sans une somme double, assurée par le Pays de Languedoc et par Henri iii ; ses dépenses mensuelles étaient, en effet, de 80,000 écus. Pour toute réponse, les Etats de Languedoc députent à la Cour pour supplier le Roi de prendre tout à sa charge. — Hist. Lang., t. xi, p. 748.

(2) Voir plus haut, p. 56.

des frais de démolition des remparts de Marvejols, du fort de Peyre, et l'entretien des gens de guerre chargés de protéger les ouvriers (1). La perception en fut impossible.

Grande fut la colère du favori du Roi. L'évêque comte Adam de Heurtelou, solennellement escorté des notables du pays (2), se rendit auprès de lui à Rodez.

---

(1) « Minute de mande de l'imposition faicte par MM. les Commis, syndic et députez, en vertu des commissions de Mgr le duc de Joyeuse (26 septembre 1586). — F. André. Doc. t. III, pp. 281 et 282.

Démolition des remparts de Marvejols............	4.000 écus.
id. du château de Peyre.............	1.500 écus.
Entretien des troupes de l'amiral (partie des 23.000 écus, somme imposée par commission royale)	9.503 écus.
Autres frais................................	770 écus.
Total..........	15.773 écus.
Gages du sieur Destrictis, « commis à faire ladite levée » (20 deniers par livre).............	1.314 écus.

(2) Les Commis, sur l'avis d'Adam de Heurtelou, décidèrent de « fère compagnie audit Seigneur, au voiage qu'il alloit fère à Rodez par devers Mgr le duc de Joyeuse, pour le bien du service du Roy et *de son diocèse*...., luy tesmoigner la très grande obligation que ledit païs luy avoit de l'avoir remis en liberté...., supplier Sa Grandeur de volloir maintenir les habitans d'iceluy en la bienveillance du Roy, et de leur estre aydant et favorable envers Sadicte Majesté pour pourveoir aux exploictz de guerre exécutés audict diocèse heureusement ». Le départ eut lieu le 2 octobre; le voyage dura 20 jours. Le prélat était accompagné du bailli de Gévaudan, M. de Sabran, du juge Dumas, du greffier des Etats, M. Brugeyron, du capitaine Gibrat, du commandeur de Palhers..... en tout 14 personnes, sans compter les laquais et quelques arquebusiers. Pour apaiser la colère du duc

Joyeuse consentit à accorder main-levée sur les biens des nouveaux convertis (1), mais ne se laissa fléchir ni par les cadeaux, ni par les supplications du prélat.

L'année suivante, il n'a pas encore pardonné au diocèse de Mende l'échec de son expédition ; car, le 21 Mars 1587, M. de Sabran, bailli de la Cour Commune, en route pour Paris où il doit exposer à Henri III la triste situation du pays, informe l'évêque que l'Amiral est « toujours fort courroucé contre le Gévaudan » (2).

---

de Joyeuse, on lui offrit « deux grands mulets, avec leurs grands batz neufs, harnachés de grands colliers et poytrails garnis de clochettes..... et de deux beaux panaches plumes...., le tout fort beau et riche ». Les dépenses de ce voyage s'élevèrent à 535 écus 8 sous. — F. André. Doc. t. III, pp. 285 et 286. Arch. Lozère C. 1352.

(1) Extraits de la requête adressée au duc de Joyeuse. — Ibid. t. III, pp. 287 et 288.

Main-levée sur les biens des Protestants qui se convertiront à la Religion catholique. Rodez, le 14 octobre 1586. — Ibid. t. III, pp. 288 — 291. Arch. Lozère. C. 1797.

(2) M. de Sabran vient d'apprendre du capitaine du Fau « revenu puy peu de jours de la Court », que « M. de Joyeuse, « *qui est fort courroucé contre le Gévaudan* est allé visiter son gou-« vernement de Normandie », accompagné de Philibert d'Apcher. — Ibid. t. III, p. 297.

Le 24 octobre 1587, Joyeuse fut tué à la bataille de Coutras : Mende n'oublia pas qu'elle lui devait la ruine de Marvejols. On trouve dans la comptabilité communale, (CC. 31), la dépense de 30 sous « pour 3 pans de taffetas noir, pour mettre « dessus le tambour faisant les *honneurs funèbres de Mgr le duc* « *de Joyeuse pair et admiral de France* ».

VIII

Toutefois cette intervention de Joyeuse eut sur la situation religieuse et politique du Gévaudan d'importantes conséquences. Les Réformés de Marvejols et de la baronnie de Peyre se sont réfugiés, pour la plupart, à Florac, Anduze, Uzès, Sommières, Saint-Jean-du-Gard, Meyrueis, Millau, Nimes et Montpellier, (1) où ils ont reçu « un fort bon traitement, tant des consistoires que par l'humanité de plusieurs gens de bien ». (2)

Plusieurs familles, parmi celles qui n'ont pas émigré, se convertissent même au Catholicisme. La destruction de Marvejols et du château de Peyre annulait donc l'influence du parti Réformé dans la région septentrionale du diocèse de Mende. Derrière les arides plateaux des Causses, les religionnaires des Cévennes se tiennent à l'écart sous la haute direction de Montmorency-Damville.

---

(1) F. André. Document relatif au rétablissement de la ville de Marvejols. Bull. Soc. Lozère. 1865. p. 576.
(2) Id. Doc. t. III. p. 453.

Aussi le péril huguenot parut-il enfin éloigné aux habitants de Mende et des cités voisines. Adam de Heurtelou était bien en droit d'écrire au Roi, le 25 mars 1587 : (1) « [Les Réformés] ne nous peuvent mal « faire, d'autant qu'il n'y en a un seul qui ait la de- « meure des villes pour retraite, ains du plat pays. » Délivrés des menaces des Protestants dans le Haut-Gévaudan, les Catholiques purent se rendre plus nettement compte de la grave situation économique et administrative que leur avaient créée vingt cinq années de luttes civiles tristement couronnées par l'expédition de Joyeuse.

---

(1) F. André, Doc. t. III. p, 305.

CHAPITRE II

Etat social et financier du Gévaudan, après l'expédition de Joyeuse
(1586-1589)

I. — Les trois ordres et les gens du plat pays participent, quoique à des degrés divers, à la désorganisation générale.

II. — Le Clergé. – Situation matérielle et morale. — Le monastère bénédictin de Saint-Sauveur-lès-Chirac, en 1588. — De tous les grands domaines gévaudanais, celui de l'Evêché a le moins souffert des guerres civiles.

III. — La Noblesse : revenus nobles et revenus roturiers. 1° Les huit « barons de tour ». 2° Les nobles proprement dits ayant droit d'entrée aux Etats. 3° Les nobliaux montagnards. Ces derniers se font volontiers chefs de bandes. « Patria Gabalorum, patria tyrannorum ».

VI. — Le Tiers-Etat. Les fonctions consulaires désertées. — La vie économique suspendue.

V. — Ruine des gens du plat pays, anciens serfs répartis dans les *mansi*. — Elle est due aux excès des troupes de St-Vidal et de Joyeuse, et des bandes de pillards commandées par les chefs montagnards. — La famine : cherté des denrées. — Dépopulation du Gévaudan.

VI. — Finances. — Les « bien vacants ». — Plus la population diminue, plus ses charges augmentent : *a)* accroissement des deniers extraordinaires ; — *b)* deniers ordinaires ; le chiffre n'en varie plus depuis 1530, mais la perception en devient toujours plus onéreuse. — « Réalité » des tailles. — Privilège de la « Terre épiscopale » en matière d'impôts.

VII. — Dettes du diocèse de Mende : les plus importantes furent contractées en 1581 (rachat de Mende au capitaine Merle) et en 1586 (entretien de l'armée de Joyeuse). — Leur total s'élève à 100.000 écus, somme considérable pour le pays et pour l'époque. — Le Gévaudan aura recours au Roi.

I

Le 16 mai 1589, les représentants du Gévaudan à l'assemblée de Blois décriront (1) ainsi au Roi en son Conseil le triste état de leur diocèse : « Notre pays, de son naturel, est des plus pauvres « et infertiles qui soient en votre obéissance ; comme « tel, il a ressenti plus vivement les misères et les ca- « lamités que l'injure du temps a apportées ; de ma- « nière que c'est, pour le présent, chose notoire et « manifeste qu'il est le plus affligé et misérable qui « soit en tout votre Royaume. Il a souffert la guerre « continuelle depuis trente ans, la famine mortelle « depuis vingt, et la pestilentielle contagion par « deux fois depuis douze ans...., de manière que, en « une part ni aultre, il n'est presque rien demeuré, « estant la plupart des villaiges champestres déserts « et du tout inhabités, et les terres qui souloient estre « en labouraige sans aucune culture ni semence ».

---

(1) « Deuxième Requeste des Estats catholicques du Hault-Gévauldan présentée au Roi, en son Conseil, par P. Maubert, chanoine, député du Clergé, et Decasalmartin, député du Tiers ». Tours, le 16 mai 1589. — Arch. Lozère. C. 955. J. Roucaute, Doc, p. 166.

Les trois ordres et les gens du plat pays participent, quoique à des degrés divers, à la désorganisation générale.

II

Le domaine épiscopal est très étendu. Sur les 194 circonscriptions ecclésiastiques du Gévaudan, 43 paroisses ou « démembrements » de paroisses (1) assurent au prélat un revenu annuel de 18.000 livres (2). A ce chiffre s'ajoutent encore les ressources d'origine ecclésiastique et les produits de la justice commune à l'Evêché et à la Couronne, une année sur deux ; or cette juridiction s'exerce sur 147 paroisses (3), soit environ les trois quarts du Gévaudan.

Mais la Terre épiscopale ne constitue pas tout le

---

(1) J. Roucaute. La répartition des tailles en Gévaudan...... — Notes et Documents d'histoire gévaudanaise, (Bull. Soc. Lozère, année 1899, février, pp. 5 sqq.

(2) Sous l'épiscopat de Renaud de Beaune, prédécesseur d'Adam de Heurtelou. — Arch. Lozère. G. 58.

(3) C'est-à-dire sur les 194 paroisses du Gévaudan, moins les 4 paroisses (Marvejols, Chirac, St-Bonnet-lès-Chirac, Antrenas) qui constituent le domaine propre de la Couronne et les 43 paroisses soumises à la juridiction particulière de l'évêque. — J. Roucaute. La répartition des tailles..... op. cit. ibid.

domaine ecclésiastique, qui comprend le tiers des paroisses du diocèse de Mende ; d'importants territoires relèvent du Chapitre et du Clergé régulier. En temps normal, les droits perçus sur 56 localités rapportent aux chanoines de l'église cathédrale plus de 5000 livres (1). Bénédictins de Ste-Enimie, de Langogne, de la Canourgue, du Colagnet et d'Ispagnac (2), — Dominicains de Marvejols, — Carmes de Mende, — Chevaliers de St-Jean-de-Gapfrancès (3) et de Palhers (4), — Hospitaliers d'Aubrac, ont, eux aussi, de nombreux bénéfices (5) soumis à l'impôt foncier. La

---

(1) Exactement 5370 livres en 1574. — Comptabilité du Chapitre de Mende. — Arch. Lozère. G. 1337.

(2) F. André. Notice historique sur Ispagnac et son prieuré. Annuaire du département de la Lozère. Appendice historique. — Années 1874 et 1875.

(3) Commanderie de l'ordre de St-Jean-de-Jérusalem (aujourd'hui l'Hôpital), située sur les pentes méridionales du Mont Lozère. — F. André. Notice sur la Commanderie de Gapfrancès et chronologie de ses commandeurs. — Bull. Soc. Lozère. Année 1864, pp. 363 sqq. — Arch. Lozère. H 415 à 426.

(4) Ancienne commanderie des Chevaliers de Malte. Palhers, com. du canton de Marvejols. — Arch. Lozère. H. 401 à 415.

(5) Voici la liste des paroisses gévaudanaises appartenant au Clergé régulier :

Dom d'Aubrac (Hospitaliers)	St-Andéol-de-Clerguemort. St-André-de Lancize.
Prieur de Langogne (Bénédictins)	Langogne.
Prieur des Chambons (Bénédictins)	N D.-de-Valfrancesque. La Melouze. St-Germain-de-Calberte

guerre civile ne les épargna pas. Situés sur le passage des troupes venues du Nord ou du Sud-ouest, les commanderies d'Aubrac et de Palhers, les monastères du Colagnet, de Chirac, de Marvejols et de la Canourgue furent plusieurs fois pillés (1).

Aussi le désordre est-il grand parmi les ecclésiastiques. L'Evêque, Adam de Heurtelou, doit même même avouer (2), en 1587, que les bénéfices vacants

Commandeur de Palhers (Chevaliers de Malte)	Palhers. Pierrefiche
Commandeur de Gapfrancès (Chevaliers de St-Jean de Jérusalem)	Saint-Sauveur-de-Ginestoux.
Prieur du Bosquet (Bénédictins)	St-Frézal-de-Ventalon.
Abbé de la Chaise-Dieu (en Auvergne). (Bénédictins)	Chauliac.
Prieur d'Ispagnac (Bénédictins)	Ispagnac.
Prieur du Monastier (Bénédictins)	Le Monastier
Prieur de Vebron (Bénédictins)	Vebron Fraissinet-de-Fourques.

J. Roucaute. La répartition des tailles... op. cit. pp. 17, sqq.

(1) Ruine du clergé régulier de la baronnie de Peyre. — Le 12 août 1590, le sieur Ferrand Privat, huissier de la Sénéchaussée de Mende, chargé de recouvrer les décimes dues par le clergé de Gévaudan « tant pour le faict de guerre que pour la conservation des villes royales... se transporte ez prieurez de Marchastel, Prinsuéjolz, Beauregard, du Buisson et aultres, sur la terre de Peyre; [il] ne luy a este possible de trouver aulcungs prieurs « F. André. Doc. t. III. p. 510. Arch. Lozère. G. 1637.

(2) J. Roucaute. Doc. pp. 81 sqq. — Mandement d'Adam de Heurtelou relatif à l'officialité du diocèse de Mende.

sont, pour la plupart, tenus par des laïques « sous « le nom emprunté de certains clercs, maudites gens « d'Eglise », qui en jouissent comme de propriétés particulières, les achetant ou les vendant, aliénant même « les droits et revenus patrimoniaux de l'Egli-« se de Dieu ». Chapelles et couvents sont-ils délabrés, ils les font parfois raser « pour en bastir leurs « maisons profanes ». Fait plus grave encore aux yeux du prélat : ils perçoivent les dimes à leur profit « agissant ainsi à la ruine de l'Esglise, du pauvre « peuple et à leur damnation ». Certains clercs se sont même « laissé corrompre et aller à une méchan-« te et damnable vie ; il y va de la perte de leur âme, « car le scandale public en est très grand », allusions peu voilées à leur inconduite. Et l'évêque de déclarer que « cette malédiction a lieu en la plupart des « endroits du diocèse ».

Quoique impersonnelles, ces accusations lancées par le prélat contre son clergé ne sont nullement exagérées ; preuve en soit la situation du monastère bénédictin de St-Sauveur-lès-Chirac, (1) jadis l'un des plus florissants du pays. Il y a plus de vingt ans que l'Eglise, le couvent, le cloître et les cellules des religieux tombent en ruines ; aussi n'y « peut-on faire « aucun service divin ». Toute discipline régulière est supprimée : « quelques-uns se sont mesme tant « oubliés qu'ils ont laissé après eux plusieurs bas-« tards ; d'aultres se sont mariés contre leurs lois et « professions tacites ou expresses ». Des douze an-

---

(1) J. Roucaute. Doc. pp. 96 à 99. Arc. Lozère. H. 134.

ciens moines, il en reste un seul, le frère Gay; les autres sont, pour la plupart, morts de la peste. Mais leurs places sont occupées par de tout jeunes gens, sans instruction ni noviciat préalables, sans habit ni tonsure, « logeant en divers lieux, chez leurs « parens, parfois très éloignés du prieuré ». Aux seconds Etats de Blois, le Tiers sera bien fondé à se plaindre au Roi du clergé régulier. (1)

Quant aux trois paroisses qui dépendent du Monastier, (Chirac, Salelles et Antrenas), elles n'ont plus ni desservants, ni églises (2). A Mende, l'affaissement moral est tel que les membres du clergé paroissial se refusent à ensevelir les pestiférés. (3) Partout, dans le clergé régulier et dans le clergé séculier, se manifeste une égale lassitude, une même désorganisation matérielle.

Toutefois, par l'étendue de ses possessions épargnées par l'armée de Joyeuse, grâce à l'importance de ses privilèges temporels et surtout à la situation particulière de la Terre épiscopale (4), le prélat de Mende eut moins à souffrir des luttes civiles que les gens du plat pays, les nobles, le Roi lui-même, dont

---

(1) « En quelques abbayes et prieurez du Royaulme, les religieux, ayant divisé entre eulx leurs revenus, ne vivent plus en commun au grand scandale de votre peuple ». Cah. de doléances 1588-1589. [Ch.J. de Mayer.] Des EtatsGénéraux... La Haye et Paris édit. 1788 -1789. t. xv. p. 161.

(2) J. Roucaute. Doc. p. 97.

(3) Extrait de l'accord passé entre la ville de Mende et M. Jean Vincent, prêtre. Ibid. p. 56. Arch. Mende. GG. 91.

(4) Cf, plus loin, pp. 107. sqq.

l'action était toujours contrariée, souvent annulée par les troubles de l'époque. Marvejols, ville royale, avait été rasée par l'Amiral; mais Serverette, bourg épiscopal, était intact, quoique occupé par les Huguenots.

III

Parmi les Seigneurs gévaudanais, il convient de distinguer les huit « barons de tour » (1) et les nobles proprements dits.

A la première catégorie appartiennent MM. d'Apcher, de Peyre, de Cénaret, de Mercœur, de Florac, de Châteauneuf, du Tournel et de Canillac, tous membres de familles anciennes, qui, dans ces

---

(1) Dès 1442, les huit barons de Gévaudan, (comme d'ailleurs les douze barons du Vivarais à partir de 1435), siégeaient à *tour de rôle* aux Etats généraux de Languedoc. D'où leur titre de *Barons de tour*. Sur la « Roue de tour des huit barons du pays de Gévaudan », l'ordre dans lequel « chacun des huit barons siège à l'exclusion des autres, pour un an, aux Etats généraux de Languedoc, est figuré par la série de huit divisions d'un cercle, au centre duquel est inscrit l'exergue : *nul premier, ny dernier*. A chaque secteur correspond, sur la circonférence, un nom de baron. La série commence au haut du cercle ainsi figuré et se poursuit de gauche à droite. Epuisée en huit ans,

régions d'accès difficile, ont pu « défendre leurs domaines contre les puissances rivales ou ennemies, l'Eglise et la Royauté », tandis que, dans la plaine, les principales maisons, ruinées par la Guerre des Albigeois, affaiblies par le morcellement de leurs biens fonciers, se sont insensiblement éteintes. Ces seigneurs jouissent de revenus nobles et de revenus roturiers, selon la qualité de leurs terres. Vers le milieu du XVIe siècle, les biens nobles leur rapportaient de 1.000 à 3.000 livres (1). On ne saurait indiquer

---

elle recommence dans le même sens au point de départ ». P. Gachon. Les Etats de Languedoc et l'Edit de Béziers. op. cit. pp. 275 et 276. « Cet ordre fut arrêté en 1563 et maintenu depuis » :

1563	baron de Mercœur	1567	baron de Cénaret
1564	— de Canillac	1568	— du Tournel
1565	— d'Apcher	1569	— de Randon
1566	— de Peyre	1570	— de Florac

Cet ordre fut cependant modifié en 1592 : Peyre eut le pas sur Apcher. (Proc. verb. Etats de Gévaudan t. I. p. 334).

Tous ces seigneurs, dont l'un fut duc, (Mercœur), un autre marquis, (Canillac), un autre comte, (Peyre), un autre vicomte, (Apcher), conservèrent toujours le titre uniforme de *baron*.

D'après M. Gachon (Ibid. p. 276), « l'assistance annuelle aux « Etats de Languedoc et la présidence des Etats particuliers « du pays coïncidaient en droit pour chacun d'eux » ; ce qui est exact pour le Vivarais, non pour le Gévaudan, dont l'assemblée diocésaine était toujours présidée par le prélat ou son vicaire général.

(1) « Dénombrement de la noblesse de Givauldan, contenant les noms des barons et seigneurs du Pays, avec le chifre total des revenus annuels de leurs terres nobles ». 1530 [n. s.] Arch. Lozère. G. 14. — d'Aubais, Pièces fugitives, t. II pp. 64, sqq.

avec précision, faute de documents, le chiffre de leurs revenus roturiers ; ils étaient probablement plus importants (1), à en juger par le nombre des communau-

---

F. André. Bull. Soc. Lozère, année 1889, pp. 117. sqq. — Au temps de la Ligue ces chiffres doivent être au moins doublés, l'abondance de l'or et de l'argent due à la découverte du Nouveau-Monde ayant déprécié la monnaie et haussé le prix des denrées. — E. Lavisse et A. Rambaud. Histoire générale, t. v, pp. 310 à 313. (Henri IV et Sully par M. E. Levasseur).

(1) « A cette époque, écrit M. Dognon, un gentilhomme est « des plus riches quand il possède 4.000 livres de rentes ; de « cette sorte, il n'y en a guère plus de 60 sur les 2.000 gentils- « hommes de Languedoc » (op. cit. p. 192) : et il renvoie le lecteur à un précieux Mémoire (Hist. Lang. t. xii. col. 1073 sqq.) adressé au Roi en 1574 par M. de Fourquevaulx, gouverneur de Narbonne, « homme sincère et intelligent, digne de toute créan- « ce ». (P. Dognon, op. cit. p. 185, note 8).

Or l'affirmation de M. de Fourquevaulx n'a nullement une portée aussi générale ; renseignant le Roi sur l'importance du parti réformé dans le Languedoc septentrional il déclare, à propos des seigneurs protestants : « Tout le nombre des gentilhom- « mes rebelles ne saurait arriver à *deux cens* que bien que mal « aisés, prenant le plus riche à *4,000 livres de rentes*, de laquelle « sorte n'y en a pas *six*.... » [Ibid. col. 1073.] Ce qui signifie que les seigneurs réformés se recrutent parmi la petite noblesse. D'ailleurs, en Gévaudan seulement, les *revenus nobles* des *huit barons* variaient, en 1530, entre *1.000* et *3.000* livres, chiffres qu'il convient au moins de doubler pour l'année 1574, date du Mémoire de M. de Fourquevaulx. Et leurs *revenus roturiers ?*

Sans doute, la thèse de M. Dognon est très juste : au milieu du xvi° siècle, la noblesse languedocienne est *généralement* « pauvre, impuissante »; mais l'évaluation approximative qu'il donne de ses revenus est, *pour la grande noblesse du diocèse de Mende*, inférieure à la réalité.

tés taillables qui leur appartenaient : 28 à M. de Mercœur (1), 12 à M. de Peyre, 10 à M. du Tournel, etc (2). La possession de ces grands domaines confère à ces huit seigneurs, tous membres de l'assemblée diocésaine, le droit de siéger à tour de rôle aux Etats généraux de Languedoc, où ils se font le plus souvent représenter par des procureurs.

Ils ne résident pas pour la plupart. Le duc de Mercœur, de la famille de Lorraine, vit toujours loin du pays : Henri III ne l'a-t-il pas nommé gouverneur de la Bretagne, en 1582 ? Le marquis de Canillac, un Beaufort, est lieutenant-général d'Auvergne, où il possède la seigneurie de St-Ciergue. La baronne de Florac, Antoinette de la Mark, de la puissante famille calviniste des Bouillon, n'est autre que la femme de Montmorency-Damville, chef des Politiques. Pierre de Rochefort d'Ailly, devenu seigneur de Cénaret par son mariage avec Claire de St-Vidal, fille du gouverneur particulier, parait être resté étranger aux affaires du Gévaudan. Le comte Astorg de Peyre, le premier protecteur des Réformés du diocèse de Mende, l'ami de Théodore de Bèze, a trouvé la mort dans la St-Barthélémy ; son frère cadet, Marchastel, et sa veuve, l'ardente huguenote Marie de Crussol, se disputent un héritage entièrement ruiné par les soldats de Joyeuse. Châteauneuf est aux Polignac, riche famille du Velay. Tournel, issu d'une branche

---

(1) Parmi les communautés de la baronnie de Mercœur, le Malzieu et surtout Saugues (H^{te}-Loire) étaient d'importantes bourgades.

(2) J. Roucaute, La répartition des tailles en Gévaudan. op. cit. pp. 18, sqq.

cadette des Châteauneuf, reste effacé, tandis que l'intrigant Philibert d'Apcher séjourne volontiers en Gévaudan, où sa vigueur d'homme jeune, stimulée par une violente haine contre les Huguenots qui ont tout récemment tué son père, l'incite à devenir le lieutenant et, plus tard, le successeur de Saint-Vidal.

La majeure partie, et la meilleure, des domaines des huit barons a beaucoup souffert des fréquents passages de troupes. Le Malzieu, centre des possessions de Mercœur en Gévaudan, a été pris et pillé par Joyeuse (1). — Lansquenets et arquebusiers ont « foulé » les terres du baron d'Apcher ; c'est à Saint-Chély que l'Amiral s'est arrêté pour tenir conseil (2). — L' « imprenable » forteresse de Peyre n'est plus qu'une ruine ; Saint-Léger et Saint-Sauveur sont en cendres (3). — Le château de Canillac a vu défiler sous ses murs l'armée victorieuse en route pour le Rouergue. Qu'importe que le marquis soit du parti de Joyeuse, qu'il accompagne même ! Pour le soldat mal payé, mal nourri, tout est de bonne prise.

Les nobles proprement dits se répartissent en deux catégories.

---

(1) Cf., plus haut, p. 57.
(2) Cf., plus haut, pp. 58 et 59.
(3) Quand il parcourut la baronnie de Peyre (1590) pour y lever les décimes imposées sur le clergé, Ferrand, huissier de la Sénéchaussée de Mende, la trouva dépeuplée. Depuis l'expédition de Joyeuse, « les terres sont vacantes et sans aulcune agriculture, n'y faisant aucune résidence, sinon quelques uns, en petit nombre, qui y meurent de faim ». F. André. Doc. t. III. p. 510. Arch. Lozère. G. 1637.

1° Assistent aux Etats de Gévaudan : les seigneurs de St-Alban, d'Allenc, de Montauroux, de Sévérac, de Mirandol, de Barre, de Gabriac, de Portes, d'Arpajon, de Montrodat et M. de Morangiès. Leur domaine leur assure, en moyenne, un revenu noble de cinq à six cents livres. Seul, M. de St-Alban, seigneur de Calvisson, jouit de ressources bien supérieures (2000 livres) ; aussi ne cesse-t-il de réclamer son admission parmi les « Barons de Tour. » (1) Il remplit d'ailleurs les fonctions viagères de commis des nobles ; gardien et défenseur des privilèges du second ordre du diocèse, il est aussi son chargé d'affaires.

2° Les nobliaux montagnards, qui n'ont pas droit d'entrée aux Etats, (une centaine environ), sont souvent aussi pauvres que les propriétaires ruraux. Ne partagent-ils pas leurs occupations journalières, labourant eux-mêmes leurs terres, dont une parcelle seule est exempte de tailles ? Le maigre domaine, qui suffit à peine à leur vie modeste, est-il dévasté par les soldats, ils l'abandonnent et le laissent inculte. Petits hobereaux, mais de lignée non moins ancienne que les « Barons de Tour », ils essaient de tirer le meilleur

---

(1) Proc. Verb. Etats de Gévaudan. t. i. pp. 214 et 215. Ce droit lui sera abandonné au xvii° siècle par M. de Polignac, baron de Châteauneuf, qui se contentera d'être le premier des nobles aux Etats du Velay.

(3) En 1530, la grande majorité de ces seigneurs a un revenu noble variant entre 10 et 100 livres, (c'est-à-dire entre 20 et 200 livres environ, au temps des Guerres de Religion). Cf., plus haut, p. 88 note 1.

parti possible de l'anarchie dont ils ont été les premières victimes, avant même les habitants des bourgs fortifiés. N'ayant pas les moyens de s'entretenir dans l'armée régulière mal soldée, ils se mettent à vivre de rapines et « vont à la désespérade ». Volontiers ils se font chefs de bandes, détrousseurs de voyageurs ou voleurs de bestiaux égarés sur de dangereux sentiers. Leur stratégie buissonnière jette le trouble dans la contrée, y entretenant la désolation déjà causée par les excès de Merle, de St-Vidal et de Joyeuse. « [Dans le diocèse de Mende], l'avarice et l'intérest gouvernent; c'est le plus chaut zelle que la noblesse et l'homme de guerre ont le plus à cœur en cedit païs, tant de l'une que de l'aultre religion : ils blasphèment, ils pillent, ils pillardent et font tout ce que l'Evangile deffend, alléguant pour leur raison que la guerre le permet ». (1)

Nulle part, mieux qu'en Gévaudan, ne se vérifie l'exactitude du langage prêté par les auteurs de la Satire Ménippée au sieur de Rieux. L'orateur fictif de la noblessse aux Etats Ligueurs de 1593 n'eût pas été déplacé parmi les seigneurs gévaudanais : « Cepen-
« dant, dit-il, je courreroi la vache et le manant tant
« que je pourroi; et n'y aura paysan, laboureur, ny
« marchand autour de moi, à dix lieues à la ronde,
« qui ne passe par mes mains, et qui ne me paye
« taille ou rançon » (2). La noblesse constitue donc

---

(1) Mém. cit. de M. de Fourquevaulx... (Hist. Lang. t. XII, col. 1074).

(2) Cité par M. G. Fagniez. L'Economie sociale de la France sous Henri IV. op. cit. p. 15.

l'élément perturbateur de la vie gévaudanaise : « Pa-
« tria Gabalorum, patria tyrannorum » ! (1)

IV

Sans directions morales (le Clergé ne donne-t-il pas l'exemple de la Simonie), privé de la protection qu'il serait en droit d'attendre des seigneurs catholiques ou huguenots, le laboureur du plat pays se réfugie dans les petites cités, où l'attire la hauteur des remparts, mais où l'attendent la peste et la famine.

L'industrie toute locale, « domestique et pour ainsi dire autochtone » des *cadis* et des *serges*, qui a toujours permis au Gévaudanais de « suppléer, selon l'expression de Basville, au défaut des terres », est annulée ; car, en été, les troupeaux transhumants ne viennent plus, par leurs *drayes* mal tracées, paître les vastes pâturages du Lozère ou de l'Aubrac.

Toutes relations commerciales avec les régions voisines sont impossibles : les Huguenots barrent

---

(1) Cet ancien proverbe est extrait d'un Mémoire de l'Intendant sur le Gévaudan, année 1642. — Bibl. Nat. Fonds Languedoc, t. XVII, f° 57, r° inédit.

aux marchands la route du Bas-Languedoc ; ceux-ci s'aventurent-ils sur les frontières septentrionales du diocèse, les voilà menacés d'être faits prisonniers par les créanciers du Gévaudan en Auvergne, où plusieurs des leurs sont déjà retenus comme otages (1). Aussi la vie économique est-elle suspendue : « Tous affai-
« res et négoces ont cessé en ce pays et principale-
« ment en cette pauvre ville [de Mende] » (2). Marvejols est détruite. Or ces deux petites cités sont de beaucoup les plus importantes parmi les 18 communautés gévaudanaises députant aux Etats. Les représentants de Marvejols ne reparaitront à l'assemblée du Pays qu'en 1591. Ceux de Mende sont plus que jamais dans la main du prélat. L'un d'eux, noble Jean Dorlhac, seigneur de Recoulettes, élu 1er consul le 21 décembre 1586, se souciait même si peu de ses nouvelles fonctions que ses électeurs durent lui signifier, par ministère d'huissier, « de venir prester serment de
« fidélité de bien et duement exercer sa charge » (3). Aussi la bourgeoisie, en tant que corps privilégié, jouait-elle un rôle effacé. Mais ses délégués, apparte-

---

(1) J. Roucaute Doc. pp. 170-171.
(2) F. André. Doc. t iii. p. 321.
(3) Signification par huissier faite, au nom des habitants de Mende, à noble Jean Dorlhac, seigneur de Recoulettes, élu 1er consul le 21 décembre 1586, « de venir prester serment de fidé-
« lité de bien et duement exercer sa charge et icelle adminis-
« trer ; aultrement de ce faire, la ville proteste contre luy de
« toutz les maux, dommaiges, dépens et intéretz que la ville en
« corpz et les habitans en particulier pourroient souffrir de
« l'invasion et surprise dicelle et retardation des affaires du
« païs ». Arch. de Mende. BB. 21.

nant presque exclusivement à des paroisses rurales, faisaient entendre, dans leurs doléances au Roi, la triste voix des gens du plat pays (1).

V

Autrement graves, en effet, furent pour l'agriculture les conséquences des luttes civiles. Les bandes armées, se livrant à tous les excès d'une soldatesque indisciplinée, pillaient le malheureux diocèse, dont elles épuisaient les maigres ressources. Si les Catholiques eux-mêmes n'ont pas été épargnés par l'armée royale commandée par l'Amiral, comment échapperaient-ils aux compagnies sédentaires du gouverneur ? Le 17 août 1587, Chanoulhet, syndic des Etats Particuliers, écrit à son frère délégué en Cour pour les affaires du pays (2) : « Nous avons eu nou-
« velles que Monsieur de Saint-Vidal est à Langogne
« avec force troupes pour venir recevoir les pièces [de
« canon], ; à quoy le pauvre peuple ne peut attendre
« que beaucoup de ruines et particulièrement ceulx à
« quy il en veult ».

---

(1) Cf. plus loin, 1ʳᵉ partie, chap. IV, paragraphe V.
(2) F. André. Doc. t. III. p. 319.

Et comme si c'était trop peu de ces pilleries incessantes, la guerre civile engendra la peste qui sévit « cruellement » en Gévaudan pendant deux ans (1). Les contemporains, dont la tendance à l'exagération est évidente, évaluent aux deux tiers de la population le nombre des victimes du redoutable fléau. « Il a « plu à Dieu affliger la ville de Saint-Chély, estant « morte la plus grande partie des habitans d'icelle « maladie..... Dieu a visité la ville de Mende et le « reste du diocèse d'une si contagieuse peste que les « deux tiers du peuple en sont décédés » (2). Dans la terre de Peyre, « de quinze parties des habitans, les « quatorze sont mortes de la contagion » (3); mais la ruine du château, l'incendie des localités voisines, la fuite des vaincus vers le Languedoc ont certainement contribué à cette étonnante dépopulation de la baronnie huguenote. Les Cévennes furent à leur tour atteintes (plus légèrement il est vrai) par la maladie,

---

(1) Sur la peste en Gévaudan (fin de l'année 1586 et année 1587), Cf. Arch. de Mende. GG. 61. Liasse, 19 pièces. — Principaux documents : Contrats passés entre les Consuls de Mende et les « maistres désinfecteurs de la ville en 1586 et en 1587 ». — Accord entre le syndic et Jean Vincent, prêtre ; cet ecclésiastique s'engage à « visiter les malades atteins de la peste ; il les con- « fessera et les réconciliera, les accompagnera avec la saincte « croix quand on les portera en terre, mettra par rolle le jour et « l'heure que seront trépassés, comme sera ordonné par MM. « les Consuls... et ce, pour et moyennant la somme de 6 écus, « 2 livres, chaque mois... » J. Roucaute. Doc. p. 56. Arch. de Mende. BB. 1.

(2) F. André. Doc. t. III. p. 283. Arch. Lozère C. 959 et 1778.
(3) Ibid. p. 510. Arch. Lozère. G. 1637.

importée sans doute par les fugitifs de Marvejols. Le 12 janvier 1587, le conseil politique et les notables du bourg de Florac se décidèrent à faire venir de St-Affrique quatre « maistres cureurs et nettoyeurs » pour désinfecter la cité contaminée (1). — Le 22 août suivant, Monsieur de Chanoulhet, dans une nouvelle lettre à l'adresse de son frère, écrivait : « La maladie conta-
» gieuse continue fort en la ville de Mende et presque
« par tout le pays, dont c'est la plus grande pitié du
« monde et telle désolation, que chascung se déplaict
« de vivre et estime très heureux ceux qu'il plaict à
« Dieu d'appeler... Ne cessez pas de prier pour nous,
« *quibus fatalis imminet hora quotidie* » (2).

A ces causes de ruine s'ajoute enfin la famine. Les terres restent en friche ; et cependant, les relations commerciales étant annulées, les pays voisins moins appauvris ne sauraient fournir au Gévaudan les céréales qui lui font défaut. Les denrées étant hors de prix et très rares (3), le peuple des campagnes meurt

---

(1) F. André. Doc. t. III. pp. 283, 284. La duchesse de Montmorency avait déjà envoyé des chirurgiens du Bas-Languedoc à sa ville de Florac. Ibid. p. 295.

(2) Ibid. pp. 320, 321.

(3) a] En 1587, à Mende, le setier de froment (1 hl., 19 mesure de Mende) valait 2 écus, 2 tiers, 6 sous [Arch. Lozère. H. 776], soit 8 livres, 6 sous ; le prix d'un hectolitre de blé (7 livres, environ 35 francs) y était donc à peu près deux fois et demi plus élevé que de nos jours (15 francs.)

b] En mai 1586, à Marvejols, le setier de froment (1 hl., 43 mesure de Marvejols. Annuaire départemental de la Lozère, année 1866, p. 167) se vendait 20 livres. (F. André. Doc. t. III.

de faim. « On trouve des misérables en grande « abondance morts dans la neige ». Résistent-ils à toutes leurs souffrances, c'est pour se nourrir « de « pain d'avoine, d'herbes, d'écorces d'arbres et d'ali- « ments plus grossiers encore qu'ils disputent aux « animaux……. Ils s'en viennent retirer……… dans « les bourgs par grand force, et sont si amai- « gris et si défaits qu'ils ressemblent à des corps « morts sortis du sépulcre » (2). Parfois les malheu- reux cultivateurs et les manouvriers sans travail par- couraient, la nuit, les villages et les hameaux accom-

---

p. 425), soit 100 fr. aujourd'hui. L'hectolitre de blé coûtait donc 70 fr. de notre monnaie ; il se vendait 3 fois et demie plus cher qu'à notre époque.

Le setier de blé de Mende (119 litres) produit 120 pains de 1 livre 1/2 (750 grammes) chacun, soit 90 kilogrammes de pain (J. Roucaute. Doc. p. 48). — 1 kilogramme de pain est produit par 1 litre 32 de blé. Si les 143 litres coûtent 20 livres, 1 litre 32, nécessaire pour un kg. de pain, vaut 3 sous 2/3. Or la journée d'un charpentier, d'un maçon se paie en Gévaudan 10 sous. [35 sols à Jean Rouvière, charpentier, pour 3 journées et demie. Année 1576. Arch. Mende. CC. 172. — 4 livres 16 sols pour 8 journées de maçon. Année 1581. Arch. Mende CC. 177.] Avant même le siège de Marvejols par Joyeuse, un ouvrier ne pouvait donc avec son seul salaire, acquérir que 6 livres de pain. C'était la famine et la misère.

On remarquera que Mende appartient à la Terre épiscopale, la moins grevée d'impôts ; aussi la situation économique de la cité du prélat est-elle moins mauvaise que celle de Marvejols, ville royale, mais soumise au tarif commun des impositions ru- rales. (Cf., plus loin, pp. 107 sqq).

(2) Mémoires de Jean Burel. (1568-1623). Ed. Chassaing. Le Puy. 1875. in-4· p. 98.

pagnés de leurs femmes et de leurs enfants ; ils suppliaient, pleuraient, en demandant la charité de porte en porte, et proférant des menaces sur le seuil des habitations des gens aisés : « donnez..... donnez, « criaient-ils, ou nous prendrons partout où nous « trouverons »

Volontiers le père de famille quitte son champ pour s'engager au service du hobereau voisin, détrousseur de noble race, pillard d'occasion. Plus souvent encore, il s'enrôle dans les troupes de passage ; n'est-ce pas une vie assez en harmonie avec son caractère ? Habitué dès l'enfance aux émigrations annuelles, le Gévaudanais se trouve tout naturellement préparé à cette existence vagabonde, faite de déprédations faciles, toujours absoutes par la cause qui les provoque.

Aussi des hameaux entiers restent-ils abandonnés à la garde de femmes et de vieillards exposés sans défenses à la voracité des bêtes féroces (1). Au village du Fau (2), de toute une famille décimée par la guerre, la peste ou la famine, il n'est resté qu'une pauvre femme que les loups ont dévorée (3).

---

(1) « En certain villaige de la Terre de Peyre, où la fontaine « est à cent pas de la plus prochaine maison, force fut aux fem- « mes du lieu de s'assembler, et toutes en une troupe porter « chascune un baston..., et tandis que l'une puisoit de l'eau, les « aultres faisoient la sentinelle pour empescher l'approche des « loups ». F. André. Doc. t. III. p. 255.

(2) Hameau de la com. de Brion, cant. de Fournels, arr. de Marvejols.

(3) Extrait de l'Etat des terrains abandonnés ou incultes (va- « cants) dans divers lieux du Gévaudan ». J. Roucaute. Doc. p. 58. Arch. Lozère. C. 21.

VI

Le Gévaudan ne cesse donc de se dépeupler. Après le siège de Marvejols, les Protestants de la région septentrionale se sont réfugiés en Languedoc. Les Catholiques eux-mêmes délaissant leurs villages se retirent « en Espagne (1) ou aultres pays éloignés « pour y vivre avec plus de franchise et de soulage- « ment »(2). La dépopulation atteignit parfois de telles

---

(1) Depuis le temps où le roi d'Aragon était vicomte de Grèzes ou de Gévaudan (XIIe siècle), il y a eu de fréquentes relations entre le diocèse de Mende et l'Espagne. Les Gévaudanais allaient cultiver, en hiver, le terroir aragonais et catalan. De leur côté, les Espagnols venaient en Gévaudan et y achetaient des mulets; cet ancien usage s'est même perpétué jusque vers le milieu du XIXe siècle. (F. André. La vicomté de Grèzes sous la domination des Comtes de Barcelone et des Rois d'Aragon. Op. cit. p. 369). — En 1839, des bandes de Carlistes se fixèrent provisoirement à Mende et à Marvejols.

(2) Proc.-verb. Etats du Gévaudan, t. I. p. 279. — Sur les « *biens vacants* », Cf. « Estat des terrains abandonnés ou incul-

proportions qu'à Ribennes (1), communauté formée de « cent-soixante chefs de famille », il n'y eut plus que seize habitants (2).

Moins nombreux sont les non nobles, plus lourdes sont leurs charges. Gages du Gouverneur (3) et entretien de ses troupes (4), — prétentions excessives des officiers de la Sénéchaussée récemment installés (5), — multiplication des « voyages pour les affaires du païs » (soit auprès du Roi, soit à Montpellier centre financier dont dépend le Gévaudan, soit à Toulouse, siège du Parlement), — gratifications supplémentaires au

---

tes dans divers lieux du Gévaudan ». Arch. Lozère. C. 21. M. G. Fagniez exagère donc quand il affirme que, pendant les Guerres de Religion, pas un coin du Royaume n'est resté désert ni inculte une seule année. — L'Economie sociale de la France sous Henri VI. op. cit. p. 11. — Cf. infra. App. I.

(1) Ribennes, chef-lieu de commune, cant. de Saint-Amans, arr. de Mende.

(2) F. André. Doc. t. III. p. 283. Arch. Lozère. C. 952.

(3) Le diocèse devait fournir annuellement à M. de St-Vidal 1200 écus ; en 1587, il ne put lui donner que 926 écus. J. Roucaute. Doc. p. 61.

(4) L'entretien de la garnison de Mende (100 arquebusiers à pied commandés par le capitaine Gibrat), pendant les trois mois de juin, juillet et août 1587, coûta au diocèse 1488 écus. J. Roucaute. Doc. p. 63. — Du mois de mars au mois d'octobre, la dépense s'éleva au chiffre de 2.473 écus, 20 sous. Ibid. pp. 63 et 64.

(5) « En l'année 1585, qui fust la première de leur establisse-
« ment, [les officiers de la Sénéchaussée] feirent une imposi-
« tion de plus de 57.000 escus, sans aulcune commission du Roy ».
J. Roucaute. Doc. p. 122.

Receveur pour le « dédommager des grandes difficultés de ses recettes » (1), — autant de causes d'aggravation des deniers extraordinaires. Leur total, (9380 écus) (2), en 1587, dépasse celui des deniers ordinaires (7857 écus) (3). L'année suivante, il s'élève même à 19778 écus (4). Le chiffre des recettes étant toujours très inférieur à celui des dépenses, il « est deu au compta-
« ble [en 1587], pour avoir plus fourni que receu,
« 1441 escus » (5). En 1588, le diocèse de Mende lui
« est redevable de 2915 escus » (6).

Quant aux « deniers ordinaires », comprenant la taille proprement dite (aide, octroi, crue, préciput de l'équivalent) et le taillon (7), le chiffre n'en a pas varié depuis 1530. En vertu de cette fixité du tarif provincial établi à cette époque pour les 22 diocèses languedociens et respecté dès lors comme un « dogme administratif », le Gévaudan paye toujours la dix-huitième partie et demie de la totalité des impositions ordinaires levées sur l'ensemble de la Province (8). Mais

---

(1) En 1587, le receveur diocésain toucha 46 écus, 40 sous, en sus de ses gages (606 écus). J. Roucaute. Doc. p. 64.

(2) Ibid. p. 67.

(3) Ibid. p. 66.

(4) « Compte rendu par M. Bernard Dangles, receveur particulier du diocèse de Mende ». année 1587-1588. Ibid. p. 173

(5) Ibid. p. 68.

(6) Ibid. p. 174.

(7) Sur ces diverses impositions, Cf. P. Dognon. op. cit. pp. 495-545, et P. Gachon. op. cit. pp. 155 sqq.

(8) Au XVIe siècle, le Gévaudan fournit les $\frac{5.335}{100.000}$ soit la 18e partie et demie de la totalité des impositions levées en

Henri III lui a fait don, en 1583, de la moitié de la
« crue » et de l' « octroi » ; et cela, pour douze années consécutives. Aussi le chiffre des tailles ordinaires à exiger par le Receveur n'est-il, en 1587, que de
7857 écus (1). De cette somme il faut déduire les frais
des Etats particuliers et de la commission ordinaire
de l'Assiette, les « deniers comptés et non receus »,
dont le receveur n'a « pu faire aucune levée, tant à
« l'occasion des troubles, de l'injure du temps, que
« pour estre plusieurs de ces paroisses hors de l'obéis-
« sance du Roi » (1666 écus), et enfin la « *reprise* (2)
« de la Terre épiscopale », — au total 4580 écus (3).
Il ne doit donc verser à la caisse du Receveur général
des Finances, fonctionnaire royal en résidence à Montpellier, que la somme très réduite de 3277 écus (4).

En Gévaudan, (comme d'ailleurs dans tout le Pays
de Languedoc), la taille n'est pas « personnelle »
« mais réelle », c'est-à-dire « inhérente au fonds pos-
« sédé ». Elle comprend l'universalité des impositions réparties sur les biens ruraux ou roturiers, (la
nobilité des terres s'opposant à leur ruralité).

Languedoc, — (Albisson. Lois municipales...t. v. p. 808), et non
la 17· (P. Gachon. op. cit. p. 133).

(1) J. Roucaute. Doc. p. 60. Les Lettres patentes d'Henri III.
(11 avril 1583) ont été publiées par M. F. André. Doc. t. III.
pp. 89, 90 et 91.

(2) Terme de finances : ce qu'un comptable a le droit de porter en dépense à la fin d'un compte, parce qu'il l'avait porté en
recette, bien qu'il ne l'eût pas reçu.

(3) J. Roucaute. Doc. p. 66.

(4) Ibid. p. 67. On sait qu'Henri IV remit, en 1600, aux contribuables l'arriéré des tailles de 1596 et des années antérieures.
(Isambert. t. xv, n° 131).

Les domaines nobles étaient nombreux au XVI⁰ siècle (565 en 1530), mais, pour la plupart, de très petite étendue, à en juger par le chiffre total de leurs revenus. En 1530 (1), les 135 terres nobles, appartenant à des nobles ne leur rapportent que 21.500 livres (2). Si l'on ajoute à ce chiffre les 3120 livres produites par les 430 parcelles de biens nobles dont les tenanciers sont roturiers, on connait le revenu de tous les biens exempts de tailles, soit 24.500 livres. Seuls, les châteaux, les terres attenantes et quelques champs épars échappaient à l'impôt roturier.

Mais les 1400 livres que lui rapportent ses terres nobles sont une partie seulement, la plus faible sans doute, de tous les revenus assurés en Gévaudan au baron de Mercœur, seigneur de Saugues et du Malzieu. Cinq communautés comprises dans la « directe » royale appartiennent à la taillabilité de Languedoc ; 45 sont à l'Evêque et 16 au Chapitre ou à divers monastères du diocèse. Bref, en Gévaudan, il n'est probablement personne qui, en vertu même du principe

---

(1) « Dénombrement de la noblesse de Gévaudan... » d'Aubais Pièces fugitives. op. cit. t. II. p. 64,

Parmi ces 135 « terres nobles » appartenant à des nobles,
72 fournissent un revenu inférieur à 100 livres,
29 — variant entre 100 et 200 livres,
8 — — 200 et 400 livres.

(2) La moyenne des revenus des terres nobles, propriétés de nobles, est de 159 livres, celle des revenus des terres nobles, propriétés de roturiers, de 7 livres 5 sous. Pour la période des Guerres de Religion, ces chiffres doivent être doublés.

de la réalité des tailles, ne soit soumis à l'impôt roturier (1).

Il y a plus : les membres de chaque communauté et les communautés elles-mêmes sont solidaires du paiement de la somme totale répartie par l'assemblée d'assiette. Peut-être est-ce l'une des causes les plus importantes de la fuite des habitants, qui se refusent à payer pour leurs concitoyens défunts ou émigrés. Très grave situation, sur laquelle les députés aux seconds Etats de Blois attireront l'attention du Conseil Royal : « [En Gévaudan], diront-ils, les tailles sont
« réelles ; et, à occasion de ce, il est accoustumé faire
« le despartement des deniers tant ordinaires qu'ex-
« traordinaires généralement sur toutes et chacune
« des terres, possessions rurales d'ung chascung,
« tant d'un parti que de l'aultre ; dont, après, il ad-
« vient que les receveurs n'en peuvent lever que la
« part de vos pauvres subjectz catholicques ; et encore,
« entre eulx, il s'en trouve plusieurs qui sont du tout
« insolvables à occasion des inconvéniens qui sur-
« viennent du soir au matin, que a esté cause que
« par cy-devant vos dictz subjectz catholicques ont été
« contraintz de paier et fère le fondz de vos deniers
« à vos receptes, non seullement pour les dictz insol-
« vables catholicques, mais aussy pour les dictz enne-
« mis et rebelles à Vostre Majesté, dont ils en sont

---

(1) Le nombre des biens exempts de tailles a régulièrement diminué en Languedoc, aux XVe et XVIe siècles, avec les progrès de l'emphytéose, chaque parcelle cédée à bail emphytéotique devenant aussitôt *rurale* et *taillable*. (P. Dognon).

« du tout à extresme confusion…Si ceste façon de fère
« avoit plus cours, ils seroient contraintz abandonner
« leurs maisons et hérédités ; et, par ce moïen, tout
« le païs en général seroit du tout en perdition » (1).

Cette solidarité grève d'autant plus la grande majorité des Gévaudanais que, dans le diocèse de Mende, un privilège excessif en matière d'impôt est réservé à la Terre épiscopale (2).

Avant le XV° siècle, le Roi percevait les tailles du domaine de la Couronne et le Prélat celles du domaine de l'Evêché. Au temps des Guerres de Religion, tailles épiscopales et royales sont payées au Roi seul ; mais les premières sont réparties suivant un tarif plus modéré. N'a-t-il pas fallu ménager les droits seigneuriaux de l'Evêché, solennellement reconnus par le Paréage et régulièrement confirmés par les successeurs de Philippe-le-Bel ?

Sur les 177 communautés taillables du Pays de Gévaudan, une seule s'appelle « Terre Episcopale » (2). Elle se subdivise en deux articles : 1° « la Mande épiscopale », comprenant le « Taillable » de Mende et de Badaroux (3), 2° « la Taille épiscopale » proprement dite, répartie sur 9 paroisses entières et des

---

(1) J. Roucaute. Doc. p. 158.

(2) La Terre épiscopale a un receveur particulier qui rend ses comptes au receveur diocésain. En 1587, ce receveur était M. Claude de Lestain. — Ibid. p. 66.

(3) La petite paroisse de Badaroux paye le 1/16 des impositions fixées sur sa voisine, la cité de Mende. — Arch. de Mende. CC.31.— Cet usage remonte à une ancienne « transaction » du 24 juillet 1477. Ibid. FF. 13.

démembrements de 32 autres paroisses : 43 localités qui constituent la « Terre épiscopale », soit environ le cinquième du diocèse. Or cette unique communauté est taxée seulement au dixième du chiffre total des tailles ; l'habitant de la Terre épiscopale paye donc deux fois moins d'impôts fonciers que le Gévaudanais soumis au tarif ordinaire (1).

Aussi le chiffre des « biens vacants » y est-il très inférieur. En 1587, la somme à fournir par elle est de 787 écus de deniers ordinaires ; mais la « reprise » n'est que de 28 écus 55 sous. Pour les deniers extraordinaires, elle est imposée à 935 écus ; mais la « reprise » ne comprend que 25 écus 29 sous (2). Si, pour la majeure partie du Gévaudan, le rapport des tailles perçues et des tailles à percevoir est de trois à quatre, pour la Terre épiscopale, il n'est que de vingt-neuf à trente. A cela rien d'étonnant : le domaine de l'Evêché est le moins grevé d'impôts, le moins « foulé » par les bandes armées...et le plus fertile.

Il n'est donc pas jusqu'aux usages financiers du Diocèse de Mende qui ne contribuent à la ruine des gens du plat pays.

Enfin, depuis la scission des partis protestant et

---

(1) Encore n'a-t-on tenu compte que du nombre des paroisses. Si on considérait aussi leur valeur, la proportion serait plus forte, car les domaines épiscopaux sont les plus fertiles et les plus peuplés. Au XVIII° siècle, l'intendant, M. de Balainvillers, déclarera même incidemment qu'elle est de 1 à 5. [H. Monin. Le Gévaudan en 1789. Bull. Soc. languedocienne de géographie. t. x. p. 137].

(2) J. Roucaute. Doc. pp. 66 et 67.

catholique, la division administrative du diocèse a encore aggravé la situation financière des communau- situées dans la zone de jonction du Haut et du Bas Gévaudan. A Ispagnac, St-Pierre-des-Tripiers, la Parade, le paysan est sollicité par les collecteurs d'impôts des deux factions (1).

VII

Comment le Gévaudan pourrait-il se libérer des dettes importantes successivement contractées en 1581 et 1586 ? Les Etats particuliers votèrent, le 5 juin 1581 (2), le paiement de 8000 écus à Jean d'Apcher, qui s'engageait à céder la baronnie de La Gorce en Vivarais au capitaine Merle, le jour où le redoutable chef huguenot évacuerait la ville et le diocèse de Mende (3). Incapable de solder immédiatement cette somme, le Gévaudan en devait payer chaque année

---

(1) F. André. Doc. t. III. pp. 496 et 497. Ces paroisses sont « taillables en deux endroits ».

(2) De Burdin. op. cit. t. II, p. 26. — A. de Pontbriant. Le capitaine Merle. op. cit. p. 119.

(3) A. de Pontbriant. op. cit. pp. 120 et 121. L'acte de vente, du 28 juin 1581, a été publié dans le Bull. Soc. Agric. Lozère, 1867. — Partie historique, p. 311.

l'intérêt (1). Le Roi, il est vrai, lui a abandonné « la « moitié de son aide et octroi pour douze années [de- « puis 1583] (2) ; mais le temps est tel que, de la moi- « tié retenue, il ne se peut lever un tiers qui puisse « estre employé [pour le service de Sa Majesté], quel- « que diligence qu'on y fasse ». Le diocèse ne saurait jouir du fruit de la libéralité du Roi, parce que « la « moitié retenue de ses deniers se prend sur les de- « niers plus clairs et plus liquides de l'autre moitié « donnée au dict païs, et reste la plupart à lever, à « occasion des lieux occupés, ruinés et déserts » (3). Henri III prenait ainsi d'une main ce qu'il cédait de l'autre.

Pour subvenir à l'entretien des troupes de Joyeuse (1586), les Gévaudanais « se sont mis en frais, si bien « qu'il ne leur est rien demeuré de la collecte de leurs « fruits ». Ils ont payé 29.000 écus (4) et ont même dû « s'endetter de plus de 50.000 escus notamment au « marquis de Canilhac, aux Eschevins de Clermont et « aultres villes de la Basse-Auvergne » (5). La dette totale, avouée par les députés du Gévaudan aux se--

---

(1) Le total des sommes empruntées pour la « réduction de Mende » s'élève à 17.169 écus, plus 65 setiers de blé. Apcher, à lui seul, fut créancier pour 13.433 écus. — Arch. de Mende. CC. 118.
(2) Lettres patentes d'Henri III, 11 avril 1583. Arch. dép. Lozère. C. 2. F. André, t. III, pp. 89 à 92.
(3) J. Roucaute. Doc. pp. 168 et 169.
(4) Ibid. p. 170.
(5) Ibid. p. 155. Cette dette a été contractée au taux « du de- nier seize », soit 6,25/100. — Proc.-verb. Etats du Gévaudan. t. II. p. 293.

conds Etats de Blois, s'élève approximativement a 100,000 écus (1), somme considérable pour le pays et pour l'époque.

---

(1) J. Roucaute. Doc. p. 168.

La dette d'Auvergne n'était pas encore payée en 1591. Aux Etats de Gévaudan, tenus à Mende en juin 1591, Savaron, en personne, réclama le paiement de 41.466 écus deux tiers (environ 600.000 francs aujourd'hui) qui se répartissaient ainsi : 1° 24.966 écus 2 tiers que le « Païs d'Auvernhe prétend lui estre « deu par celuy de Gévauldan pour les vivres et munitions pré- « tendeus fournis par lesdictz d'Auvergne » lors du passage de l'armée de Joyeuse, — 2° 2.500 écus, somme à « laquelle [Sava- « ron] a dict le sieur Vidal Borrel, de Mende, s'estre obligé pour « le païs de Gévauldan envers celuy d'Auvernhe ». — 3° 14.000 écus d'intérêts. — Les Etats en appelèrent au Conseil d'Etat pour « estre déchargés du paiement de ces prétendeues obliga- « tions » contractées « pour les affaires du feu Roy, le bien de « son service, repos et soulagement du païs d'Auvernhe..... » Proc. verb. Etats de Gévaudan, t. I, pp. 290 et 298.

La créance fut cédée, en 1598, par les douze villes d'Auvergne au comte d'Auvergne (Proc.-verb t. II. p. 301). — En 1599 fut signé un contrat entre les membres de la Commission de l'Assiette et Savaron agissant au nom du Comte. La dette fixée au chiffre de 40.000 écus fut répartie entre quatre années. (Ibid. t. II. pp. 357 et 358). — En 1600, le comte consentit à les réduire de 9.000 écus. (Ibid. t. III. pp. 13-16).

Parmi les dettes du Gévaudan figure aussi la contribution de ce diocèse aux frais des Etats généraux de Languedoc et à l'entretien du Trésorier de la Bourse, agent comptable de cette assemblée, pour les années 1575, 1576, 1577, 1581, 1586, 1587, 1588, 1589 et 1590. M. de Rech, Trésorier de la Bourse, vient lui-même réclamer les sommes qui lui sont dues (21 juin 1591). Les Etats ne peuvent s'acquitter que pour l'année 1575. Ils avouent même qu'il y a « plusieurs comptables qui n'ont rendu

Ainsi s'explique, par les excès et désordres de toute nature causés et entretenus par une guerre civile indéfiniment prolongée, la désagrégation économique et sociale d'un Pays de la France centrale, sans vie urbaine, dont l'industrie et le commerce sont étroitement solidaires de l'agriculture, privé de tout, dès que la terre est frappée de stérilité.

« aulcung compte des grandes sommes de deniers et quantité
« de munitions imposées et levées en ce diocèse depuis ceste
« mesme année ». — Ibid. pp. 292 et 293.

CHAPITRE III

Etat administratif et judiciaire
Evêché et Sénéchaussée de Mende

I. — Le gouvernement du Pays de Gévaudan. — Excès commis par le Gouverneur M. de Saint Vidal.

II. — Fondation de la Sénéchaussée de Mende. M. de St-Vidal sénéchal. — Violation des privilèges épiscopaux par les officiers du nouveau siège.

III. — Procès entre le juge-mage et les officiers ordinaires de l'évêque appuyés par le bailli de la Cour Commune, les Etats particuliers de Gévaudan, les Etats de Languedoc, les Agents du Clergé général de France. — Arrêt du Conseil d'Etat (17 décembre 1587). — L'Evêché et les Etats particuliers sollicitent du Roi la suppression de la Sénéchaussée. — Conséquences de ces deux récentes créations sur l'état général du diocèse de Mende.

*

I

Deux créations, suscitées par les Guerres religieuses, ont jeté le trouble dans l'ordre administratif et judiciaire établi en Gévaudan depuis les XIV⁰ et XV⁰ siècles : la nomination d'un gouverneur particulier et l'érection de la Sénéchaussée de Mende.

Les progrès rapides des Réformés dans ce pays y justifièrent l'installation d'un gouverneur. Le 29 Novembre 1567(1), en l'absence de Damville, M. de Saint-Vidal, baron de Cénaret, fut choisi par Joyeuse, lieutenant général de Languedoc, pour remplir cette importante fonction. Vingt-trois jours plus tard, Charles IX sanctionnait cette décision (2). St-Vidal devait lutter contre les hérétiques ; il avait le droit d'armer « tous les bons subjectz du Roy, d'establir « des garnisons et de faire toutes les levées d'hommes « qu'il jugeroit utiles ».

En un temps où l'évêque-comte vivait dans l'entourage du Roi, la nécessité d'un chef groupant autour de lui toutes les forces catholiques s'imposait. Mais,

---

(1) Les lettres de nomination ont été publiées par l'abbé Bosse. Bull. Soc. Lozère. année 1864. pp. 65 sqq.

(2) Lettres patentes de Charles IX confirmant le baron de St-Vidal dans sa charge de gouverneur. Ibid. pp. 92 sqq.

avec Adam de Heurtelou, la tradition des prélats de Cour est subitement rompue ; car il réside dans son diocèse, où il ne cesse d'affirmer dans ses écrits et par ses actes ses prérogatives temporelles.

Quatre mois à peine après sa nomination, les Gévaudanais comprirent que la création de ce nouvel office leur était nuisible. L'affaissement qui suivit l'expédition de Joyeuse n'indiquait-il pas que la période des luttes violentes devait faire place à une ère de trêves et de pacification ? Mais Saint-Vidal était homme à ne renoncer à aucun de ses droits. En principe, les Religionnaires doivent nourrir ses troupes ; or ils ont été presque annulés dans le Haut-Gévaudan. Les soldats du Gouverneur, qui se gardent bien de s'aventurer au cœur même des Cévennes, sont exclusivement entretenus par les Catholiques, contre qui se retourne ainsi la récente institution (1). « [M. de Saint-Vidal], écrit Heurtelou (2) au secrétaire
« de son métropolitain Renaud de Beaune, a fait en-
« trer ses compaignies dans mon diocèse... Elles y
« ont causé plus de mal que [l'armée de M. l'Amiral]
« l'année passée, jusques à rançonner les esglizes et
« le pauvre peuple des villaiges, ...et mesme les or-
« nements d'esglize, de sorte qu'il ne s'est jamais veu
« ung tel désordre ».

---

(1) « Si les Religionnaires n'y peuvent suffire, sera permis
« audict gouverneur imposer deniers *tant sur les personnes ec-*
« *clésiastiques que autres,* le plus également que faire se pourra »
Bull. Soc. Lozère, année 1864, p. 69.

(2) Lettre de l'évêque, A. de Heurtelou, à M. de Prinsuéjols, secrétaire de l'archevêque de Bourges. 29 août 1587. — F. André. Doc. t. III. p. 325.

II

Le « Procès de la Sénchaussée » aggrava cette lutte entre le gouverneur et l'évêché en lui donnant un objet précis.

Motivée par l'éloignement de la Sénéchaussée de Nimes, à laquelle ressortissait la Cour Commune du Bailliage de Gévaudan, — où la violence des haines religieuses paraissait exiger la présence de juges d'appel, — la fondation du nouveau siège (1) fut exploitée à leur profit par les partisans des Guises (2). Très in-

---

(1) Edit de création de la Sénéchaussée de Mende, 4 août 1583. Arch. Haute-Garonne, série B. (Parlement). Edits. Reg. XI. f° 2. — J. Roucaute. Doc. pp. 3 à 11.

(2) Renaud de Beaune était, depuis 1583, archevêque de Bourges. Dès lors, et jusqu'au 1er juin 1586, (date du sacre d'Adam de Heurtelou), l'évêché de Mende, privé de son chef, fut *en économat*.

Le Cardinal d'Armagnac avait très sagement conseillé aux Etats de Gévaudan de ne pas solliciter du Roi cette création : considérez, leur écrit-il, le « préjudice que de telles nouveau-« tés peuvent apporter non seulement au *service du Roy et* « *repos du païs*, mais encore à l'honneur de *Dieu*, [lisez : évê-« ché de Mende] »..... Vous éviterez ainsi « la ruyne du peuple, « et..... *la subversion d'estat* quy en peult naistre, lequel nous « debvons tous ensemble tascher de conserver en son ancienne « splendeur et *authorité* ». 22 juin 1583. Arch. Lozère G. 914. J. Roucaute. Doc. pp. 1 et 2.

fluents sur Henri III, ils le décidèrent à nommer Sénéchal de Mende leur allié, M. de Saint-Vidal, déjà gouverneur du Gévaudan et du Velay. Concentrer dans les mains d'un si redoutable baron les pouvoirs judiciaires et militaires, n'était-ce pas travailler heureusement au succès du parti catholique dans la France centrale ?

La Sénéchaussée de Mende devait être composée d'un Sénéchal de robe courte, « un juge mage et « lieutenant général, un lieutenant particulier, cinq « conseillers, un avocat et procureur du Roy, un re- « ceveur des amendes et payeur des gaiges des offi- « ciers, un huissier vergier, un scelleur et un gref- « fier ». A ces juges appartiendra la connaissance de toutes « les matières tant civiles que criminelles et « des conventions entre tous les habitans du Hault « et Bas pays de Gévauldan, desquelles cognoissoit « ou pouvoit cognoistre le Sénéchal de Beaucaire et « Nismes, auparavant ladite érection, avec pareille « prééminence et auctorité..., sans toutefois esnerver « aulcune chose de la juridiction de l'Evesque, Cha- « pitre de Mende, et aultres ordinaires de ce pays, ny « aussi de la Court commune » (1). C'était annuler en Gévaudan l'action du Présidial de Nimes, où dominait alors le parti réformé, et dont relevait directe-

---

(1) En 1558, des Lettres royales avaient créé au Puy un siège de Sénéchal, dont la juridiction comprenait même le bailliage et la Cour commune de Gévaudan. Mais, sur les réclamations des « Gens de Nismes », on réduisit ce ressort, deux ans plus tard, au Bailliage du Velay et aux baronnies de Bouzols et de Fay. A. Molinier Hist. Lang. t. XII, p. 346.

ment l'ancienne viguerie toute protestante de Saint-Etienne-de-Valfrancesque dans les Cévennes.

L'édit d'érection est analogue à celui des Sénéchaussées de Lauragais (1554) et du Puy (1558)(1). Ces fondations se rattachent au plan général d'unification et d'extension de la justice royale au XVIe siècle ; le pouvoir central subdivise les juridictions pour mieux les dominer, soustraire plus aisément la nation aux justices seigneuriales et augmenter aussi le nombre des offices mis en vente.

A Mende, comme ailleurs, les nouveaux juges tentent d'usurper des prérogatives contraires aux privilèges locaux. Mais en Gévaudan ces privilèges administratifs et judiciaires, ceux-là mêmes dont se réclame le prélat, sont plus nombreux et de plus grande importance. « La Sénéchaussée de Mende, « déclare le 27 novembre 1585 le Parlement de Tou-« louse (2), est séparée des aultres par les tiltres du « seigneur évesque ». Aussi la rivalité entre l'évêché et la sénéchaussée acquiert-elle, dès l'installation du juge-mage, une réelle gravité. Comme aux XIIIe et XIVe

---

(1) Les trois anciennes Sénéchaussées du Pays de Languedoc (Toulouse, Carcassonne et Beaucaire-Nimes) avaient été démembrées par Henri II. Il y en eut, dès lors, huit : Toulouse, Castelnaudarry, Carcassonne, Limoux, Béziers, Nimes, Montpellier et le Puy. — Sur les créations d'offices judiciaires en Languedoc au XVIe siècle, Cf. P. Dognon. op. cit. pp. 416 sqq.

(2) Avis du Conseil du Parlement de Toulouse sur la Requête de Me Vidal Martin, juge-mage de la Sénéchaussée de Mende. 26 novembre 1585. — Arch. Lozère G. 916. — J. Roucaute. Doc. p. 44.

siècles, comme sous le règne de Louis XI, la « temporalité » des prélats de Mende fut, une fois encore, discutée au cours du procès causé par ces usurpations ; et l'opposition des intérêts se greffant sur une profonde antipathie de caractères donna toute son acuité à la lutte d'Adam de Heurtelou contre le baron de Saint-Vidal.

III

Des documents récemment publiés (1) attestent, par leur nombre et leur étendue, l'importance de ce litige. De 1585 à 1589, les pièces manuscrites émanant de l'évêché mentionnent fréquemment les privilèges du

---

(1) J. Roucaute. Doc. pp. 1-48, 70, 72-76, 85-94, 119-138, 176, 211-224, 225-249. Ces documents ont tous été ignorés des auteurs de la réédition de l'œuvre de Dom Vaissète, qui n'ont pas rectifié l'erreur commise par le savant Bénédictin niant l'érection de la Sénéchaussée de Mende (Hist. Lang. t. XI. p. 728). — Ce fut M. de Luc, conseiller au Parlement de Toulouse, qui installa les officiers du nouveau siège. Il arriva à Mende le 21 mars 1585 et en repartit le 12 avril. (Estat des despenses faictes par le conseiller M. de Luc, commissaire député pour installer le Sénéchal. — Arch. Lozère, C. 1344). — Dans la même liasse se trouve l'extrait des prix convenus avec les charpentiers, maçons et serruriers pour l'aménagement de la salle d'audience de la Sénéchaussée. — (Cf. Inf. Appendice II).

prélat et leur violation par le juge-mage. Le « Procès de la Sénéchaussée » a suscité une véritable reconstitution rétrospective des droits épiscopaux.

Le bailli de la Cour Commune, M. de Sabran, seigneur des Alpiès, dont l'autorité, malgré les assurances royales, était en fait fort diminuée, protesta contre les empiètements des officiers du nouveau siège et appuya les remontrances de l'évêché (1). Le clergé s'étant opposé à ces « usurpations », le juge-mage, Me Vidal-Martin, intenta une action, le 20 août 1585 (2) (quatre mois à peine après son installation), au vicaire général, Jean Brugeyron (3), à Jean Dumas, juge au bailliage de Gévaudan, et à Paul Albaric, juge ordinaire de l'évêque.

Il se prévalait de l'Édit de Crémieu (4). Art. X : « Les Sénéchaux... cognoistront des crimes de lèse-

---

(1) M. de Sabran était gentilhomme de la Reine-Mère. Il exposa à Henri III que « l'érection de la Sénéchaussée de Mende estoit préjudiciable à sa charge ». — Le roi, pour le dédommager, prescrivit aux Trésoriers généraux de France de lui payer la somme de 600 écus (1585). Arch. Lozère. G. 914.

(2) « Resquete de Me Vidal Martin, juge-mage en la Sénéchaussée de Mende, contre les officiers du Bailliage épiscopal » Arch. Lozère G. 917. J. Roucaute. Doc. pp. 33 et sqq.

(3) J. Brugeyron était alors le collègue d'Adam de Heurtelou, qui ne fut sacré évêque de Mende qu'un an plus tard.

(4) « Edit sur la prééminence des juges présidiaux..... sur les prévosts, chastelains et autres juges inférieurs du Royaulme ». Crémieu, le 19 juin 1536. — Isambert. Anciennes lois françaises... t. XII. pp. 504-510. (Les principaux articles, sur lesquels s'appuient les officiers de la Sénéchaussée de Mende, ont été insérés dans nos Doc. pp. 211 et 212).

« majesté, fausse monnoie, assemblées illicites, ports
« d'armes... » — et Art. XXVII : « Les élections des
« consuls seront présidées par eulx... Ils recevront
« leur serment et procéderont à leur installation ».
Le lieutenant de M. de Saint-Vidal déclarait donc (1)
avoir le droit de présider au « despartement de l'assiette », de précéder aux Etats particuliers les officiers
du pays, de donner le mot de guet et de garder les
clefs de la ville de Mende : toutes prétentions con-

---

(1) Le juge-mage oubliait volontiers qu'Henri II, le 24 février
1537, à Compiègne, avait déclaré que l'Edit de Crémieu s'appliquait seulement aux justices royales, non aux juridictions
seigneuriales. (J. Roucaute. Doc. pp. 212 et 213). De même pour
les « justices royales, qui [estoient] en pariaige entre luy et
« l'Esglize, ou aulcuns seigneurs de son Royaulme... » — Ibid.
p. 128.

La Requête de Vidal-Martin au Parlement de Toulouse
prouve, de sa part, une méconnaissance complète des privilèges épiscopaux. Vidal-Martin se plaint que le vicaire-général « s'efforce d'usurper toutes les prérogatives et pré-
« éminences..... jusques à prendre le commandement sur
« les habitans de [Mende], pour la garde d'icelle, et des
« clefs de la porte, baille le mot de guet, ce que... ne peult
« appartenir à aultre qu'au sieur de Sainct-Vidal, et, en son
« absence, au suppliant. Et, non content de ce, auroit suscité
« M° Paul Albaric, juge ordinaire de ladicte ville, ensemble M°
« Jehan Dumas, juge du bailliaige dudict Païs, — lesquels entreprennent ordinairement de cognoistre des instances dont
« la cognoissance appartient privativement audict séneschal.
« Mesme..... lesdictz Dumas et Albaric veulent priver le sup-
« pliant de présider à faire le despartement et assiette de
« Mende, ce que ne peult appartenir à aultre qu'audict sup-
« pliant comme juge-mage ». Ibid. p. 34.

traires aux usages séculaires du diocèse ; car le prélat a toujours été président des Etats et de la Commission de l'Assiette. Ni ses officiers, ni ceux du Bailliage n'entendent céder le pas à ceux de la Sénéchaussée. (1) Quant à « bailler le mot de guet et garder les clefs de la ville », ce sont prérogatives exclusives de l'Evêque et de son vicaire-général. A la requête de M⁰ Vidal-Martin l'évêché oppose enfin les principaux articles du Paréage. Cet acte solennel a été récemment confirmé par Charles IX (2). Henri III lui-même a déclaré que « la juridiction de l'Evesque « demeuroit en son entier » (3). Les officiers des anciens sièges n'ont donc rien perdu de leurs prérogatives séculaires ; c'est, au contraire, le juge-mage qui désire usurper des droits, qu'il n'a pas, sur la juridiction ordinaire du prélat et sur la Cour commune.

Si les uns, tout en travaillant pour eux-mêmes, favorisent l'extension du droit monarchique, — les autres défendent à la fois leurs privilèges et ceux du pays, consacrés par l'usage et les déclarations royales.

Entre les deux partis, s'inspirant de principes et d'intérêts si opposés, nulle conciliation n'était possible.

---

(1) Mémoire sur les privilèges de l'Evêché de Mende avec la mention des contraventions de M⁰ Vidal-Martin, juge-mage, au Paréage, 22 novembre 1585. — Arch. Lozère. G. 917. — J. Roucaute. Doc. p. 39-44. — M. de Saint-Vidal est gouverneur et sénéchal ; mais Vidal-Martin se trompe quand il « veut » le représenter en « qualité de gouverneur ». Ibid. p. 43.

(2) Ibid. Doc. p. 42.

(3) Arch. Lozère. G. 914.

Aussi les officiers de la Sénéchaussée, soutenus par le puissant baron de Saint-Vidal, se heurtent-ils à la forte opposition de l'Evêché, du bailliage de Mende, de la Cour Commune, des Etats particuliers de Gévaudan (1) et même des Etats généraux de Languedoc (2). A cela rien d'étonnant ; car, dans ces régions, la rivalité entre les gens des Etats et ceux des cours royales se manifeste, chaque fois que, « sortant « de leurs attributions, les juges veulent s'arroger « une action politique ». (3) L'assemblée diocésaine a bien le droit d'intervenir en cette affaire. Sa compétence est surtout administrative ; or l'érection de ces nouveaux offices a grevé les finances du pays (4). En s'élevant contre ces créations, les Etats protestent contre cette fiscalité judiciaire « qui se traduit par

---

(1) Cf. plus loin, Ire partie, chapitre IV, la délibération des Etats de Gévaudan [1588] relative à la suppression de la Sénéchaussée.

(2) « Les Etats particuliers de Gévaudan devant les Etats gé-
« néraux de Languedoc, ou Extraits des délibérations de la
« Province de Languedoc concernant le diocèse de Mende ».
1502-1752. — Arch. Lozère. C. 535. — Publié par F. André.
Bull. Soc. Lozère. — A la date du 16 juillet 1585, on lit: « L'érec-
« tion nouvelle d'officiers et de juridictions en ce païs a esté
« si odieuse que les Estats se seroient plaincts pour avoir
« recogneu que l'augmentation d'iceux leur a porté désordre
« et confusion, oultre ce que ledict païs est surchargé de leurs
« gaiges, qu'est cause qu'ils ont résolu de supplier le Roy de
« vouloir supprimer et éteindre le siège de Séneschal nouvelle-
« ment érigé à Mende ».

(3) P. Gachon. op. cit. p. 111.

(4) Les gages des nouveaux officiers devaient être fournis par « l'augmentation d'un subside sur le sel ». F. André. Doc. t. III. p. 154.

l'accroissement des impôts, des droits de sceau et de greffe ».

Les Agents Généraux du Clergé de France intervinrent aussi en faveur de l'Evêché de Mende et de la Cour Commune. Gardiens jaloux des privilèges ecclésiastiques, ils affirmèrent (1) que si le siège de Sénéchal était maintenu, non seulement l'Eglise du Gévaudan serait directement atteinte et vexée, mais, avec elle, tout le clergé du Royaume ; car tous les autres paréages pourraient « à l'imitation et en con-
« séquence d'ung tel arrest, estre altérés ». Et relevant une contradiction, voulue d'ailleurs, ils ajoutaient : « Si jamais chose fut faicte artificiellement, ce
« fut l'édict de création dudict siège, d'aultant que,
« *prima fronte,* il semble qu'il ne veuille aucune-
« ment préjudicier au droict de Pariaige, ny à ce
« qu'est des droicts de l'Esglize, et néantmoings il ne
« faict aultre chose que préjudicier audict Pariaige ».

---

(1) « Moyens d'intervention que mectent les Agents du Clergé
« général de France, à la suite du Roy, pardevant Sa Majesté
« et Nosseigneurs de son Conseil, au procès pendant en iceluy
« entre Messire Bernard Dangles, syndic de l'Esglise et Clergé
« de Mende, et Messire Vidal-Martin, juge-mage de la Séneschaussée nouvellement érigée à Mende ». — Arch. Lozère. G. 917. J. Roucaute. Doc. pp. 216-224. — Ce document n'est pas daté. Il est signé Jean Dadré. Or Jean Dadré, chanoine et pénitencier de Rouen, fut en fonctions, comme agent général du clergé de France, du 30 avril 1586 au mois de février 1588.

L'intervention de J. Dadré en faveur de l'Evêché de Mende n'est donc pas antérieure au 30 avril 1586 ; mais elle n'est pas postérieure à l'Arrêt du Conseil d'Etat du 17 décembre 1587 qui la mentionne. Ibid. Doc p. 75.

IV

Les prérogatives épiscopales furent sanctionnées par le Parlement de Toulouse (27 novembre 1585). (1) Mais il était réservé au Conseil d'Etat de donner une première solution à cette délicate affaire. Le syndic du diocèse, Bernard d'Angles, appuyé par l'Evêché, fit appeler, dès le 23 décembre suivant, le juge-mage et le sieur Lenoir, son greffier, pour répondre à la « contravention faicte par eulx au « contrat de Pariaige ». (2)

Défenseur de la suprématie royale, le Conseil d'Etat déclare, le 17 décembre 1587 (3), qu'il n'y a pas

---

(1) « Avis du Conseil du Parlement de Tholoze sur la requeste « de M⁰ Vidal Martin ». — Arch. Lozère. G. 916. J. Roucaute. Doc. pp. 44-48.

(2) Les officiers de la Sénéchaussée adressèrent « au Roi et à « son Conseil une requeste, déclarant tenir comme trop favora- « bles aux interests de l'Evesché Mgrs Renaud de Beaune, ar- « chevesque de Bourges, et Martin de Beaune, chancelier de la « Reine, amis personnels de M. de Mende ». — Arch. Lozère. G. 917.

(3) « Arrest donné en Conseil d'Estat, le 17 décembre 1587, « pour le règlement des juridictions du Sénéchal de Mende et « Bailly et tenue des Estats particuliers du diocèse de Gévaul-« dan ». — Arch. Lozère. C. 794. J. Roucaute. Doc. pp. 85-94 — M. de Saint-Vidal, sénéchal de Mende, n'adhérera ouvertement à la Ligue qu'en 1589.

lieu de supprimer la Sénéchaussée, qui est moins une création nouvelle qu'un « éclipsement » de celle de Nimes. Mais il interdit à ses officiers « d'entrepren-
« dre aulcune chose, tant sur les droits particuliers
« de l'évesque et justice qu'il a en ses terres [propres],
« et ceulx de son clergé, que sur ceulx de la juridic-
« tion commune du Bailliaige de Gévaudan, tels qu'ils
« sont portés par la Charte de Philippe-le-Bel ». La Sénéchaussée de Mende étant établie au lieu et place de celle de Nimes, « les appels des arrests rendeus par
« les juges particuliers sur les terres communes seront
« relevés par devant le juge de la Court Commune ;
« et, en cas d'appel, sera, suivant le Pariaige, au
« choix des parties de le relever ou par devant le Sé-
« neschal ou par devant la Court du Parlement de
« Toulouse ». Quant aux « appellations » des officiers des Terres propres du Roi et de celles du Prélat, elles ressortiront au Sénéchal de Mende, et, en dernier appel, au Parlement de Toulouse. Toutefois le Conseil confirme à nouveau les privilèges épiscopaux : « En
« l'assemblée des Estats du Païs de Gévauldan,
« l'Evesque de Mende, chef du clergé, et, en son ab-
« sence, le vicaire général y présideront. Et si le Sé-
« neschal ou son lieutenant, par ordonnance de Sa
« Majesté, y aura quelque chose à proposer, il aura
« séance séparée, suivant son rang et qualité, pour,
« ladicte proposition faicte, laisser aux députés des
« dicts Estats la délibération ». Les officiers de la Sénéchaussée, de la Cour Commune, des bailliages royal et épiscopal seront tenus d'observer cet arrêt. Le Roi leur enjoint de « se comporter deuement et modestement
« les uns envers les aultres, soubz son obéissance ».

L'Evêché de Mende ne fut qu'à demi-satisfait, car il désirait moins la confirmation de ses privilèges que la disparition de la Sénéchaussée. Il ne cessa donc de travailler à sa suppression (1) avec une ardeur toujours stimulée par les excès de M. de Saint-Vidal.

---

(1) Les habitants de la ville de Mende prient Henri III de députer en Gévaudan un conseiller d'Etat « Par ce moïen, Votre « Majesté cognoistra que la poursuicte de la nouvelle Sénes- « chaussée, soubz prétexte du bien de votre service, n'a esté « faicte par ledict sieur de Saint-Vidal que pour *régner* dans le « dict païs, et n'y apporter que toute confusion, malheur et op- « pression à votre peuple, couverte de l'administration de la « justice, — n'y ayant qu'un seul officier de robe longue, qu'est « le juge-mage, dépendant du tout dudict sieur de Sainct-Vidal, « — ainsi que les impositions excessives faictes de leur aucto- « rité privée et aultres actes le témoignent..... » Ce document est signé : Adam, évêque de Mende ; Brugeyron, vicaire-général ; Dumas, juge de Gévaudan ; Albaric, juge de Mende ; Brès, bayle du Chapitre ; de Roquoles, consul et député du pays; Chanolhet, syndic de Gévaudan, etc. (Arch. Lozère. C. 955. — J. Roucaute. Doc. pp. 174 et 175).

Les Etats particuliers sollicitèrent du Roi, en 1588, la suppression de la Sénéchaussée. Cf. inf. I partie, chap. IV.
— Proc.-verb. Etats particuliers, t. I, pp. 210-228. — J. Roucaute. Doc. pp. 115-120.

Les trois Mémoires, remis aux députés aux seconds Etats de Blois et relatifs à la Sénéchaussée, ont été récemment publiés :

1° « Mémoire des raisons pour obtenir la suppression du Sé- « neschal ».

2° « Mémoire sur l'union des sièges de Bailly et de Sénes- « chal ».

3° « Mémoire des provisions nécessaires à obtenir pour l'ob- « servation du Pariaige et continuation des droits d'iceluy ».

Ainsi les institutions nouvelles, dont les guerres civiles ont été le prétexte, ont eu pour conséquence la désorganisation administrative et judiciaire (1) du Gévaudan. La double création d'un gouvernement particulier et d'une sénéchaussée a rendu nécessaire l'accroissement des charges financières du pauvre paysan déjà ruiné par les excès des bandes armées; mais elle ne lui a pas valu une sécurité plus grande. Au contraire (2) : rien de plus aisé aux justiciables que

---

(Fin de l'année 1588). Arch. Lozère. G. 918. J. Roucaute. Ibid. pp. 119-138.

La suppression de la Sénéchaussée fut « poursuivie », en 1595, par les officiers de la Sénéchaussée de Nimes, dont celle de Mende était un « éclipsement ». Le prélat, Adam de Heurtelou, la noblesse et « plusieurs du païs, tant de l'Esglise que du « Tiers-Estat », appuyèrent cette requête. Proc.verb. Etats particuliers, t. I, p. 554.

Henri IV supprima la Sénéchaussée de Mende en 1596 (Lettres patentes et arrêt du Conseil royal du 12 août 1596). — Cf. inf. Appendice I.

Le 5 octobre 1600, il confirma les anciennes prérogatives des officiers de la Cour commune du Bailliage de Gévaudan. Arch. Lozère. G. 918. J. Roucaute. Ibid. pp. 214-250.

(1) La Sénéchaussée de Mende n'a « encore donné une seule « ordonnance quy ne soit cassée par la Court de Parlement de « Thoulouze ». Cah. Doléances du Tiers-Etat de Gévaudan. F. André. Bull. Soc. Lozère. Année 1875, p. 88.

(2) Henri IV le déclare lui même dans ses lettres patentes du 5 octobre 1600 : « L'ancien ordre auroit commencé d'estre « perverty par la présence et support du Seneschal lors establi, « *lequel, favorisé des troubles et guerres civiles, et estant d'ail-* « *leurs gouverneur dans ledit païs, soustenoit tellement les offi-* « *ciers de ladite Seneschaussée en l'interruption dudit ordre et* « *conservation de la juridiction dudit Bailliage, qu'il auroit* « [causé] *plusieurs contestations dans notre dict païs...* » — J. Roucaute. Doc. pp. 245 et 246.

de récuser leurs juges, d'opposer un tribunal à l'autre, et d'éviter même les arrêts qui les condamnent. Quels secours pourraient-ils d'ailleurs attendre d'un appel aux officiers de la Sénéchaussée ou de la Cour Commune dont les influences contraires annulent toute justice ? (1)

---

(1) Ainsi se confirme, en Gévaudan, cette opinion anonyme sur la justice en France à la fin du règne d'Henri III. « La jus-
« tice ne peult plus avoir lieu....; celuy qui aura mauvaise cause
« déclinera de plaider où la partie le fera appeler, et, par de
« telz subterfuges et chicaneries, *la justice n'aiant plus lieu, le*
« *bon droict sera acquis à celuy qui aura la force en main* ». 2 février 1589. — « Discours » sans nom d'auteur. Bibl. nat. FF. 3977 f° 47 inédit.

CHAPITRE IV

Les doléances du Pays de Gévaudan
Ses députés aux seconds Etats de Blois

I. — Les Etats particuliers tenus à Mende le 27 septembre 1588. — Leur composition.
II. — Cérémonial des Etats.
III. — Délibérations de l'assemblée sur les doléances à présenter au Roi en son Conseil. — Election des députés aux Etats de Blois. — Rôle prépondérant de l'Evêque.
IV. — Les représentants du Gévaudan aux seconds Etats de Blois. — Intérêt de l'étude du compte de M. Decasalmartin, député du Tiers.
V. — Première requête (10 février 1589). Réponses évasives ou négatives du Conseil royal. — Deuxième requête (16 mai 1589) : que le Roi fasse contribuer au paiement des dettes du Gévaudan les Pays voisins qui ont aussi bénéficié de la prise de Marvejols. Le Conseil ordonne une enquête.
— Aucune amélioration n'est apportée par le pouvoir central à la triste situation du Pays de Gévaudan.

I

La triste situation économique et administrative du Gévaudan se reflète nettement dans les décisions prises par les Etats particuliers tenus à Mende le 27 septembre 1588.

Retiré à Chartres depuis la Journée des Barricades (1), Henri III feignit de vouloir se concilier à nouveau le parti ligueur. Dans cette intention, il promit de solliciter prochainement le concours des Etats généraux, afin de réformer les abus et d'assurer l'héritage de la couronne à un prince catholique. Le 31 mai, l'ordonnance de convocation était publiée (2).

Conformément aux volontés royales, les Etats de Gévaudan (3) se tinrent dans la salle ordinaire de leurs séances, au palais épiscopal, pour élire leurs députés à la grande assemblée.

Les absents étaient nombreux. Pour le clergé : MM. de Sainte-Enimie, de Langogne, de Chambon et de Saint-Jean. Pour la noblesse : les barons de Florac,

---

(1) Isambert. op. cit. t. xiv. p. 613.
(2) Proc.-verb. Etats du Gévaudan. t. i. pp. 210-228. J. Roucaute. Doc. pp. 115-119.
(3) 12 mai 1588.

de Cénaret, de Châteauneuf-Randon, dont aucun ne résidait dans le pays, — MM. d'Allenc, de Montauroux, de Mirandol, de Sévérac, de Barre, de Gabriac, de Portes, de Servières, d'Arpajon et les Consuls nobles de la Garde-Guérin. Pour le Tiers : les Consuls de Marvejols et de Chirac, villes ruinées, de Châteauneuf, abandonné de ses habitants, et de Florac, cité protestante, le syndic d'Ispagnac, les procureurs de Sainte-Enimie, de Saint-Etienne de Valfrancesque, de Langogne, de Barre, de la viguerie de Portes et du mandement de Nogaret. — Cette constatation (1) a son intérêt ; car, parmi les députés qui ne se sont pas rendus à l'appel du Roi, sont tous ceux des Cévennes dont on indiquera plus loin l'attitude politique. C'étaient donc des Etats exclusivement Catholiques par opposition aux Etats Réformés réunis à Florac la même année (2).

Sont présents, pour le Clergé : l'évêque de Mende, Adam de Heurtelou en personne ; le chanoine Robert Leynadier, représentant le Chapitre de la cathédrale; Jean Aldy, docteur en droit, pour le Dom d'Aubrac ; Antoine Aldy, docteur en droit, chargé d'affaires du commandeur de Palhers ; — pour la noblesse : les barons d'Apcher et de Peyre en personne ; noble

---

(1) La liste des députés absents a été dressée par le rapprochement du « Rolle de ceulx » qui assistèrent à l'assemblée de 1588, et du « Rolle pour appeler les Gens des trois Estats au pré-« sent diocèse de Mende et païs du Gévauldan ». Année 1563. Arch. Lozère. G., 792. Proc. verb. Etats du Gévaudan. t. I. pp. 10-13.

(2) J. Roucaute. Doc. p. 102.

Jean d'Espinosse, sieur des Salelles, pour le marquis de Canillac ; noble Claude Augirant, sieur de Bénistant, pour le duc de Mercœur ; noble Pierre de Reth, sieur de la Fage, pour le baron du Tournel ; — les nobles proprement dits : Hugues Siméon, docteur en droit, représentant M. de Saint-Alban, commis de la noblesse ; M. de Montrodat en personne ; — pour le Tiers-Etat : les représentants des communautés de Mende, Saint-Chély-d'Apcher, Saugues, Saint-Alban, Serverette, de la Canourgue et du Malzieu.

Ainsi les ecclésiastiques se font « représenter » par des laïques, hommes de loi pour la plupart, un notaire, un avocat. C'est bien comme possesseurs de juridictions et de terres, comme seigneurs féodaux, qu'ils font partie de l'Assemblée diocésaine.

On constate aussi que la grande majorité des délégués de la noblesse n'ont pas répondu à la lettre de convocation que leur a adressée, de la part du Roi, le bailli de la Cour Commune. Sur les huit barons, deux seulement sont présents ; encore est-ce surtout pour entraver les délibérations des Etats par des querelles toutes personnelles (1) ; trois autres ont envoyé des

---

(1) La séance du matin fut presque entièrement absorbée par un différend entre les barons d'Apcher et de Peyre « pour rai-
« son de leur séance aux Estatz », celui ci prétendant avoir le droit de précéder celui-là. Après délibération, l'Assemblée décida que M. de Peyre « seroit prié de se contenter d'avoir séance
« après le sieur d'Apcher, sans préjudice de ses droicts et pro-
« testations, et sans conséquences pour l'avenir, sauf à y estre
« pourveu à la prochaine assemblée des Estaz, après avoir veu
« les anciennes pancartes du Païs, qui sont demourées perdues

procureurs nobles, tandis que les nobles ordinaires n'ont pour mandataires que des roturiers, gens de loi. Il faut en excepter Montrodat, qui, seul sur douze députés, est présent. Quant au procureur du Commis des Nobles, il s'empresse de protester de ce que M. de Saint-Alban « n'est pas receu au rang des barons ». Les seigneurs restent, pour la plupart, indifférents aux affaires du diocèse et du Royaume. Aux Etats

---

« depuis la prinse et occupation de ceste ville de Mende par les
« ennemis.[Merle avait mis la main sur les archives de l'Evêché
« qui ne furent recouvrées que plus tard], et desquelles, à ceste
« fin, M. le Syndic procurera le recouvrement ». — Ces « pan-
« cartes » étoient la « Roue de tour des huit baronnies du païs
« de Gévauldan » et le « Roile pour appeler les gens des trois
« Estatz du diocèse de Mende et païs de Gévauldan ». Dans le
« Rolle » de l'année 1563, (Proc. verb. Etats du Gévaudan, t. I,
p. 11 : P. Gachon. op. cit. p. 276), Apcher précède Peyre.

Mais cet ordre fut modifié en 1592 ; Peyre déclara aux Etats que « l'ancien ordre avoit esté perverty », et les requit de « ré-
« former ledict Rolle, suyvant une transaction passée entre
« MM. Anthoine de Peyre... et François d'Apcher, en présence
« des Estatz assemblés à Maruejolz, le 25ᵉ jour de novembre
« 1534 ». Cet « accord » a été publié par F. André. (Proc. verb. Etats du Gévaudan, t. I, p. 28). Il fut décidé que cette transaction, enregistrée au greffe des Etats, aurait « lieu par prou-
« vision, et que, suyvant icelle, le tour de baron seroit affecté
« audict sieur de Peyre l'année et assemblée prochaine des Es-
« tatz..... et que la présente délibération seroit notifiée audict
« sieur baron d'Apcher ». Proc. verb. Etats du Gévaudan, t. I, p. 334. — Apcher était donc évincé; il faut se rappeler qu'à cette époque (1592), Marchastel de Peyre, converti au Catholicisme depuis 1588, était le fidèle allié de l'évêque Adam de Heurtelou, tandis que Philibert d'Apcher était gouverneur ligueur du Gévaudan et de la Haute-Auvergne. Cf. inf. IIᵉ Partie. Chap. v.

particuliers de Gévaudan, comme aux Etats-Généraux de Languedoc, « la sincérité et la dignité de la représentation nobiliaire perdirent beaucoup soit à l'abdication des barons, soit à l'emploi fait par eux de fondés de pouvoirs. La noblesse n'est pas dans l'organisme « des Etats un élément vital » (1).

Mais en Gévaudan, (et par là ce pays se distingue du Languedoc propement dit) cette abdication du second ordre n'a pas été favorable au Tiers. Si les nobles se refusent à se déranger, c'est peut-être par ennui, peut-être aussi par dignité, car les Etats particuliers deviennent effectivement avec Adam de Heurtelou « une assemblée de parade » dont les formes surannées cachent mal ce qu'elles recouvrent, le pouvoir administratif dévolu à l'évêque. En 1563, 1574, 1575, 1582, 1583, et 1585, ils ont été présidés par le vicaire général (2) ; mais, en 1588, ils le sont par le prélat lui-même, qui, à la différence de ses prédécesseurs, réside volontiers dans son diocèse. L'influence pacificatrice d'Adam de Heurtelou (3) était ainsi moins contrariée par la turbulence des seigneurs.

---

(1) P. Gachon. op. cit. p. 14.
(2) Proc. verb. Etats du Gévaudan. t. I. pp. 35, 44, 50, 73, 126, 180.
(3) Ibid. pp. 211 et 212.

II

Le matin, les députés assistent à la messe du Saint-Esprit, célébrée à la cathédrale par « l'Evesque et « Seigneur de Mende, comte de Gévauldan ». Après une « prédication » de ce dernier, ils se réunissent « en la salle haulte des maisons épiscopales » (1).

Dès l'ouverture de la session, Jean Dumas, juge à la Coûr Commune, informe officiellement les représentants du pays de la convocation des Etats généraux dont le bailli a reçu notification par quatre lettres closes. Le Roi ordonne au bailli, son commissaire ordinaire auprès des Etats, de les inviter à rédiger les remontrances et doléances (2) à soumettre à l'assemblée de Blois, et « y faire entendre ce que leur sem- « blera propre et commode pour la restauration de la « Religion Catholique et la conservation de l'autorité « souveraine de Sa Majesté en sa pristine dignité et

---

(1) « Lieu accoustumé à tenir les Estatz dudict païs ». Proc.-verb.. Etats du Gévaudan. t. 1. p. 211.

(2) On sait le peu de cas que l'on fit, à Blois, de ces doléances; les députés furent, en effet, informés qu'ils n'avaient pas été nommés pour « déposer des Cahiers, mais pour légiférer ». Weill. Les théories sur le pouvoir royal en France pendant les Guerres de Religion. Paris. 1892. in 8°. p. 218.

« splendeur ». Ils devront élire trois députés (1) ; « à
« quoy ledict sieur juge a exhorté les Estats de satis-
« faire sans aulcune affection particulière, selon l'in-
« tention de Sa Majesté ».

Dans une courte harangue, Adam de Heurtelou remercie Henri III du « bien inestimable qu'il lui a
« pleu de faire à ses bons et loyaux subjects, notam-
« ment à ceulx de ce païs, affligé et accablé, et depuis
« si longtemps, de toutes sortes de maux, — voulant,
« par le moyen des Estats Généraulx, entendre leurs
« justes plaintes et doléances, afin d'y pourveoir par
« son accoustumée prudence et bonté ». Et l'Evêque royaliste de presser les députés de rester soumis à l'autorité souveraine « sans aulcune passion, pour le
« bien de son service, du public, de ce Royaulme et
« surtout de ce païs ».

A la requête de M. de Chanoulhet, syndic des Etats, et pour assurer la liberté de la discussion, le juge-commissaire quitte, selon la coutume, la salle des délibérations. Après que le greffier a donné lecture du « Rolle » des députés, les membres de l'Assemblée, sur l'invitation de l'évêque, prêtent « le serment d'es-
« tre toujours fidèles au Roy et ses obéissans sub-
« jects » (2).

---

(1) Chaque ordre devait pourvoir aux frais « de voyage de ses députés ». Cependant, vue la ruine du diocèse, le commissaire sera prié « imposer sur tout le païs, et pour pourveoir à sa dé-
« fense, la somme de 4000 escus…. ; sur laquelle somme sera
« prins ce que sera nécessaire pour le voyaige desdictz députés
« du Tiers-Estat… » Proc-verb. Etats du Gévaudan. t. I. p.221.
(2) Ibid. pp. 215 et 216.

III

La séance de l'après-midi fut tout entière consacrée à l'étude des doléances à adresser à Henri III. Heurtelou les expose brièvement. Après une vive discussion, les Etats déclarent que l'hérésie est la cause principale de la ruine actuelle de la France ; le Gévaudan, plus que tout autre pays, depuis vingt cinq ans, en fait la douloureuse expérience. Aussi ses représentants supplieront-ils le Roi « pour prévenir
« l'entière perte [du diocèse] d'acheminer une bonne
« et saincte pacification en son royaulme, pourveu
« qu'elle puisse estre à l'honneur et gloire de Dieu,
« maintien de son sainct nom et de la Religion Catho-
« lique, apostolicque et romaine, et de l'Estat royal ».
Ce n'est plus le temps où la même assemblée réclamait d'Henri III une intervention armée pour l'extermination des Huguenots.

La seconde requête sera relative à M. de Saint-Vidal. Depuis sa nomination, « il a eu tant d'affaires
« en son gouvernement du Velay, qu'il lui a toujours
« esté malaisé et quasi impossible de secourir le Gé-
« vauldan,..... ce que a esté l'une des causes que les
« héréticques y ont prins sy grand pied et advantaige,
« voyant esloigné celuy qui en avoit la charge et pro-
« tection, soubz l'auctorité de sa Majesté. » Les dépu-

tés devront solliciter d'Henri III la nomination d'un autre gouverneur. Les Etats évitent la moindre allusion aux excès de M. de Saint-Vidal; c'eût été maladroit au moment où ils décidaient « pour éviter de « plus grands malheurs, de le prier de se démettre « volontairement du Gouvernement de Gévauldan ».

Le Roi sera aussi invité à supprimer la Sénéchaussée, « tant à cause de la diversité des juridictions » que des dépenses imposées par cette création au pays, « dont le peuple est tellement diminué par la peste « qu'il ne peut supporter tant d'officiers nouveaux, « estant assez chargé de ceulx des justices ordinaires « et dudict ancien siège de Bailliaige, auquel les « dictes ordinaires ressortissent par appel, et le dict « Bailliaige en la Court de Parlement [de Toulouse] ». Comme les Etats de Languedoc, les Etats particuliers du diocèse de Mende eurent sur l'administration de la justice, à la fin du XVIe siècle, une influence que les troubles civils du Royaume rendaient inévitable. La personne même de M. de Saint-Vidal est donc très habilement laissée de côté ; car la rivalité de l'évêque et du Sénéchal Gouverneur paraît ainsi subordonnée à une question d'ordre plus général.

Dans leur quatrième requête, les représentants du pays insisteront sur sa situation financière. Le Gévaudan a été contraint d'emprunter, à un taux très élevé, de fortes sommes d'argent, pour « se con- « server, comme il l'a fidèlement faict jusqu'ici, en « l'obéyssance du Roy ». Très appauvris par les luttes religieuses, ses habitants ont failli à leurs engagements ; aussi sont-ils « vexés et molestés ». Qu'il plaise à sa Majesté de leur faire « don et remise des deniers de ses tailles,.... et ce, durant vingt années ».

L'Assemblée ayant procédé à la nomination des députés aux Etats généraux, furent élus : pour le Clergé, Adam de Heurtelou « humblement et instam-
« ment prié de faire tant de bien au païs que d'en
« prendre la charge, — pour le Tiers, MM. Jean Du-
« mas, conseiller du Roy, juge au Bailliaige de Gé-
« vauldan, et Syméon, juge de la ville du Malzieu ».
Les nobles ne purent s'entendre ; il fut décidé qu'ils
« adviseroient à part de choisir ung [délégué], tel
« qu'il leur plairoit ».

Les Etats se séparèrent après avoir confié à la Commission (1) de l'Assiette le soin de vérifier les comptes du Receveur diocésain. Ils avaient siégé une seule journée ; car « la tenue de l'Assemblée apporte
« frais et charges au pauvre peuple qui est assez
« foulé d'ailleurs ». Mais les plaintes et remontrances devaient être minutieusement rédigées par les commis et syndic du pays, en présence de M. de Mende. C'était s'en remettre à la sagesse épiscopale.

Adam de Heurtelou a prêché, le matin, la soumission au Roi ; président des Etats, il leur a fait prêter le serment de fidélité à la monarchie légitime ; il a indiqué les principales doléances du Gévaudan, dont

---

(1) La « Commission permanente de l'Assiette » comprenait l'évêque ou son vicaire général, les premiers consuls de Mende et de Marvejols, le syndic du diocèse. Elle s'adjoignait généralement plusieurs députés aux Etats particuliers.

la rédaction définitive lui est, à vrai dire, confiée, en attendant qu'il les expose lui-même oralement au Conseil Royal. Cet évêque a donc agi comme chef temporel de son diocèse.

IV

Les députés élus le 27 septembre n'ayant pu se rendre à Blois, le clergé y fut représenté par Pierre Maubert (1), docteur de la Faculté de théologie de Paris, capiscol chanoine de l'Eglise de Mende et prieur du Malzieu, accompagné du chanoine Robert Leynadier (2), — le Tiers, par Mᵉ Jacques de Cazalmartin, avocat (3) au Bailliage de Gévaudan (4). La pré-

---

(1) P. Maubert fut le seul député du Clergé du ressort de l'ancienne sénéchaussée de Beaucaire. — [Ch. J. de Mayer]. Des Etats Généraux..... La Haye et Paris. 1788-1789. T. xiv. p. 326.

(2) Le chanoine Leynadier n'était pas « député »aux Etats généraux ; il avait déjà représenté le Chapitre de Mende aux Etats particuliers, le 27 septembre 1588. Cf., plus haut, p. 132.

(3) Il figure comme tel dans le Procès-verbal des Etats particuliers du 22 décembre 1592. — Proc. verb. Etats du Gévaudan, t. i. p. 378.

(4) La noblesse de Gévaudan ne fut pas représentée aux Etats de Blois. — [Ch.J. de Mayer]. Op. cit. t. xiv. pp, 326 et 327). Aucun noble appartenant à la Sénéchaussée de Beaucaire n'y figura ; mais la noblesse des sénéchaussées de Carcassonne et de Toulouse eut ses députés.

sence de l'évêque dans son diocèse était nécessaire en ces temps de troubles (1). D'ailleurs n'avait-il pas, aux Etats, un appui précieux en la personne de son illustre prédécesseur, aujourd'hui son métropolitain, Renaud de Beaune de Semblançai, archevêque de Bourges, et bientôt président de l'assemblée du clergé.

Dès son arrivée à Blois (2), M° de Cazalmartin sollicite son admission à la chambre du Tiers ; on l'y reçoit difficilement, car il est en retard de deux mois (3).

---

(1) Adam de Heurtelou donna ses instructions aux représentants du Gévaudan. Le 30 novembre 1588, il « fit appeler M° « Decazalmartin dans son palais, où estoit le syndic [M. de « Chanolhet] .....et plusieurs aultres notaibles personnaiges « de Mende s'occupant de ce qu'estoit à faire aux Estatz pour « le Païs de Gévauldan ; et, *après long discours*, Monsieur de « Mende » demanda à M° Decazalmartin « s'il vouloit faire le « voyaige ». Sur sa réponse affirmative, le nouveau député prit ses dispositions de départ. — J. Roucaute. Doc. pp. 139 et 140.

(2) Sur le voyage et le séjour à Blois de la députation du Gévaudan, Cf. « Estat et compte de la despense faicte par « moy, Jacques Decazalmartin, député du Tiers Estat du Pays « de Gévauldan et diocèse de Mende, au voyaige des Estatz gé« néraulx de France, tenus dernièrement en la ville de Blois, « aux moys d'octobre, novembre et décembre 1588 et janvier « 1589. » Arch. Lozère. C. 1355. - F. André. Doc. pp. 473-483. J. Roucaute. Doc. pp. 138-149.

(3) Henri III avait fait l'ouverture solennelle des Etats généraux le dimanche 16 octobre. [Ch. J. de Mayer. op. cit. t. xiv, p. 279]. Les députés du Gévaudan n'arrivèrent à Blois que le 18 décembre. Leur itinéraire fut le suivant : à dos de mulet, de Mende à Marengues (près l'Allier), par St-Chély-d'Apcher, Ruines et Issoire :, 4 jours — Un jour de repos à Marengues (fête de l'Immaculée Conception). — En bateau, de

Obtient-il l'autorisation demandée, ce ne sont aussitôt que gratifications et pourboires : un demi-écu à chacun des deux huissiers de l'assemblée du Tiers, deux écus au greffier, un écu au concierge, un écu au couvent des Jacobins où « se disent la Messe et le ser- « mon des Estats tous les dimanches et jours de festes ». Encore étaient-ce là des dépenses communes à tous les députés ; mais d'autres ennuis, beaucoup plus graves, attendaient le malheureux avocat. A peine les délégués gévaudanais sont-ils à Blois que ceux de Clermont et autres villes de la Basse-Auvergne s'empressent de les assigner à comparaître devant un membre du Conseil d'Etat pour le paiement des 23.000 écus avancés au diocèse de Mende, lors du passage de l'armée de Joyeuse ; inflexibles, ils réclament même la contrainte par corps. Les parties avaient rédigé l'exposé de leur cause, quand ledit conseiller dut quitter Blois à la hâte. M° de Cazalmartin fut fort en peine de recouvrer son « sac » ; il le trouva cependant, mais entre les mains d'un clerc qui fit de grandes difficultés pour le lui remettre, « auquel, ajoute le député, j'ay payé, pour son vin, « une pièce de vingt sols tournois ». M. Faulcon, seigneur de Rey, premier président au Parlement de Bretagne, chargé d'instruire l'affaire, reçoit, à son tour, l'ordre de partir immédiatement pour Rennes. Le délégué du Gévaudan, toujours en quête de son

---

Marengues à Orléans : 4 jours. — En bateau, d'Orléans à Blois : 5 jours. — Total : 14 jours de voyage. Ils étaient partis le dimanche 4 décembre ; ils abordèrent donc à Blois le dimanche 18 décembre 1588.

« sac », le découvre chez l'hôte du premier président, un orfèvre de Blois, qui le rend librement au greffe. Nouveau pourboire.

Le Conseil d'Etat fut saisi à deux reprises des doléances du pays de Gévaudan ; mais Me de Cazalmartin, « faulte d'argent, ne put veoir la fin de l'affaire ; et « sur ce, déclare-t-il laconiquement, me suis résolu « de m'en venir ». (1)

Le voici de retour à Mende ; une escorte de créanciers l'y a suivi : un chanoine de Béziers, un notaire de Caux, un Montpelliérain et « d'aultres encore du « Languedoc » qui lui ont avancé seize écus « pour « despendre par les chemins et porter ses hardes « lorsqu'il ne pourroit trouver monture de louaige ». Ses compagnons de route séjournèrent à Mende jusqu'à l'entier remboursement des deniers prêtés : si faible était le crédit du Gévaudan et de ses représentants.

Ce n'est pas que les frais de séjour de Me de Cazalmartin aient été excessifs : les deux députés et le chanoine Leynadier avaient loué une chambre commune, où ils « faisoient leurs despenses du mieux qu'il leur « estoit possible ». Jugez plutôt : « un jour portant « l'aultre », leur entretien (nourriture, chauffage et loyer), « compté par le menu, ne fut que de trente « sols tournois (2) pour chaque homme ». Au total, l'avocat du Bailliage déboursa 145 écus en huit mois, et le syndic du diocèse ne lui en avait remis, à son

---

(1) J. Roucaute. Doc p. 147.
(2) Environ 7 fr. 50 de nos jours.

départ, que 86 (1). L'étrange impression que durent produire ces humbles partisans du Roi journellement en contact avec les Ligueurs tout puissants à Blois ! Poursuivant la Cour de leurs assiduités importunes, ils promenaient à travers la France centrale et sur les rives de la Loire la pauvreté gévaudanaise.

V

Le Conseil suivait le Roi dans ses déplacements : les députés coururent donc après ce « gouvernement à cheval ». Mais leurs tentatives ne furent pas heureuses. L'assemblée de Blois, en grande majorité ligueuse, exaltée par l'assassinat des Guises (23 décembre), fut insensible aux sollicitations royales. Aussi Henri III se résolut-il bientôt à la congédier. Les harangues de clôture furent prononcées les 15 et 16 janvier 1589.

Bien décidés cependant à faire entendre à qui de droit leurs doléances, les délégués du Gévaudan

---

(1) J. Roucaute. Doc.p.138.— J. Decazalmartin n'était pas encore payé en 1595. Proc. verb. Etats du Gévaudan, t. I, p. 528.

« présentèrent requeste particulière à Sa Majesté et
« aux membres du Conseil ». (1)

Ils étaient partis de Mende avec de très précises instructions (2), à en juger par les trois mémoires (3) qui leur furent remis au sujet de la Sénéchaussée. Ils devaient demander la suppression du nouveau siège ; si leur première requête est rejetée, ils insisteront pour hâter l'union de la Sénéchaussée au Bailliage ; essuyent-ils un nouveau refus, ils supplieront enfin le Roi de confirmer le Paréage et de conserver ainsi leurs droits à l'Eglise et au Pays de Gévaudan. Ces mémoires, nets et bien conçus, sont l'œuvre d'un habile juriste, probablement du syndic, M. de Chanoulhet, docteur en droit, très au courant des privilèges judiciaires et administratifs du diocèse.

Cependant la requête des députés, « plusieurs fois « faicte et refaicte », fut communiquée à l'Archevêque de Bourges et « finalement réduicte à certains poinctz » concernant surtout la situation financière et économique du pays (4). Le Roi est prié : 1° de « faire la

---

(1) Il s'agit évidemment du Conseil privé auquel aboutissaient toutes les doléances du Royaume. — Cf. P. Dognon. op. cit. p. 450.

(2) « Ayant ainsin disposé nos affaires et receu les mémoires « dudict sieur sindic... » Compte de M. Decazalmartin. J. Roucaute. Doc. p. 140.

(3) Ibid. pp. 119-138.

(4) « Première requeste des Estats catholicques du Hault-« Gévauldan, présentée au Roy, en son Conseil, par P. « Maubert, chanoine, député du Clergé, et J. Decazalmartin, « député du Tiers ». Blois, le 10 février 1589. — Arch. Lozère. C. 953. — J. Roucaute. Doc. pp. 151-165.

« remise des arreyrages » des tailles et anciennes impositions ; 2° que les habitants d'une même communauté ne soient plus solidaires du paiement total de la taille ; 3° que les membres des Etats particuliers et de l'Assiette ne soient plus payés sur les fonds du diocèse, mais se rendent à leurs frais à cette assemblée ; 4° que la garnison de Mende soit entretenue par le Trésor royal (300 hommes de pied et 50 à cheval) ; 5° que le Roi, qui, en 1583, a déjà accordé au Gévaudan « la moitié de l'aide et octroi pour douze années consécutives », lui cède aussi l'autre moitié.

Les réponses du Conseil, données à Blois le 10 février, furent évasives ou négatives.

1° Les Trésoriers généraux de France en Languedoc dresseront l'état des sommes dues et les communiqueront au Conseil qui pourvoiera au soulagement des suppliants.

2° Le principe de la solidarité des fonds ruraux a toujours été appliqué en Languedoc, avant comme après la réunion par parcelles de ce pays au royaume. Aussi le Conseil se prévaut-il volontiers de cet usage séculaire pour déclarer qu'il lui est impossible de toucher à « la forme observée à la levée des « dietz deniers ».

3° Les Trésoriers généraux de France seront invités à donner leur avis sur la « décharge » sollicitée.

4° Le Roi, « pour la nécessité de ses affaires », se refuse à entretenir la garnison de Mende. Que le Pays s'impose, s'il le peut, quelques nouveaux deniers extraordinaires. C'est demander l'impossible.

5° Enfin le Conseil déclare que le Roi ne saurait

faire aucune remise de tailles, « attendu le besoin
« qu'il a de ses deniers pour subvenir à ses affaires
« de la guerre ». Henri III, il est vrai, était même incapable de solder les troupes nécessaires à sa défense
et au maintien de la paix publique.

Trois mois plus tard, le 16 mai, Me de Cazalmartin et le chanoine Maubert renouvellent leur tentative (1) ; mais, cette fois, il n'est question que de la
dette totale du Gévaudan s'élevant à plus de 100.000
écus. Les députés prient le Roi de faire au diocèse de
Mende la « remise de l'aide et octroi » pendant douze
années, ou tout au moins jusqu'à l'entier paiement
des sommes dues. Le pays a emprunté 23.000 écus à
l'Auvergne pour subvenir à l'entretien des troupes
de Joyeuse ; depuis lors, tout Gévaudanais surpris
sur les confins de cette province est emmené à Clermont et jeté en prison ; il y en a déjà un grand nombre « sans aulcung moyen de les en pouvoir tirer ».
Que Sa Majesté prenne donc cette somme à sa
charge, ou bien exige une contribution des pays limitrophes, Auvergne, Velay et Rouergue « qui
« ont retiré aultant de fruict et de commodité de la
« prise de Maruejols que le Gévauldan ». — Le Con-

---

(1) « Deuxième requeste des Estats catholicques....par J. Decazalmartin ». Arch. Lozère. C. 955. J. Roucaute. Doc. pp 165-173. — Le chanoine P. Maubert avait quitté Blois le 31 janvier 1589, et laissé seuls J. Decazalmartin et le chanoine Leynadier. Il avait cependant signé, avant son départ pour le Gévaudan, la première requête, qui ne fut présentée au Roi que le 10 janvier. La deuxième requête, rédigée après l'insuccès de la première, n'est signée que de J. Decazalmartin.

seil renvoie les suppliants aux Trésoriers généraux de France à Riom, actuellement transférés à Clermont, et charge ces derniers de faire sur l'emploi des 23.000 écus une enquête qu'ils communiqueront à Sa Majesté « pour y estre par elle pourveu ». Savaron, procureur d'Auvergne, poursuivra l'exécution de cet arrêt. Aussi M° de Cazalmartin, sceptique à l'égard de cette « vérification, laquelle ils feront à plaisir de-« vant les Trésoriers d'Auvernhe », s'attend-il à ce que le Gévaudan soit condamné à payer la totalité de sa dette. Le Conseil accorde cependant à ce pays un sursis de quatre mois avec défense à ses créanciers de tenter aucune poursuite ni contrainte (1). Quant à la remise totale des tailles et à l'entretien par le Roi de la garnison de Mende, le Conseil s'y oppose.

La Royauté elle-même, recours suprême du pauvre montagnard ruiné par la guerre civile, se refuse à céder aux sollicitations du Gévaudan. Et pour cause : « la dette publique s'élève à 245 millions (plus d'un « milliard aujourd'hui), somme prodigieuse pour « l'époque et vraiment écrasante pour le Gouverne-« ment ». (2)

---

(1) La dette d'Auvergne ne sera réglée que sous l'épiscopat de Ch. des Rousseaux, successeur et neveu d'Adam de Heurtelou.

(2) Poirson. Histoire du règne d'Henri IV. Préface. p. xxiii.

LIVRE II

CHAPITRE I

Les Partis en 1589. — La Ligue en Gévaudan

I. — Rupture d'Henri III et de la Ligue. — Géographie politique du Gévaudan au début de l'année 1589 : au nord, les Ligueurs ; — au sud-est, les Réformés cévenols : — au centre, et dans la majeure partie du diocèse, les Catholiques royalistes. — Ces trois partis affectent des caractères particuliers au diocèse de Mende.

II. — Les Ligueurs. — Leur chef, M. de Saint-Vidal. Son portrait. Sa politique.

III. — Le serment des Ligueurs du Puy circule en Gévaudan. — Les trois ordres et la Sainte-Union. — Le mouvement ligueur a toujours conservé, dans le diocèse de Mende, son caractère primitif, catholique et féodal.

I

Dans le Royaume, la rupture définitive des Royalistes et des Ligueurs date du début de l'année 1589. Jusqu'à cette époque, tout s'est passé au nom du Roi : mesures vexatoires prises contre les Huguenots, fréquentes levées d'impôts nécessaires à l'entretien des bandes armées qui pillent le Royaume, inauguration de nouveaux offices en faveur des créatures des Joyeuses ou des Guises. Mais les secrètes intentions de la Ligue sont enfin apparues au grand jour. Dès le 18 mai 1588, la municipalité parisienne, inspirée par les Seize, avait écrit aux « bonnes villes catholiques », les pressant de s'unir à la capitale « comme « les membres à la teste » et d'élire des députés « fi-« dèles et bien instruits pouvant se conjoindre avec « ceulx de Paris ». La Bourgogne, l'Orléanais, le Lyonnais et d'autres provinces prirent les armes pour porter le dernier coup à la royauté chancelante exilée à Chartres. Surrexcitée par le meurtre de ses chefs, la Sainte-Union s'organise définitivement en février 1589, et les Seize paraissent alors toucher au but proposé par eux aux villes de France : un gouvernement de municipalités confédérées sous la direction de

Paris. Ainsi s'affirme le caractère fédéraliste de la Ligue, où l'initiative est passée de l'élément féodal à l'élément municipal, qui, « étouffé par la monarchie, « réagit avec passion, sous la forme ligueuse ».

Les partis se dessinent alors avec précision : la Ligue, gouvernement ultramontain et municipal, — les Réformés, défenseurs jaloux de leur foi persécutée, liés à la fortune de leur correligionnaire Henri de Béarn, — les Royalistes catholiques, soutiens de la monarchie héréditaire, pacifiques et négociateurs.

Vers la même époque, les uns et les autres prennent aussi position en Gévaudan (1) : au nord, dominent les Ligueurs dirigés par le gouverneur, M. de Saint-Vidal, et le baron d'Apcher, — au sud-est, les Réformés, alliés de Damville et fidèles sujets du Roi de Navarre, — au centre, et dans la majeure partie du diocèse, les Royalistes catholiques, dociles aux volontés du prélat de Mende. Toutefois ces factions affectent des caractères particuliers à ce pays et qu'il convient de déterminer.

---

(1) Cf. ibid. la Carte du Pays de Gévaudan au début du règne d'Henri IV.

II

Avant la prise de Marvejols, le vieil esprit catholique, hostile à toute composition avec les Huguenots, animait le Haut-Gévaudan, des Cévennes à l'Auvergne. Il s'est maintenant réfugié à l'extrémité septentrionale du diocèse où dominent les Ligueurs.

Leur chef est M. de Saint-Vidal (1). Gouver-

---

(1) Fils d'Antoine I de la Tour St-Vidal et de Françoise d'Albon, il épousa Claire de Saint-Point, fille de Guillaume, gouverneur du Mâconnais, (2 juillet 1563). Il avait trois frères et cinq sœurs : Henri, seigneur de Montvert ; Bertrand, chanoine-comte et archidiacre de Lyon ; Jean, chanoine comte de Lyon ; — Clauda, mariée à Jérôme de La Forest, seigneur de Bulhon ; Claire, mariée à Claude de Tournon, seigneur de Gloyras ; Antoinette, mariée à Louis de Roquelaure, seigneur de Villeneuve ; Louise, mariée à Guy Béraud, sieur de Servissas ; Françoise, abbesse de Bellecombe. — Il prit le titre de baron de Saint-Vidal à la mort de son père (1558) (Chroniques d'Etienne de Médicis, t. I, p. 44).

De son mariage avec Claire de Saint-Point il eut un fils, Gilbert, qui mourut à l'âge de sept ans. (Mandet. Hist. du Velay, t. v, p. 368), et quatre filles, dont l'une, Claire de Saint-Vidal, s'unit, le 1ᵉʳ août 1582, à Claude-Gabriel-Amédée de Rochefort d'Ailly, issu d'une des plus vieilles maisons d'Auvergne (il était

neur (1) et sénéchal du Gévaudan (2), gouverneur du Velay, chevalier de l'ordre du Roi, capitaine de cinquante hommes d'armes, baron de Saint-Vidal (3), an-

---

gentilhomme de la chambre du duc d'Alençon), et lui apporta en dot la baronnie de Cénaret, en Gévaudan. (Truchard du Molin — La baronnie de Saint Vidal. Mém. Soc. agricole du Puy. Année 1896, pp. 100 208).

(1) Saint-Vidal fut gouverneur du Gévaudan de 1567 (Cf. plus haut, p. 114), à 1589 (15 juillet), date de sa révocation par Henri IV (J. Roucaute. Doc. p. 176). — Il était gouverneur du Velay depuis 1563.

(2) Saint-Vidal fut nommé sénéchal par Henri III, le 4 août 1583. Cf. plus haut, p. 114.

(3) La baronnie de Saint-Vidal (commune de Saint-Vidal, arrondissement du Puy) était l'une des plus importantes du Velay. Son château avait été construit sur un plateau dominé par les hauteurs de Lacussol, et que ne protège aucune défense naturelle. « Mais, malgré ce désavantage, environnée « du côté de Lacussol par un fossé profond, flanqué de quatre « énormes tours qui la défendaient comme des bastions, cette « forte demeure, *qui est venue jusqu'à nous tout entière et qui* « *porte encore les cicatrices des boulets royalistes* [siège de *1591*] « était l'une des places d'armes les plus redoutables des Ligueurs « du Velay » de Vinols. Hist. des Guerres de religion en Velay. op. cit. p. 226. — Cf. aussi les Annales de la Soc. agric. du Puy, t. xxi, p. 593.

Sur la voûte du premier palier de l'escalier du château on lit cette inscription : « *1563*, l'année que Uguenaulx assem- « blèrent armée contre l'Esglize pour abolir la messe et aux « imaiges et presbytères feirent presse, *de ce pays, pour le Roy,* « *gouverneur fust le baron de séans et seigneur nommé Anthe* « [Antoine], *de la Tour* par surnom, qui a faict faire le bas de « ceste maison ». (Cette inscription a été relevée par M. T. du Molin. op. cit. p.105.) Sur l'écusson placé au milieu de l'inscription est représentée une tour. Ce château est actuellement la pro-

cien baron de Cénaret (1), bientôt sénéchal du Puy et grand maitre de l'artillerie de la Ligue (2), Antoine II de la Tour fut le Montluc de ces contrées.

Son costume variait peu : un maillot collant en tiretaine rouge, avec un justau-corps de velours violet, un grand manteau noir et le feutre à larges bords. Son ceinturon en peau de buffle était muni d'une boucle de cuivre à laquelle il accrochait son couteau de chasse, et d'une poche contenant son livre d'heures ; (car il lisait régulièrement les offices deux fois par jour). Ses oreilles étaient ornées d'un anneau d'or. Son regard était clair et dur. Laid et petit, il avait la tête rasée, mais sa barbe, de teinte rousse, était démesurément longue (3).

---

priété de M. Porral de Saint-Vidal. Il a été reproduit en gravure par A. Montader dans « l'Auvergne » de J. Ajalbert. p. 339. Librairies réunies. Paris, 1897.

(1) Jusqu'en 1582, date du mariage de sa fille Claire avec Pierre de Rochefort d'Ailly. Cénaret est aujourd'hui un hameau de la commune de Barjac, (arrondissement de Mende). Ce château conférait à son possesseur le titre de baron de tour du Gévaudan.

(2) de Vinols. op. cit. p. 162. — Hist. Lang. t. XII Col. 1490 et 1491. — Dans son testament (16 juillet 1589) il s'intitule « grand maitre de l'artillerie de France ». Cf. infra, p. 159, note 5. Il conserva peu de temps ces hautes fonctions et revint en Velay pour y recruter les troupes qu'il conduirait lui-même à Mayenne ; [en août 1590, le grand maitre de l'artillerie de la Ligue était, en effet, Valentin de Pardieu de la Motte. J. de Thou, hist. univ. op. cit. t. XI, p. 184]. — Saint-Vidal passa en Velay et en Gévaudan les années 1590 et 1591, jusqu'au 25 janvier, date de sa mort.

(3) Prouzet. Hist. du Gévaudan. t. III, ms. (Bibl. des Arch. dép. de la Lozère). p. 343. Appendice, note 30. — Voir, au Puy

La plus élémentaire courtoisie répugnait à la brutalité de sa franchise. Les Etats du Pays ne peuvent-ils lui fournir rapidement les deux mille écus qu'il sollicite, il s'emporte, et, jetant à terre son chapeau, déclare à MM. du Clergé, de la Noblesse et du Tiers, qu'il « aimeroit mieux estre parmy des ladres, qu'ils sont des bestes et des gueux » (1). Nul ne tenait moins à plaire que le farouche baron. Dans sa massive forteresse de Saint-Vidal, il n'avait pour compagnie ordinaire que quelques femmes de sa famille, timides et dociles, un jeune fils maigre et chétif (2), et un troupeau de serviteurs tremblant au premier signe, car il leur adressait rarement la parole.

Gentilhomme de vieille date (3), il tient avec toute la rudesse égoïste et la morgue du montagnard à ce qu'il appelle ses droits. Peu lui importent les rivalités dynastiques ou les discussions religieuses. Mais lorsque les Réformés se sont violemment emparés de

---

(musée Crozatier), le buste d'Antoine de la Tour Saint Vidal d'après un portrait de la fin du XVI° siècle. [Cf. Mandet. Hist. du Velay. t. v, p. 126 : « s'il faut en croire *une peinture* et certains manuscrits de l'époque de Saint-Vidal etc. »]. Ce buste est l'œuvre du sculpteur Jean Experton (1814-1863), originaire du Puy et élève de David d'Angers.

(1) Remontrances du Pays de Gévaudan à Henri III.— de Burdin. Documents historiques sur le Gévaudan. op. cit. t. II, p. 66.

(2) Mandet. Hist. du Velay, op. cit. p. 368.

(3) Sur la famille de Saint-Vidal, l'une des plus anciennes du Velay, Cf, aux Archives de la Haute-Loire, (série E, non inventoriée), 25 registres [depuis le XIV° siècle], avec un inventaire des titres, rédigé au XVIII° siècle.

Avant de s'établir, au XIII° siècle, à Saint-Vidal, la maison de la Tour était fixée à Barges. (Comm. du cant. de Pradelles, arr. du Puy).

plusieurs places fortes du Gévaudan et du Velay, tout-à-coup il s'élance furieux hors de son château pour réduire à l'obéissance ces « croquants » (1), coupables à ses yeux d'avoir attenté aux droits du seigneur sur la terre.

Jamais justice ne fut plus expéditive que la sienne : « Par St-Antoine de Viennois, — déclarait-il à Lysias « de Maubourg (2), un jour de chasse, — je donnerois « bien trois bonnes années de ma vye pour tenir au « bout de l'arquebuse que voilà quelques quartiers de « ces parpaillots d'hérétiques, tant seulement le petit « Béarnais, le Condillon et ce damné d'Amiral (3). « Vois-tu, camarade, crois-moi, nous n'aurons ni « paix, ni tresve, que le Roy, notre Sire, n'ait pendu « hault et court aux plus belles fourches de son Ro« yaulme, tous ces croquans de la vache à Colas !... « qu'ils viennent me sortir de mes chasteaux, et nous « verrons ! Ah ! mes drosles, vos guenilles ne sont pas « assez passementées, vos escarcelles ont les mailles « trop larges ; à ce qu'il me paroit, vous voudriez nos « escus d'or et nos pourpoints !... Je me ferois plutost « écrouler ma tour de Saint-Vidal, mes chasteaux « de Cénaret et de Montferrand sur le corps, que « de vous en laisser prendre une pierre, vile ca« naille ! » (4)

---

(1) Surnom donné aux paysans par les nobles du Velay. Mém. de Jean Burel. op. cit. p. 416.
(2) Les La Tour Maubourg sont aussi une ancienne famille du Velay.
(3) Henri de Navarre, Condé et Coligny.
(4) Prouzet. op. cit. t. III. Appendice note 30.

Ses exactions répondent à son langage. En Velay, il ordonne « de faire une criée de n'espar-
« gner aucun des Huguenots, au moïen de quoy
« plusieurs sont thués et massacrés » (1). En Gévaudan (2), il préside en personne à la complète destruction de Marvejols. « Maruèges, écrit de Thou,
« fut ruinée par les troupes du Roy, ou plutost par
« l'animosité particulière d'Antoine de la Tour Saint-
« Vidal » (3).

Sa vie ne fut qu'un long combat, sa mort sera presque un assassinat (4) et suscitera même la guerre parmi les siens (5). Personnage tout d'une pièce, âme

---

(1 Mém. de Jean Burel. op. cit. p. 38.

(2) « Le Gévaudan pendant la deuxième guerre civile dite re-
« ligieuse [1567], ou procès verbal des faicts du baron de Céna-
« ret, gouverneur du Gévaudan, dressé par le sieur Destrictis,
« son secrétaire ». Abbé Bosse. Bull. Soc. Lozère. Année 1864,
pp. 29, 59, 62, 163, 235, 348, 412 et 549.

Il se battait bravement. Au siège d'Ambert, bourg au pouvoir de Merle, Saint-Vidal eut « la cuisse traversée d'un coup
« de pique ; il perdit sa bannière qui fut emportée et promenée
« dans les rues de la ville comme un glorieux trophée » (157).
A. de Pontbriant. Le capitaine Merle. op. cit. p. 64. — Il fut plus grièvement blessé, en 1880, au siège de Saint-Agrève, où il perdit un œil. (T. du Molin. op. cit. p. 163).

(3) Mém. de J. de Thou, op. cit. liv. iv, p. 639.

(4) Cf. infra, II Partie, ch. v. paragraphe ii.

(5) Le testament de Saint-Vidal (16 juillet 1589) a été publié dans les Mém. de la Soc. agr. et scientifique de la Haute-Loire,
t. vi, pp. 70 sqq..

Saint-Vidal testa probablement peu de jours avant, peut-être même la veille de son départ pour Paris, où l'appelait Mayenne. Ayant perdu son fils unique, Gilbert, âgé de sept ans, il lui avait substitué un autre enfant, auquel il avait donné le même nom. De là un long procès qui ne prit fin qu'en 1612. (T. du Molin. op. cit. p. 180).

d'une simplicité vraiment primitive, voilà M. de St-Vidal. Nul chef n'eût mieux convenu aux rudes ligueurs d'un pays de montagnes : à d'autres la diplomatie et ses intrigues ; à lui les hardis coups de mains et les sanglantes répressions.

Chez les Ligueurs il voit surtout des nobles défenfendant justement leurs droits méconnus et violés par les manants Réformés. Le jour où Henri III, évoluant vers le Roi de Navarre, se détache d'eux, Saint-Vidal adhère ouvertement à leur parti. Les ambitieux desseins de l'Union lui permettront sans doute d'exercer son action exterminatrice sur les Religionnaires, leur faisant ainsi expier le crime d'avoir subitement troublé son nonchaloir.

III

Son adhésion officielle à la Ligue date du 23 mars 1589 (1) ; le 15 juillet suivant, Henri IV le révoque de ses hautes fonctions (2) ; mais Mayenne les lui con-

---

(1) « Forme de serment pour y faire signer les gentilshommes « de ce pays de Velay en l'union des princes et villes catholic- « ques ». Le Puy, 23 mars 1589. Arch. Lozère. Série E, non inventoriée. Fonds Apcher.— F. André. Doc. t. III, pp. 484-487.

(2) Lettres patentes d'Henri III révoquant M. de Saint Vidal, gouverneur du Gévaudan et du Velay. Au camp, à Pontoise; le 15 juillet 1589. F. André. Doc. t. III, pp. 488 et 489.

firme au nom de l'Union et l'honore même du titre de Grand Maître de son artillerie. Le traitant toujours avec la plus grande déférence, il l'appelle volontiers, dans ses lettres, « mon père », marque de respectueuse affection qu'il ne donne à aucun autre de ses lieutenants (1). Saint-Vidal occupait d'ailleurs un poste

---

(1) Correspondance du duc de Mayenne... (11 novembre 1590, 1ᵉʳ juin 1591), publiée par E. Henry et Ch. Loriquet. 2 tomes. Reims. P. Dubois, édit. 1860 et 1864.

Dans une lettre à l'archevêque de Lyon (11 novembre 1590), on lit : « J'écris à M. de Saint-Vidal que j'eusse fort désiré de « s'estre trouvé en Auvergne, avec la noblesse qui y est... Tou- « tefois, *il est tellement utile partout où il se trouve que je m'as- « seure qu'il sera demouré où il est pour le mieux... Vous l'as- « seurerez, s'il vous plaict... que je l'honore et estime comme mon « père et que je n'auray jamais tant de moien de l'obliger que je « désire* ». (Ibid. t. I, p. 6). — Le 22 novembre suivant, Mayenne informe St Vidal du départ du duc de Parme pour les Pays-Bas et des négociations qu'il a entamées avec Villeroy au sujet de la liberté du commerce et « seureté du labourage ». (Ibid. p. 64). Lettre du 8 décembre : (Ibid. pp. 143 et 144) « *Mon père... [je « fais] estat de vous aultant que de mon propre père...; assemblez « les forces que nous avions advisé par ensemble...* pour me venir « trouver dans le mois de febvrier tout au plus tard... » — Les secours que lui fournirait la France centrale devaient lui être amenés par Nemours et St Vidal (Ibid. p. 235). — Autre lettre du 3 janvier 1591 (Ibid. p. 263) : « *Mon père, je me promets tant « de la bonne affection que vous me portez*, que je ne peux avoir « besoing de plus grande persuasion, pour *le désir que j'ay de « vous veoir par deça*, que la diligence, dont je suis adverty « qu'use l'ennemy pour entreprendre ung second effort sur « Paris..... ». — Le 7 janvier, nouvel appel (Ibid. p. 276). — Enfin, le 20 février, Mayenne, ignorant la mort de son fidèle allié (25 janvier 1591), lui écrit (ibid. t. II p. 69 : « *Mon père... je me « suis toujours tant promis de vostre zèle et affection* à **nostre**

très important : point d'appui précieux pour la Sainte Union dans la France centrale, gouverneur et sénéchal ligueur du Gévaudan et du Velay, il tendait la main d'une part aux factieux du Rouergue et du Toulousain, de l'autre à ceux de l'Auvergne et du Lyonnais (1).

« *saincte religion, dont vous avez tousjours rendeu beaucoup de*
« *de tesmoignage, qu'ayant satisfait à ce que je vous mandois*
« *vous ne serez des derniers à estre participant de l'honneur que,*
« *avecq l'ayde de Dieu, se peult espérer sur nos ennemis...* »

(1) M. Truchard du Molin attribue la fortune politique d'Antoine II de la Tour Saint-Vidal à ses relations dans le Lyonnais : « Saint Vidal, qui empruntait à la ville de Lyon une partie de ses « ressources, en rapportait aussi de l'influence et le secret de « sa politique. Toutes ses relations de famille étaient là. *Elles* « *firent sa destinée peut être plus qu'il ne la fit lui-même* ». Sa sœur Françoise, « élevée dans le Lyonnais », avait succédé à sa tante comme Abbesse de Bellecombe en 1561. Par ses deux frères, chanoines-comtes de Saint-Jean de Lyon, par « *les d'Albon surtout, il dut vivre dans la confiance de Pierre d'Espinac* ». (Truchard du Molin, op. cit. p. 158). Les Saint-Vidal, les Albon (famille du maréchal de Saint-André) et les Saint-Priest d'Espinac étaient parents depuis plus d'un siècle. (Ibid. pp. 123-131). La grand'mère et la mère d'Antoine II de la Tour Saint-Vidal s'appelaient l'une et l'autre Françoise d'Albon. Antoine d'Albon, archevêque de Lyon, était l'oncle de Pierre d'Espinac, qui lui succéda en 1574. Le gouverneur du Gévaudan et le célèbre prélat de Lyon, l'ami et le conseiller des Guises, étaient donc cousins. Nul doute que Pierre d'Espinac n'ait heureusement servi Saint Vidal auprès du chef de la Ligue. L'hypothèse de M. Truchard du Molin est très plausible. Pierre d'Espinac est, en effet, l'intermédiaire entre Mayenne et Saint-Vidal après le retour de ce dernier dans la France centrale. Le 11 novembre 1590, Mayenne lui témoigne sa haute estime pour Antoine de la Tour : « Vous l'asseurerez, s'il vous plaict, que je l'honore... comme mon

De Toulouse, il recevait certaines directions (1). A la nouvelle du meurtre des Guises, la violente cité languedocienne avait renforcé son gouvernement municipal, et, bientôt après, emprisonné le chef des Royalistes, le premier président Duranti, qu'une foule furieuse massacra le 10 février (2). Le Parlement s'unit alors aux autres Cours Ligueuses. Le mouvement se propagea rapidement dans le Quercy, le Limousin et l'Auvergne, dont presque toutes les villes, sauf Clermont et quelques autres, se déclarèrent pour la

---

père ». (Corr. de Mayenne, op. cit. t. I. p. 6). — Le 28 décembre de la même année, il écrit au président Janin : « Je supplie M. de Lion (Pierre d'Espinac) me faire paroistre... de combien il m'ayme... et faire en sorte que je puisse estre secoureu à nostre grand besoing d'une bonne trouppe soubz la charge de M. de Nemours, mon frère, et de M. de Saint-Vidal ». (Ibid. t. I. p. 235). — Le document qui prouve la plus nettement les relations de Saint-Vidal et de Pierre d'Espinac est le testament du Gouverneur du Gévaudan, qui, à la veille de quitter ses rudes montagnes pour répondre à l'appel de Mayenne, charge son cousin de l'exécution de ses dernières volontés : « Et pour *la bonne* « *amitié et affection que j'ay tousiours recognue et expérimentée* « en madame de Sainct-Vidal, ma mère..., *en Monsieur de Lion,* « ..... je les faicts mes exécuteurs testamentaires, les priant « d'en accepter la charge et *fère office de bons parens*, à ma bien « amée femme, Claire de Sainct-Poinct, mon héritière univer « selle, et à mes enfans, *comme ils ont tousiours faict en mon* « *endroict* ». (Mém. Soc. de la Haute-Loire. t. IV. pp. 82 et 83.)

(1) Dans le serment des Ligueurs du Puy on lit : « Obéissant « aux *réitérés commandemens* qui nous ont esté faictz de l'au- « thorité de la Court de Parlement de Tholoze... » F. André. Doc. t. III. p. 485.

(2) Hist Lang t. XI. pp. 771-780.

Ligue. Le Parlement envoya même des délégués (1) en Velay pour y recevoir le serment de fidélité du Puy. Ayant officiellement adhéré à la grande fédération communale, cette ville s'organise à l'imitation de Toulouse, et son gouverneur Saint-Vidal est nommé par les bourgeois au lieu et place de M. de Chastes, sénéchal royal (2). Le serment des Ligueurs fut « faict et « arresté dans la maison consulaire, le vingt troisiè- « me jour de Mars ».

Les habitants du Puy déclarent s'unir à Toulouse « comme principale ville de leur ressort, ensemble « avec les villes de Paris, Lyon et aultres villes catho- « licques de ce Royaulme, suyvant les réquisitions, « qui, de la part de Paris et Lyon, leur ont esté faic- « tes pour ayder et favoriser les princes et villes ca- « tholicques en la manutention de la Religion Catho- « licque, apostolicque et romaine, extirpation des « hérésies, et y employer leurs moiens et propres « vies ». Les signataires affirment obéir ainsi aux ordres réitérés qui leur ont été donnés de la part du Parlement de Toulouse. L'autorité de M. de Saint-Vidal est formellement reconnue. L'entrée du Puy est interdite à toute personne suspecte. La ville portera secours à celles qui seront attaquées ; elle jure même de ne signer aucun traité, ni capitulation, ni alliance avec personne de quelque qualité « authorité et com- « mandement que puisse estre, sans le sceu, vouloir

---

(1) Saint-Vidal qui, le premier, avait signé « la forme du ser- « ment... » (Cf. plus haut, p. 160. note 1), jura la Ligue entre leurs mains le vendredi saint, 31 mars 1589.

(2) Mémoire de Jean Burel. op. cit. p. 119.

« et consentement de la dite Cour et aultres villes qui
« auront juré ceste union ». Le serment se termine
par un appel à tous les gentilshommes, à toutes les
cités de la région.

Cet acte important circula en Gévaudan ; mais la
majeure partie du Pays accueillit froidement toute
avance. Seul le Gévaudan septentrional se laissa
séduire.

La plupart des ecclésiastiques restèrent soumis aux
directions épiscopales. Le chanoine Etienne Rampan
sera leur unique représentant aux Etats de l'Union
tenus à Saint-Chély, le 11 Novembre 1590 (1). Quant
au petit clergé des campagnes de cette partie du diocèse, il suivit les seigneurs ligueurs dans leur insurrection contre Henri IV ; telle était sa désorganisation
qu'il ne pouvait se soustraire aux ordres immédiats
d'un Saint-Vidal ou d'un Apcher (2).

---

(1) Cf. infra. chap. V. paragr. 1. — Le chapitre de Mende suivit la politique royaliste du prélat. C'étaient deux chanoines, Leynadier et Maubert, qui, aux seconds Etats de Blois, avaient fait cause commune avec le député royaliste, J. Decazalmartin. Cf. plus haut, p. 141. sqq. Le chanoine Rampan paraît avoir été une exception. Il « s'était réfugié à St-Chély ». (J. Roucaute. Doc. p 187).

(2) En juillet 1590, les prieurés (très peu importants pour la plupart) de Fontans, Sainte-Colombe, Saint-Vénérand, Saugues, Monistrol, Saint-Symphorien, Chayla-Dance, Saint-Léger-du-Malzieu, Saint-Privat-du-Fau, Jullianges, Blavignac, St-Pierre-le-Vieux, Prunières, St-Chély-d'Apcher, Rimeize et des Bessons refusent le paiement des décimes réclamées, au nom d'Henri IV, par le sieur Ferrant Privat, huissier de la Sénéchaussée de Mende. (F. André. Doc. t. III. p. 508). On remar-

Parmi les seigneurs, une trentaine seulement (1) ont adhéré à la Ligue : les barons d'Apcher, de Canillac, de Cénaret et de Mercœur, les trois frères de Philibert d'Apcher, MM. de Vazeilles, de Mantalleyrac et de la Volte etc. Encore les barons vivent-ils, pour la plupart, loin du pays. A des degrès divers ils occupent une place importante dans l'histoire générale de la Ligue. Dès l'assassinat des Guises, l'intrigant Mercœur est proclamé, à Nantes, chef de l'insurrection bretonne (2). Canillac sera nommé gouverneur ligueur de Riom et lieutenant général de Nemours dans la Basse-Auvergne, après la mort du

---

quera que ces prieurés sont situés, les uns, dans la baronnie de Mercœur, les autres, dans la baronnie d'Apcher. Celui de Prunières appartient même au baron d'Apcher. Les prieurs opposent à l'huissier cet argument : « Il n'y a aulcun Roy auquel les déci- « mes peuvent appartenir *estant iceulx de la Ligue*. »

(1) F. André. Doc. t. IV. p. 120. Le Gévaudan comprenait 135 nobles en 1530. « (Dénombrement de la noblesse de Gévaudan. Cf. plus haut, p. 88, note 1). En 1769, ce nombre s'élèvera à 162. (« Carte du Gévaudan pour l'année 1769 », Bull. Soc. Lozère. décembre 1897. p. 32). — Vers la fin du xvi° siècle, les seigneurs ligueurs représentaient environ le cinquième de la noblesse gévaudanaise. Sur les 20 députés nobles aux Etats du pays, quatre seulement prirent part à l'assemblée ligueuse tenue à Saint-Chély-d'Apcher le 11 novembre 1590. Seul Philibert d'Apcher y assista en personne. Les barons de Mercœur, de Cénaret et de Canillac y furent représentés, les premiers par deux procureurs nobles, le troisième par un roturier. (J. Roucaute. Doc. pp. 186 et 187). — La petite noblesse ligueuse était la clientèle d'Apcher, de Canillac ou de Mercœur.

(2) Son représentant en Gévaudan est le bailli de Verdezun.

comte de Randan (1). Apcher, reconnu par Mayenne gouverneur de Saint-Flour et de la Haute-Auvergne, héritera bientôt de la grande influence de St-Vidal.

La situation des trente-cinq paroisses du Gévaudan septentrional (2), la plupart d'importance médiocre,

---

(1) Jean-Louis de la Rochefoucault, comte de Randan, fut vaincu et tué à Issoire, le 14 mars 1590, par François de Chabannnes, marquis de Curton (Correspondance de Mayenne. op. cit. t. I. p. 282. note 3). « Riom était le foyer de l'insurrection, « l'âme de l'Union dans toute l'Auvergne ». Imberdis. Hist. des Guerres Religieuses en Auvergne.—Clermont.1842.tome II.p.318.

Le jeune marquis de Canillac est très estimé par Mayenne (Son père, Jean de Beaufort, avait vaillemment défendu Saintes contre les Protestants en 1570. Corr.Mayenne. op. cit. t. I. p.262, note 2) : « J'honore tant en vous la mémoire de deffunct Mon- « sieur le marquis, vostre père, que, la conjoignant à vos méri- « tes, je ne vous ayme moins que mon propre filz ». 7 janvier 1591. (Ibid. t. I. p. 279).

(2) Sur les 194 paroisses gévaudanaises, 35 seulement furent soumises aux Ligueurs : Saugues, Thoras-Vazeilles, Verdun, Monistrol, Chayla Dance, St-Vénérand, Cubelles, Clauzes-Grèzes, St-Privat du-Fau, La Bessière, Outète-Soubeyrol, Meyrones, Ventuéjoul, Crozances, Chambon-S-Symphorien, Auroux, Fontans, Grandrieu, Sainte-Colombe de Montauroux, Rocles, Saint Bonnet-de-Montauroux, St-Christophle, Le Malzieu, St-Léger-du-Malzieu, Verdezun, Chaulhac, Prunières, Saint Jean-la-Fouillouse, Saint-Pierre-le-Vieux, Blavignac, Le Bacon, Albaret Sainte-Marie, Arcomie, Jullianges, Saint-Chély-d'Apcher.(Liste des paroisses du Gévaudan occupées par les Ligueurs, le 6 décembre 1590, Arch. Lozère. C. 1358... J. Roucaute, Doc. pp. 189 et 190.) Parmi ces localités, toutes situées dans le Gévaudan septentrional, les unes appartiennent aujourd'hui au département de la Lozère, les autres à celui de la Haute-Loire (canton de Saugues).

n'a pas été étrangère à leur adhésion à la Ligue. Séparées de Mende et de la partie centrale du diocèse par de hauts et froids plateaux, d'accès difficile, ces localités appartiennent à la zône d'influence des pays ligueurs d'Aubrac, du Velay et de la Haute-Auvergne, dont elles dépendent topographiquement et économiquement. La Truyère, atteignant presque St-Flour par un coude très prononcé vers le nord, relie le Malzieu et Saint-Chély-d'Apcher à la Haute-Auvergne ; Saugues, située sur les croupes orientales de la Margeride, est très rapprochée du cours de l'Allier, la grande artère auvergnate, et du Puy, le centre du Velay. Aussi l'Auvergne alimente-t-elle par Saint-Flour les marchés de Saint-Chély, et, par Langeac, ceux de Saugues et du Malzieu (1). Haute-Auvergne, Velay et Gévaudan septentrional forment une même région, où les conditions d'existence imposées par la nature du sol et le climat sont identiques ; ce groupe de pays ligueurs reliait donc le Toulousain et le Rouergue à l'Auvergne et au Lyonnais, toutes provinces à la dévotion des Guises. A proximité du Puy, où Saint-Vidal déployait toute sa rude énergie au service de la Ligue, Saugues et les villes alliées échappaient aisément à l'action royaliste du prélat. — Il y a plus : parmi ces paroisses, il en est qui forment une circonscription judiciaire distincte (2). Henri II n'a-

---

(1) « Notice historique sur le Gévaudan de l'an 1767 », publiée par M. F. André. Annuaire départemental de la Lozère, année 1876, append. hist.

(2) « Nombre de maisons féodales, dont les fiefs étaient dissé-
« minés, [c'était le cas pour Mercœur], se trouvèrent placées en

vait-il pas déclaré, en 1555, que toute la portion gévaudanaise de la baronnie de Mercœur, notamment Saugues et le Malzieu, ressortirait à l'avenir au siège présidial de Riom et au Parlement de Paris (2)? Com-

---

« différents ressorts, relevant à la fois de divers parlements.....
« Pour éviter les contestations et les frais, ces seigneurs solli-
« citèrent du Roi des Lettres de *Committimus* : chacun d'eux
« obtint que tous ses procès fussent soumis à une seule cour au
« détriment des autres ». (P. Dognon. op. cit. p. 432).

« Les peuples de ces contrées [partie gévaudanaise de la ba-
« ronnie de Mercœur] ont toujours été régis par le droit écrit,
« tel qu'il est suivi par le Parlement de Paris et les pays limi-
« trophes d'Auvergne. Or ce droit, dans les deux ressorts de Pa-
« ris et de Toulouse, contient des nuances trop opposées sur les
« points principaux pour que son changement au Malzieu et à
« Saugues ne devienne pour cela un grand mal.

« Dans la foule des exemples on se contentera de citer quel-
« ques-uns des plus essentiels :

« 1° Le mariage émancipe au Parlement de Paris ; dans celui
« de Toulouse, un fils reste éternellement sous la puissance du
« père.

« 2° A Paris, on ignore le privilège exhorbitant des femmes
« que la loi romaine accorde seule pour la sûreté de leur dot; à
« Toulouse, une femme prime, par son privilège, tous les cré-
« anciers de son mari, même ceux qui sont antérieurs à elle
« par la date de leur hypothèque.

« 3° A Paris, nulle servitude sans titre ; à Toulouse, la servi-
« tude peut-être acquise par la possession de 30 ans... etc. ».

(Recherches historiques sur le duché de Mercœur. XVIII° s. Arch. Lozère. G. 102. inédit). Ce mémoire fut écrit pour empêcher la réunion de la partie gévaudanaise de la baronnie de Mercœur au Parlement de Toulouse, ce dont il était alors question. Il n'est pas antérieur à l'année 1781 (date mentionnée dans le manuscrit).

(2) « Lettres d'Henri II portant que les terres et châtellenies

me dans le Lyonnais, le Mâconnais et une partie de l'Auvergne, tous pays du ressort du Parlement de Paris, un grand nombre de coutumes locales modifiaient plus ou moins dans la baronnie de Mercœur l'application du droit écrit, tel qu'il était admis par le Parlement de Toulouse. Or Riom est le centre de l'insurrection ligueuse en Auvergne. — Tels sont les principaux éléments de différenciation du Gévaudan septentrional.

Dans ces localités, qui ne sont ni terres royales, ni terres épiscopales (1), et où l'action pacificatrice du Roi et du Prélat est encore moins sensible, les sentiments d'hostilité sont toujours vivaces contre les Réformés, dont la forte position au Malzieu, à Serverette, à Marvejols et dans la baronnie de Peyre, leur a fait courir, avant l'expédition de Joyeuse, les dangers les plus graves (2). Aussi les Ligueurs n'admettent-ils pas l'attitude conciliatrice d'Adam de Heurtelou, traité par eux « d'ennemi des Catholisques » (3). Ne s'est-il

---

« de Saugues, du Malzieu, etc.... ressortiront désormais au « Parlement de Paris et siège présidial de Riom, au lieu de res- « sortir au Parlement de Toulouse et siège présidial de Nismes ». 1555. (Arch. Lozère. G. 102).

(1) Sauf Fontans et Grandrieu, propriétés épiscopales.

(2) Mém. Soc. hist. du Puy. année 1878. p. 26. F. André. Doc. t. III. pp. 218-221. « Lettre des Consuls de Saugues à MM. les « Commis, syndic et depputés du diocèse de Mende », 11 juin 1586, soit deux mois seulement avant l'arrivée de l'armée de Joyeuse en Gévaudan. Menacée par les Religionnaires, qui occupaient la cité voisine du Malzieu, Saugues était dans la situation la plus triste.

(3) J. Roucaute. Doc. p. 189.

pas compromis en obtenant de Joyeuse le maintien de Serverette, bourg épiscopal occupé par les Huguenots ?

Toutefois ces communautés ont adhéré à la Sainte-Union autant par esprit d'obéissance à leurs seigneurs qu'en haine des Réformés. Parmi les trois seules bourgades qui se soient insurgées, Saint-Chély appartient à la baronnie d'Apcher, Saugues et le Malzieu à celle de Mercœur. Vingt localités sur les trente-cinq occupées par les Ligueurs en 1590 font partie de la baronnie de Mercœur, quatre de la baronnie d'Apcher. Tandis que s'affirment nettement par toute la France le nouveau caractère fédéraliste de la Ligue, le Gévaudan septentrional, combattant toujours pour l'ancienne cause catholique et féodale (1), se soulève surtout comme groupe de fiefs dociles aux volontés de leurs seigneurs. C'est la vieille féodalité terrienne qui, avec Saint-Vidal, Apcher, âpres défenseurs de la foi catholique menacée par les Calvinistes cévenols, se dresse encore contre l'absolutisme de la monarchie, compromise à leurs yeux par ses tentatives de réconciliation avec le parti Réformé (2).

---

(1) Le 18 novembre 1591, Philibert d'Apcher, chef de l'Union en Gévaudan, écrira à M. de Saint-Alban : « cest embrazement va gaster et brusler le païs, sy, par *la noblesse* et aultres ordres n'y est proveu ». F. André. Doc. t. III, p. 570. Arch. Lozère. C. 1803.

(2) Les progrès de la Ligue en Gévaudan furent presque nuls. Il suffit, pour s'en convaincre, de comparer l'Etat des lieux occupés par les Ligueurs en 1590. (Cf. plus haut, p. 167, note 2) et l'Etat des lieux.... (fin de l'année 1593, peu de temps avant leur soumission à Henri IV.) F. André Doc. t. IV. p. 86.

CHAPITRE II

Les Cévenols

I. — Les Cévennes Gévaudanaises forment une circonscription administrative : le Bas-Gévaudan — Finances — Armée — Justice — Etats particuliers — Organisation ecclésiastique.

II. — Les Cévenols sont toujours fidèles à Henri de Béarn et à son allié, Montmorency-Damville, baron de Florac.

I

Dès leur rupture avec les catholiques, les Cévenols gévaudanais (1) s'étaient organisés à l'imitation de leurs correligionnaires de la plaine, d'après le Règlement adopté par l'assemblée de Nimes le 10 février 1575 (2). Le Bas-Gévaudan eut dès lors ses ressources financières et militaires, ses assemblées administratives particulières.

---

(1) Sur les 194 paroisses du diocèse de Mende, 31, situées dans le Bas-Gévaudan sont surtout peuplées de Réformés : Florac, Vébron, Prunet, Saint-Laurent-de-Trèves, Gabriac, St-Martin-de Lansuscle, Barre, Cassagnas, Saint-Julien-d'Arpaon, Le Pompidou, Ste-Croix, Notre-Dame-de-Valfrancesque, Le Bousquet, Molezon, Balmes, Fraissinet-de-Lozère, Frutgères, St Frézal, Saint Andéol, Saint Julien-des-Points, La Melouze, St-Hilaire, Saint-André-de-Lancize, Les Bondons, St Martin-de-Boubeaux, Saint-Germain-de Calberte, Collet-de-Dèze, Grizac, Bédouès, Cocurès, Saint-Privat-de-Vallongue. (J. Roucaute. Doc. pp. 249 et 250. — Arch. Lozère. G. 1004). A la veille de la Révocation de l'Edit de Nantes, ces localités comprendront 6.000 catholiques et 18.000 protestants : total : 24.000 habitants. (« Estat et nombre de ceulx qui habitoient les paroisses des Cévennes qui estoient dans le diocèse de Mende avant la Révocation de l'Edit de Nantes ». F. André. Doc. t. IV. pp. 337 et 338).

(2) L. Anquez. Histoire des Assemblées politiques des Réformés de France, p. 17.

Finances. — Un receveur (1), en résidence à Florac, est chargé de centraliser les revenus de la « Cause », dont les principaux sont :

1° *Les tailles et aides ordinaires.* Le chiffre en est connu pour l'année 1587 grâce au compte du receveur diocésain, qui, parmi les communautés où il n'a pu faire aucune levée, mentionne toutes celles des Cévennes, avec l'indication du chiffre de leurs impositions ordinaires : 1219 écus (2).

2° *La Gabelle et les crues établies sur les sels de Peccaïs, près Aigues-Mortes*, autant de revenus d'Etat spécialement affectés au service de la « Cause ». Le 30 Décembre 1580, Condé avait ordonné (3) une distribution obligatoire de sel en Languedoc, au prix d'un écu le quintal. « Par lequel despartement, les « Esglizes du diocèse de Mende furent taxées en quan- « tité de huit mille quintaux de sel, pour huit mille « escus », que les Consuls furent chargés de répartir surtout entre les gens aisés ; cette somme, levée par des receveurs responsables « et duement caution- « nés », devait être versée au « Coffre-fort de Nismes ».

3° *Le produit des « deniers effectués au préju-*

---

(1) Le Receveur des Cévennes était, en 1589, François Durand. (Proc. verb. Etats du Gévaudan. t. I. p. 269).

(2) J. Roucaute. Doc. pp. 65 et 66 : « Barre, 31 écus, 4 sous, « — Florac, 97 e., 49 s., 7 deniers. — St-Etienne-de Valfrances- « que, 104 e., 36 s., 5 d. — etc.. ». Total ; 1219 écus.
Le diocèse de Mende fournissait environ 7.800 écus. (Ibid. p. 60). Les Cévennes étaient donc redevables du sixième des impositions fixées sur tout le Pays.

(3) A. de Pontbriant « Le Capitaine Merle ». op. cit. p. 230.

dice de l'ennemi ». Le syndic des Réformés, le sieur Barrau, a, « à fort vil prix », affermé les biens des Catholiques à « des capitaines de la nouvelle opinion « qui dépossèdent les ecclésiastiques et les premiers « rentiers » (1). Les Hugenots comprennent même en leurs rôles les habitants d'Ispagnac, Saint-Pierre-des-Tripiez, la Parade et autres communautés catholiques situées sur les confins du Bas-Gévaudan (2).

On ne saurait, faute de documents, indiquer avec précision le chiffre total des ressources financières du Bas-Gévaudan. Il est cependant évident que la perception des « deniers ordinaires et extraordinaires » y fut plus aisée que dans le Haut-Gévaudan ; car, les éléments de désagrégation économique et sociale y furent moins actifs ; la peste n'y sévit pas aussi violemment, et la diminution de population causée par elle fut compensée en partie par l'immigration des fugitifs de Marvejols et des localités voisines.

Armée. — Le Règlement de 1575 avait prescrit aux capitaines de veiller à ce que la sécurité des campagnes ne fût pas troublée par leurs soldats (3). Mais de telles recommandations laissaient insensibles les chefs des bandes de détrousseurs qui compromettaient les compagnies huguenotes et les membres des communautés cévenoles, avec lesquels les catholiques les confondaient volontiers. Leurs déprédations

---

(1) F. André. Doc. t. III. p. 496.
(2) Ibid. p. 497.
(1) L. Anquez. op. cit. p. 18.

furent facilitées par l'enchevêtrement des montagnes et des vallées, terrain propice à une guerre de partisans, mais peu favorable aux mouvements des troupes régulières. Aussi n'y eut-il pas dans le Bas Gévaudan de chef unique et permanent. La présence de Châtillon et d'Andelot y est signalée en 1585 (1), — l'année suivante, celle du capitaine Gentil (2), qu'Henri de Béarn

---

(1) F. André. Doc. t. III. p. 167. — Hist. Lang. t. XII. preuves n° 401 (1 mai 1585).

(2) Jean Baptiste Gentil, fils de Jean Gentil et de Philippe Tarduffe, de Florac, avait servi, en 1585, dans l'armée protestante du Dauphiné, comme « pétardier » de Lesdiguières, et s'était illustré par la prise d'Embrun. Sur les ordres d'Henri IV il quitte Florac et rejoint, en Vivarais, Chatillon qui marche contre les Allemands. (Haag. La France protestante. édit. 1855. Paris. Charbuliez. t. v. p. 246). — Voici la lettre d'Henri, que nous avons retrouvée à la Bibl. Nat. (ms. fonds Languedoc. t. XVII. f° 119) : « Capitaine Gentil, M. de Chastillon m'a faict récit de « vous. Il vous dira le voyage qui se présente. Je vous prye de « l'accompagner avec vos amis, vous assurant que je vous ferai « rembourser ce que vous y emploierez, et recognoistroi vos « services, comme je l'ay prié vous faire plus particulièrement « entendre ; et, sur ce, je prie Dieu vous avoir en sa saincte « garde. — Henry. — Je vous prye, faictes porter des pétars ». (copie du XVIII° s.)

L'année suivante, en 1588, il est « pétardier du Roi de Navarre ». (Hist. Lang. t. XI. p. 763). Voici la lettre par laquelle Henri de Béarn l'appelle auprès de lui : « Capitaine Gentil, « j'écris à M. de Chastillon de venir à La Rochelle ; je vous prye « d'y venir aussi, car il importe, pour des occasions que je ne « puis inscrire ; et m'assurant de vous veoir bientost, je prye « Dieu vous avoir en sa saincte garde. — Henry. — » (Bibl. Nat. ibid.)

Le 29 décembre 1586, les Consuls de Florac se plaignirent du départ du capitaine Gentil. (F. André. Doc. t. III. p. 293).

appelle auprés de lui, à la Rochelle. En septembre 1586, tandis que Joyeuse ruine les localités réformées du Haut-Gévaudan, M. de Lecques, maréchal de camp de Damville, occupe Florac, qu'il abandonne vers la fin du mois, c'est-à-dire après le départ de l'Amiral pour le Rouergue. En 1587, MM. de Séras et de Montbrun y commandent un petit corps de troupes. La seule garnison vraiment stable est celle de Florac, forte de soixante hommes seulement, sous les ordres d'Antoine de Bourbier, sieur de la Croix, représentant de la baronnie cévenole aux Etats du Pays, et chargé d'affaires ordinaire de Montmorency dans ces régions isolées.

Justice. — Les justices royales et seigneuriales avaient été maintenues par l'Assemblée de 1575. Mais les Cévenols ne reconnurent jamais la récente Sénéchaussée de Mende, « éclipsement » de celle de Nimes où dominaient les Réformés (1) ; ils comprenaient aisément que le nouveau siège avait été

---

(1) « Et d'aultant qu'en l'Assemblée tenue à Montauban par
« ceulx de la nouvelle Religion feust dressé cahier de leurs do-
« léances pour présenter au Roy, sur la fin de ce mois d'aoust
« 1584, et y feust mis article exprès pour supplier Sadicte Ma-
« jesté de révoquer et supprimer la Sénéchaussée de Gévauldan
« pour plusieurs raisons contenues audict article, et donné charge
« expresse et affectionnée à leurs depputés généraulx de pour-
« suivre, *à toute oultrance*, la suppression dudict siège; lesquels
« feurent suyvis et adsistés de MM. de Roux, conseiller au siège
« présidial de Nismes, et Martin, premier consul de la dicte
« ville, envoiés exprès de la part de ceulx dudict Nismes pour la
« dicte affaire... ». Mais le Roi déclara « son intérest estre que
« la Sénéschaussée demoureroit ». (J. Roucaute. Doc. pp. 16 et 17).

érigé pour les placer plus étroitement sous l'autorité royale et catholique. Une partie des Cévennes, l'ancienne viguerie de Saint-Etienne-Vallée-Française, avait même été rattachée directement à la Sénéchaussée de Nimes, non à la Cour Commune (2).

Administration. — Expression géographique, le terme de Bas-Gévaudan s'applique, à la fin du XVIe siècle, à une circonscription administrative participant aux privilèges séculaires dont jouit le diocèse de Mende tout entier. A ce titre, le Bas-Gévaudan a ses Etats particuliers. Aussi ses députés ordinaires s'abstiennent-ils d'assister en personne à l'assemblée du Pays ou d'y envoyer des procureurs. Ce sont, pour la noblesse, MM. de Gabriac, de Barre et de Portes, les plus riches parmi les nombreux petits propriétaires de domaines nobles (2) journellement mêlés par leurs occupations agricoles aux gens du

---

(1) Hist. Lang t. xii. p. 344. — Terre royale, Saint-Etienne avait été cédé par Jean le Bon à Guillaume Roger de Beaufort, vicomte de Turenne (1350 ; cette communauté passa ensuite aux Montboissier et aux Montmorency. (Bibl. nat. Fonds Lang. t. xvi. f° 131 v°).

(2) « MM. de Toiras, des Plantiers, de Chavanon, de Fonta-« nille, de Saint Etienne, de Sauveplane, de la Roquette, de la « Bastide, de Viala, etc. ». A. de Pontbriant. Le capitaine Merle. op. cit. pp. 231 et 232.

Seul le vicomte Budos de Portes a un grand domaine ; mais ses possessions sont presque toutes extérieures au Gévaudan, où il ne réside pas ; il se fait représenter par un procureur aux Etats du Pays. Damville épousa, en secondes noces, sa fille Louise. (Désormeaux. Hist. de la Maison de Montmorency. op. cit. t. i. p. 82).

plat pays. Les représentants du Tiers-Etat (1) sont : le premier consul de Florac, les procureurs de Saint-Etienne-Vallée-Française, de Portes et de Barre. Si complète est la scission que, dès l'année 1563, (c'est-à-dire dès le début des Guerres de Religion en Gévaudan), « les séditieux et rebelles ont tenu une assem-« blée particulière à Florac (2) ». Les Etats Cévenols se réunirent en Juin 1588, à l'instigation de Damville (3).

Organisation ecclésiastique. — Cette situation politique et administrative des Réformés est en relations si étroites avec leur organisation religieuse, que le terme « église » est devenu synonyme de communauté. Dans ces localités, entièrement protestantes pour la plupart, le Conseil politique prête au Consistoire (4) un concours très actif. A Florac, les Consuls font le plus souvent partie du Conseil d'Eglise (5). Les diacres sont spécialement chargés de « l'entretien du « ministère et des deniers des pauvres » provenant surtout de dons ou « légats testamentaires » (6). « L'imposition pour le ministère » variait suivant l'importance des paroisses et la réputation des pas-

---

(1) Proc.-verb. des Etats du Gévaudan t. I. p. 247.

(2) Ibid. t. I. p. 35.

(3) Cf. plus loin, p. 204. Le syndic des Etats du Bas-Gévaudan était le sieur Barrau, réfugié de Marvejols, où il exerçait la charge de « greffier civil et notaire royal ». F. André. Doc. t. III. pp. 468 et 469. — J. Roucaute Doc. p. 106.

(4) On sait que les Consistoires correspondaient aux Conseils presbytéraux actuels.

(5) Les réunions du Conseil ont souvent lieu dans le temple, le dimanche « à l'issue du presche ». F. André. Doc. t. III p. 24.

(6) P. Arnal. L'Eglise Réformée de Florac avant la Révolution française. op. cit. p 20.

teurs. En 1593, elle sera, à Florac, de 166 écus, « de 60 sols pièce », soit environ 500 livres (1). A Barre, huit ans plus tard, elle ne sera que de 66 écus 40 sous(2). Les consuls ne pouvaient-ils tenir leurs engagements, le ministre en référait au Colloque, qui invitait le Consistoire à « règler les arrérages », et, sur son refus, pouvait même le priver de son pasteur, aussi longtemps qu'il n'aurait pas acquitté sa dette. Conformément à la « Discipline des Eglises Réformées de « France », plusieurs Consistoires constituent un Colloque. Primitivement réparties dans les trois Colloques de Barre, Saint-André et Saint-Germain, la plupart des Eglises du Bas-Gévaudan ne forment plus, à partir de 1581, qu'un seul Colloque, celui de Saint-Germain (3). Cette assemblée devait se réunir quatre fois par an. Recevant les appels des Consistoires, elle tâchait de mettre fin aux conflits entre fidèles et pasteurs. Echouait-elle dans ses tentatives de conciliation, elle en référait au Synode provincial, et, de là, (le cas était rare d'ailleurs), au Synode national, qui jugeait en dernier ressort. Jusqu'en 1612, le Bas-Gévaudan fera partie du Synode du Bas-Languedoc subdivisé en

---

(1) P. Arnal, op. cit. pp. 20 et 21. L'année suivante (24 janvier 1594), les Consuls passaient un traité avec le ministre Junin, et lui offraient 400 livres et ses frais de voyage pour se rendre aux Colloques et aux Synodes.

(2) « Convention entre les habitans de Barre et M. Brail, ministre ». Arch. Lozère. Série E. [non inventoriée]; de Tinel, notaire, registre de l'année 1601. f° 90 v° inédit. [17 juin 1601]. « L'entretènement » du ministre s'élève à « 66 escus, 40 sols et 20 charges de boys ».

(3) P. Arnal. ibid. pp. 28 et 29.

deux sections : la « Classe haute » ou Cévennes et la « Classe basse » (1).

Le Gévaudan méridional participe donc à l'organisation de cette « espèce nouvelle de République », dont parle de Thou, « séparée du reste de l'Etat, et
« qui a ses lois pour la religion, le gouvernement
« civil, la justice, la discipline militaire, la levée des
« impôts, l'administration des finances » (2).

II

Entre les régions extrêmes du diocèse de Mende l'opposition paraît complète. Toutefois les mobiles, auxquels cèdent respectivement le groupe des communautés ligueuses et celui des communautés protestantes, ne sont peut-être pas sans analogie.

A Nîmes et dans les villes du Bas-Languedoc, où domine la bourgeoisie industrielle, parlementaire et financière, se manifeste, vers 1588, à l'égard d'Henri de Navarre et de Montmorency, une certaine méfiance dont témoigne l'Assemblée de la Rochelle. Mais telle fut la fidélité des Protestants montagnards au Béarnais, bientôt devenu Roi de France, qu'ils en reçurent le surnom de « Rayols », les Royalistes ; le mot a

---

(1) P. Arnal. Ibid. pp. 30 et 31.
(2) L. Anquez. op. cit. p 17.

fait fortune (1). Quant à Damville, son allié, ils ne cessent d'affirmer leur attachement pour sa personne, leur soumission à ses volontés (2). Pour eux, en effet, le Maréchal est plus qu'un chef de parti. Par son mariage avec la baronne de Florac, Antoinette de la Mark, de la puissante famille des Bouillon, n'est-il pas devenu le plus riche seigneur du pays? Son influence s'était encore accrue dans les Cévennes par l'acquisition du riche comté d'Alais en mai 1575 (3). Hostiles aux Ligueurs, les Cévenols ne défendent pas seulement leur foi menacée ; cultivateurs et petits propriétaires ruraux, ils suivent les directions des Gabriac, des Barre et des Damville. — De leur côté, Saugues, le Malzieu, Saint-Chély, observent la même attitude politique que leurs seigneurs, les Mercœur, les Apcher. — En Gévaudan, les caractères primitifs de la Ligue catholique et de l'Union protestante ne se sont pas modifiés : dans ces deux groupes d'adversaires l'élément féodal et nobiliaire a toujours prévalu.

---

(1) Aujourd'hui encore, dans le département du Gard, on désigne les Cévenols par le terme « Rayols. »

(2) En juin 1588, ils déclarent formellement aux députés du Haut-Gévaudan que le duc de Montmorency est « le vrai et légitime gouverneur » ; aussi désirent-ils qu'il préside lui-même une séance où les délégués des deux assemblées « traiteront et « résoudront les articles qui concerneront l'exécution de la pa- « cification » du pays. (J. Roucaute. Doc. pp. 103 et 104.).

(3) Cf. Le dénombrement du comté d'Alais. P. Gachon. op. cit. p. 87 note 2. Cette précieuse acquisition avait permis à Damville d'avoir un procureur aux Etats de Languedoc, d'être au courant de ce qui s'y passait et de peser au besoin sur les décisions de l'Assemblée.

CHAPITRE III

Les Royalistes Catholiques

I. — Adam de Heurtelou, évêque de Mende, comte de Gévaudan, est le chef de ce parti nouveau. Son portrait, sa politique de prélat gallican dévoué à la Monarchie légitime.

II. — Relations d'Adam de Heurtelou avec Henri III.

III. — Adam de Heurtelou et les trois ordres du diocèse. — Les représentants des communautés du Gévaudan central jurent l'obéissance au Roi, le 14 juin 1589, un mois après la journée des Barricades.

I

Le nouveau parti royaliste et catholique eut pour fondateur et pour chef l'évêque Adam de Heurtelou (1), l'un de ces prélats gallicans qui mirent tout entière au service de la royauté leur grande influence en province.

Docteur en droit, abbé commendataire du Restauré (2), ancien prieur et seigneur d'Ispagnac (3), cha-

---

(1) Adam de Heurtelou était originaire de Sens. (Gallia christ. édit. 1870. t. I. p. 106).

(2) Abbaye de Prémontrés (diocèse de Soissons).

(3) Sur cette localité (chef-lieu de com. canton de Florac), située à l'entrée des Gorges du Tarn, et sur son prieuré de Bénédictins, Cf. F. André. Annuaire départemental de la Lozère ; append. histor. années 1874 et 1875. — En 1573, les deux rivaux à la charge de prieur consentirent à se désister en faveur de Heurtelou, moyennant quelques bénéfices d'un revenu de 500 livres dans les diocèses de Paris, Sens et Chartres (Cf. l'acte de désistement, Arch. dép. Lozère. Série E. Reg. not. Destrictis. année 1573. f° 47). Une bulle du pape Grégoire XII (25 mai 1573) lui confirma la possession de ce prieuré. « En 1578, il arrenta pour
« cinq ans ce bénéfice à Pons Destrictis, sieur de Garrejac,
« pour la somme de 1300 livres tournois, payable chaque année.
« Il se réservait, en outre, 100 setiers de vin du meilleur crû et
« deux douzaines de poules ou chapons. Le fermier devait se
« charger de l'entretien du curé, des 5 religieux et de tous les
« domestiques ». L'année suivante, Heurtelou reprit son béné-

PORTRAIT INÉDIT

D'ADAM DE HEURTELOU

ÉVÊQUE-COMTE DU GÉVAUDAN

1586-1608

[Original — Musée de la Société académique de la Lozère].

noine de l'Eglise cathédrale de Paris (1), vicaire général de l'évêque de Mende (2), Heurtelou succéda, en 1586, au célèbre Renaud de Beaune, nommé à l'archevêché de Bourges (3).

---

fice pour le résigner en faveur d'un clerc de Mende, André Issautier. Son neveu, le futur évêque de Mende, Charles des Rousseaux, fut prieur d'Ispagnac en 1597. — Arch. Lozère. H. 141.

(1) Arch. dép. Lozère. G. 251. Registre de Moutet. 30 décembre 1571.

(2) Ibid. série E. Reg. not. Destrictis. f° 182. 10 juin 1579.

(3) L'évêché de Mende était rattaché à la métropole de Bourges. Ce fut seulement en 1676 que l'évêché d'Albi, dont il fut dès lors le suffragant, fut érigé en archevêché.

Nommé à Bourges, Renaud de Beaune chercha à se « défaire « de son ancien évesché ». Il présenta d'abord pour son successeur « ung bon docteur de Sorbonne, M° Anthoine Tremblay, « lequel, pour sa vieillesse et indisposition, et pour la peur et « appréhension de la guerre qui a esté depuis 20 ans et est encore « audict païs, ayant sceu la ruyne de la ville [de Mende] et des « esglizes, les meurtres et saccaigemens des ecclésiasticques et « catholiques, n'a oncques voulu accepter cet évesché ». Et voici peut-être la vraie raison de son refus : « n'ayant d'ailleurs « aulcun moyen pour satisfaire aux frais que jusqu'icy, depuis « la prinse de la ville [par Merle,] m'a fallu faire, si gran« des pour conserver les places et païs, que quasi tout le bien « et reveneu y a esté employé ». Lettre de Renaud de Beaune... Bull. Soc. Lozère. année 1863. p. 33.

M. Saint-Jean de la Mortonie, originaire du Périgord, fit des propositions au prélat de Bourges par le capitaine Lambert. (28 février 1584.) (F. André. Doc. t. III. pp. 123-126). Cf. aussi « Co« pie des mémoires envoyés à Mgr l'Archevesque de Bourges « touchant l'évesché de Mende pour le seigneur Saint-Jean de « la Mortonie ». Ce dernier offrit à Renaud 10.000 livres de rentes pour la cession de son évêché de Mende. (Arch. dép. Lozère. G. 60). Mgr de Beaune n'accepta pas ces propositions. M.

Après plus de deux ans d'hésitations, dues surtout à la situation religieuse et économique du diocèse, Mgr de Beaune s'entendit enfin avec son vicaire général, le fit agréer d'Henri III et le proposa au choix des cardinaux (1). Le Concordat ayant conféré au Roi le droit de nomination aux évêchés vacants, le siège de Mende, à cause des riches revenus dont il était doté et des grands privilèges que lui avait reconnus le Paréage, ne fut confié, au XVI° siècle, qu'à des person-

---

de la Mortonie fut d'ailleurs sacré évêque de Limoges en 1587 ; son frère Geoffroy fut évêque d'Amiens. (F. André. Doc. t. III. p. 127).

(1) Lettre de Mgr de Beaune à M. le Cardinal de... pour lui recommander la nomination de M. l'abbé du Restauré à l'évêché de Mende (Bull. Soc. Lozère. année 1863. pp. 32-35). Cf. aussi une minute de lettre (sans signature) à M. de Villeroy sur le même sujet : « ..... plaise à M. de Villeroy faire « tant d'honneur à l'abbé du Restauré, messire Adam de Heur- « telou, docteur ès-droict, et nommé par le Roy à l'évesché de » Mende, prendre ceste peine que de voulloir escrire bien affec- « tionnément à nosseigneurs les cardinaux d'Est et de St-Es- « tienne pour leur tesmoigner le besoing très grand que les ha- « bitans de la ville et diocèse de Mende ont d'avoir un évesque ». Les commis du diocèse de Mende sont probablement les auteurs de cette requête. (Bull. Soc. Lozère. année 1863. p. 35). Adam de Heurtelou fut sacré à Paris, le 1ᵉʳ juin 1586, en présence de « tous les évesques de la province » qui furent « ses consécra- « teurs », et de « la plupart des princes et princesses de la Court « et autre grande companye ». Lettre d'A. de Heurtelou au bailli du Gévaudan, M. de Sabran. (Arch. dép. Lozère. G. 1797. — F. André. Doc. t. III. p. 223.) — Il fut reconnu évêque, à Mende, le 8 août suivant.

nages trés en faveur à la Cour (1) : Claude du Prat, frère du chancelier de François Ier, — Jean de la Rochefoucauld, oncle de l'abbé de Marmoutiers, — Charles de Pisseleu, ci-devant évêque de Condom et frère du prélat d'Amiens, — Nicolas d'Angu, jadis évêque de Séez, conseiller, maître des Requètes et chancelier du Roi de Navarre, — Renaud de Beaune, chancelier de feu le duc d'Anjou, — Adam de Heurtelou, ex-conseiller et premier aumônier de ce même prince, héritier présomptif de la Couronne.

Mais la tâche du nouvel évêque est tout particulièrement difficile. Les progrès de « l'hérésie calviniste » ont depuis longtemps jeté le trouble en Gévaudan, et la récente révocation des Edits de Tolérance a donné aux haines religieuses un renouveau de vitalité. Dans le Clergé, la désorganisation matérielle marche de pair avec la désagrégation morale. Il n'est pas jusqu'aux privilèges temporels de l'Evêché qui ne créent à Adam de Heurtelou de grandes entraves, en l'obligeant à intervenir directement dans le Procès de la Sénéchaussée.

Fort heureusement, le nouvel évêque n'était pas un inconnu pour ses diocésains. N'avait-il pas déjà fait ses preuves comme vicaire général de Renaud de Beaune, qui, toujours absent (2), lui avait confié l'administration épiscopale ?

---

(1) Hist. Lang. t. IV. pp. 391-398. Liste chronologique des Evêques de Mende dressée par M. Mabille.

(2) Les habitants de Mende reprochèrent à Renaud de Beaune de vivre toujours loin de son diocèse. Dans une requête présentée au prélat par leurs Consuls (fin de l'année 1583) on lit : « Ils

Un nez fin, une longue barbe, des yeux petits et vifs lui composaient une physionomie séduisante, au regard animé d'un vague sourire, indice d'une bonho-

---

« vous supplient très humblement, puisque, *depuis quinze ans,*
« qu'il a pleu à Dieu vous ordonner sur eulx pour prélat et
« pasteur, ilz n'ont peu jouir que durant *ung mois* du fruict de
« vostre présence, (*laquelle eust, par sa providence, zelle et*
« *bonne affection, destourné d'eulx l'oraige de tant de malheurs*
« *et tristes accidens*), — au moings qu'il vous plaise mainte-
« nant les secourir des moïens que Dieu a mis entre vos mains
« pour les distribuer en une si grande nécessité — [les consuls
« invitent ainsi R. de Beaune à participer au rachat de sa ville
« sur le capitaine Merle], — et mectre en considération l'obéys-
« sance qu'ilz vous ont tousiours rendue et à ceulx qui y ont
« commandé de vostre part, ayant contribué pour une portion,
« et porté sur eulx lesdictes charges *sans que vostre revenu en*
« *ait esté diminué*, quelque nécessité qui se soit présentée, *bien*
« *que, de droict, ilz vous en eussent peu requérir* ». (Arch. com. de
Mende. FF. 6. — F. André. Doc. t. III. p. 96. — Ibid. p. 101).
Renaud de Beaune jouissait de riches revenus :

L'évêché de Mende produisait...........	18.000 livres
Les abbayes de Court-Dieu, St-André et St-Gilles	10.000 »
Rentes sur la ville et recettes générales de Paris	4.000 »
Les maisons de Chateaubrun et d'Haray......	3.000 »
Le Prieuré de Grandmont...........	2.000 »
Total...........	37.000 »

(Arch. dép. Lozère. G. 58).

Adam de Heurtelou lui même blâme indirectement ses prédécesseurs : « Le long temps qu'il y a, écrit-il dans un mandement
« du 18 septembre 1587, que nos prédécesseurs n'ont faict au-
« cune résidence, *tant à l'occasion des troubles que pour estre*
« *appelés et retenous par le Roy en son Conseil*, a esté cause
« ensemble de l'occupation que faisoient les hérétiques de la
« plupart des villes et places de nostre diocèse, et que les ecclé-

mie légèrement malicieuse(1). Le contraste est complet entre la rudesse du ligueur montagnard, M. de Saint-Vidal, et la douceur toute ecclésiastique du prélat royaliste.

« siasticques pourveus de bénéffices ayant charge d'ames, et
« aultres, ont eu, à ceste occasion, peu de moïens de faire rési-
« dence en leurs dicts beneffices pour donner la pasture spiri-
« tuelle au peuple..... ». (J. Roucaute. Doc. p. 81). Pour Adam de Heurtelou, comme pour les Consuls de Mende, Nicolas Dangu et Renaud de Beaune, toujours absents de leur diocèse, sont, en partie, responsables des progrès de la Réforme en Gévaudan. (C. Porée. Le Consulat... de Mende, op. cit. p. 255).

(1) Le portrait à l'huile d'A. de Heurtelou, que possède le Musée de la Société d'Agriculture, sciences et arts de la Lozère, a été reproduit en tête du présent ouvrage. On y lit cette inscription, peinte en jaune : « Adamus de Hurteloup « aetatis suae 70. 1604 ». Lors de son élévation à l'épiscopat, en 1586, Adam de Heurtelou avait donc 52 ans.

En 1817, M. de Burdin, archiviste départemental de la Lozère, décrit un autre portrait du même évêque : « Il y a quelques
« mois, en restaurant un appartement à l'hôtel de la Préfecture
« (ancien Palais épiscopal) l'architecte a mis à découvert quel-
« ques peintures à fresques représentant les principaux évêques
« du diocèe, depuis St Privat(?) jusques à A. de Heurtelou, et qui
« décoraient une pièce située après la salle actuelle du Conseil
« général. Les mots *nunc praesulatus* de la légende qui entoure
« la fresque d'A. de Heurtelou et les armoiries (trois têtes de
« loup figurées sur les linteaux des croisées, parmi les rinceaux
« style Renaissance, prouvent que le portrait et les embellisse-
« ments de la salle datent de son épiscopat ». A. de Heurtelou était représenté de grandeur naturelle, portant toute la barbe. On y lisait les fragments d'une inscription : « A. de Heurtelo-
« veus, minimus in virtutibus ex predictis antecessoribus......
« nunc ecclesiae mimatensis praesulatus.... recuperanda majori

Aussi sa nomination avait-elle été impatiemment attendue ; car « il paraissoit capable, par son exem-
« ple et sa doctrine, de réduire la plupart du peuple
« ayant laissé la religion catholicque » et fermement résolu à s'intéresser en personne aux affaires spirituelles et temporelles du Gévaudan (1). Jean Burel, bourgeois du Puy, déclare, dans ses Mémoires, que
« Monsieur de Mende estoit homme fort sage et di-
« gne de sa charge, ayant la vertu et piété chrestien-
« nes (2) ». — « L'espérance que chascung prend de
« vous voir bientost parmy nous, lui avait écrit un de
« ses diocésains, nous faict déjà commencer de respi-
« rer après tant de malheurs, et nous rend comme as-

« parte suae eccl.... et heriticis vastata.... civitatibus Marologii
« [Marvejols]..... Malzaevii [Le Malzieu] et la Garde Guérin.....
« cum pluribus aliis locis... etc. ». de Burdin. Doc. hist.t.ı.p.72.
— Cette salle fut détruite, ainsi que tous les portraits des évêques de Mende, lors de l'incendie de la Préfecture, le 20 mai 1887.

(1) Les habitants du diocèse de Mende insistèrent auprès de Renaud de Beaune pour hâter la cession de son évêché à A. de Heurtelou. « Il ne pourra bailler ledict évesché à personnaige
« plus capable et à eulx plus agréable que ledict sieur abbé [du
« Restauré] pour le bon debvoir qu'il y a faict pendant qu'il a
« régi et administré ledict évesché ; ilz en ont eu bien grand
« contentement ; et quelque difficulté que ledict sieur abbé ayt
« faicte de l'accepter, cognoissant sadicte ruyne, les frais et
« despences qu'il fault faire au païs, et, en oultre le péril qui y
« est, ... enfin s'en est chargé et a baillé récompense audict
« sieur de Bourges ». (Arch. dép.Lozère.G. 38.-- F.André. Doc. t. III. pp. 139 et 140). Aussi accueillirent ils avec joie la nouvelle de sa nomination officielle ; ils contribuèrent même à « l'entier
« payement de ses bulles ». (Ibid. p. 136).

(2) Mem. de Jean Burel. op. cit. p. 493.

« surés du bonheur qui nous approche » (1). Cette confiance du troupeau en son pasteur ne fut pas étrangère au succès définitif de la politique de paix d'Adam de Heurtelou.

De telles prévisions n'étaient point trompeuses. S'il n'abusa pas des séjours à la Cour, ce n'est pas que l'accès lui en ait été difficile : car il jouissait de très hautes protections au Conseil Royal et même auprès de la Reine-Mère. Mais, à la différence de Renaud de Beaune, il « réside » (2). Heurtelou appartient à cette catégorie d'évêques languedociens, qui, « pasteurs des âmes, « prennent, dès leur institution, le souci des grands « intérêts temporels de leur diocèse » (3), (plus étroitements confondus en Gévaudan que partout ailleurs avec ceux de l'Evêché), et qui, bien que venus du dehors, ne tardent pas à se faire de leur nouvelle résidence une véritable patrie (4).

A l'égard des Réformés une politique modérée lui parait nécessaire, dès la ruine de Marvejols. Il indique

---

(1) Extrait d'une lettre d'un habitant de Mende datée du 14 février 1585. [La signature a été déchirée]. (Arch. dép. Lozère. G. 61. — F. André. Doc. t. III. p. 137).

(2) « Depuis l'an 1545 que messire Nicolas Dangu, maistre « des requestes et chancelier de Navarre, feust traduit de l'évesché de Séez à celui de Mende, jusques en l'an 1586 que messire Adam de Heurtelou en feust pourveu, il n'y eust point d'évesque résidant dans le diocèse ». (Arch. dép. Lozère. G. 282. — C. Porée. Le Consulat... de Mende. op. cit. p. 255.)

(3) P. Gachon. Les Etats de Languedoc. op. cit. p. 4.

(4) Tels les Elbène à Albi, les Bonzi à Béziers, les l'Estang à Carcassonne ; à A. de Heurtelou succèdera son neveu et vicaire général, Charles des Rousseaux.

nettement sa ligne de conduite à leur égard dans une lettre adressée au Roi, le 25 mars 1587 (1) : « Le « trophée de Monseigueur de Joyeuse… a produit de « si salutaires effects(2), qu'environ 800 à 1000 person- « nes de toutz estatz de mes diocésains sont, par le « vouloir divin, retournées à l'obéissance de l'Esglize « de Mende et de vostre Magesté, par une pénitence « publicque et grande contrition de leurs fautes ; et « n'ai plus qu'à militer des armes spirituelles qu'il a « plu à Sa divine Magesté et à la Vostre, me commet- « tre par deçà ». Sa nomination avait été pour le pays une promesse d'apaisement et de sécurité.

Justement préoccupé de restaurer l'état ecclésiastique du Gévaudan, il créa au Malzieu une lieutenance de son official, destinée à relever le niveau moral de son Clergé (3). — Protecteur des biens des Réguliers

---

(1) Lettre d'A. de Heurtelou à Henri III. (Arch. dép. Lozère. G. 1797. — F. André. Doc. t. III. p. 304).

(2) Au point de vue religieux.

(3) M. Syméon, bachelier en théologie et curé du Malzieu, est « commis et institué lieutenant en l'officialité [de Mende] ès-« endroictz cy-dessus (Le Malzieu, St-Chély, St-Alban, Saugues, « Terre de Peyre, Serverette, Marvejols, etc.) [Il devra] infor-« mer des abuz et mauvaise vye des ecclésiasticques, ensemble » des contraventions à l'observation des Saincts Conciles de « Trente, provinciaux, et nos statuts synodaux, tant contre tou-« tes personnes ecclésiasticques à bénéfices, (soient prieurs, « curés, chapelains), que aultres, et aussi contre les Religieux, « (soient des mendians que des aultres ordres, en cas que les « Pères, gardiens et prieurs conventuels n'y voulussent pour-« veoir et remédier, et les personnes séculières… ». Mandement d'Adam de Heurtelou créant une lieutenance de son official au Malzieu. (J. Roucaute, Doc. p. 83).

établis dans son diocèse, (qu'il veut aussi défendre contre l'influence ultramontaine), il résiste avec énergie aux tentatives faites par les Jésuites de Rodez pour mettre la main sur le monastère bénédictin de Saint-Sauveur-lès-Chirac (1). — Seigneur temporel doté d'une cour de justice particulière et d'un tribunal qu'il entretient en commun avec le Roi, il ne cesse de s'opposer aux empiètements des officiers de la nouvelle Sénéchaussée (2). — A l'influence dont a toujours joui l'Evêque-Comte de Gévaudan, de beaucoup le plus riche propriétaire du pays, Heurtelou unissait donc les solides qualités d'un prélat tout dévoué aux intérêts de ses diocésains (3) ; la double nature de sa

---

(1) L'important Collège des Jésuites de Rodez convoitait les revenus du Prieuré Bénédictin du Monastier. Déjà, en 1580, le Collège de St-Sauveur avait été « uni » à celui de Rodez. Après l'expédition de Joyeuse, les Jésuites firent valoir la ruine du Prieuré et la nécessité de sa suppression. Le pape Sixte-Quint fulmina une bulle d'extinction des « 12 places monacales du Mo-
« nastier » et nomma l'évêque de Rodez, François de Corneilhan, commissaire pour l'exécution de ladite bulle (3 décembre 1587). Les Jésuites prirent possession du Monastier le 1er mai 1588 ; d'où procès avec les Bénédictins soutenus par Adam de Heurtelou. Sur cette affaire (qui accentua encore l'opposition du Gévaudan et de son prélat royaliste au Rouergue et à son évêque ligueur), Cf. J. Daudé. Recherches historiques sur le Monastier. op. cit pp. 131-171. — Bull. Soc. Lozère. année 1855 pp. 89 sqq. — Arch. Dép. Lozère. H. 134.

(2) Cf. plus haut. p. 116. sqq. Le Procès de la Sénéchaussée.

(3) Aussi, au xviiie siècle, le P. Louvreleuil écrira-t-il : « La mémoire [d'A. de Heurtelou] est en vénération par rapport « à son zèle pour la conversion des hérétiques et sa charité très « libérale envers les pauvres qui le nommaient le *bon évêque* ».

*

charge assurait à cet évêque, également préoccupé de la vie matérielle et religieuse de la Comté, un rôle politique prépondérant.

II

Quel puissant auxiliaire pour la monarchie en Gévaudan ! Pour lui, la victoire du clergé gallican est inséparable de celle de la Royauté. La Ligue, inspirée par la Papauté, foule aux pieds la discipline ecclésiastique et les privilèges de l'Eglise de France ; elle admet même une intervention étrangère : la foi patriotique d'un Heurtelou s'en indigne. Seul, le succès définitif de la Couronne donnera enfin la paix au pays, ruiné par vingt-cinq années de guerres civiles, dont il peut, mieux que tout autre dans son pauvre diocèse montagnard, saisir sur le vif les tristes effets.

Aussi J. de Thou, de passage dans le diocèse de Mende, fut-il reçu « avec cordialité » par ce prélat; « il est, déclare-t-il (1), d'une grande exactitude pour

---

Louvreleuil. Mém. hist. sur le Gévaudan. op. cit. édit. princeps. p. 20. — Cf. (Bull. Soc. Lozère, année 1863, p. 42), la mention des dépenses personnelles faites par Heurtelou pour dégrever son diocèse.

(1) Mém. de J. de Thou. op. cit. livre IV. pp. 638 sqq.

« tout ce qui regarde son ministère, d'une fidélité
« inviolable pour le service du Roy et pour tous ceux
« qui suivent le parti de Sa Majesté ». Le prudent
évêque n'avait-il pas écrit à Henri III, dès le 25 mars
1587 (1) : « Sire, il y a grand bruict du remuement
« de la Ligue... Pour Dieu, qu'il plaise à vostre Ma-
« jesté nous faire entendre son bon vouloir et com-
« mandement, pour certaines importantes considéra-
« tions et éviter les surprises de cette ville [de Mende]
« de laquelle despend tout vostre païs de Gévaudan.
« Car tous ses habitans et citoyens, vos bons subjects,
« ont juré entre mes mains de vivre et mourir en l'o-
« béissance de vostre Majesté, comme ils doibvent
« employer leur vye pour empescher de telles entre-
« prises ». Heurtelou affirmait ainsi son attachement
à la royauté légitime.

III

Au milieu de la désorganisation générale, l'Evêque
avait seul une action assez forte, une attitude assez
précise, pour imposer sa politique à la majeure partie
de ses diocésains (2).

---

(1) Arch. Lozère. G. 1797. — F. André Doc. t. III. p. 306.
— J. Roucaute. Doc. p. 71.

[2] Les deux tiers du Gévaudan restèrent toujours soumis à Henri III.

La plupart des membres du clergé ne manifestèrent aucune opposition à leur chef. Le procès des Jésuites de Rodez (1), au sujet du monastère de Chirac, contribua sans doute à assurer à la Royauté l'appui, ou tout au moins la neutralité des ecclésiastiques réguliers. Souffrant également de la ruine du Gévaudan, moines et curés de campagne cédaient volontiers aux tendances pacifiques qu'elle leur imposait.

Des circonstances particulièrement favorables permirent à Heurtelou de gagner à sa cause l'un des plus grands seigneurs du pays. Grâce à son influence personnelle, un « baron de tour », le comte Marchastel de Peyre, dont la famille avait toujours été l'appui du Calvinisme dans le Haut-Gévaudan, se convertit, en 1588, à la religion catholique (2). Il devait trop au prélat pour se jeter dans la faction adverse. M. de

---

(1) Cf. plus haut, p. 193 note 1.

(2) François Astorg de Peyre, gentilhomme ordinaire de la Chambre du Roi, fut une des victimes de la St-Barthelémy; il ne laissait qu'une fille en bas âge, Philippe de Peyre, qui mourut quelques années plus tard. Son frère cadet, Geoffroy Aldebert de Marchastel, sollicita la prise de possession de tous les fiefs appartenant à Astorg. Mais la veuve de ce dernier fit opposition. Marchastel ayant « abjuré l'hérésie », le 5 novembre 1588, entre les mains d'A. de Heurtelou, fut reconnu baron de Peyre et reçu, à ce titre, trois semaines plus tard, aux Etats particuliers, où aucun Peyre n'avait paru depuis les débuts de la Réforme en Gévaudan. Aussi entretint il de bonnes relations avec Adam de Heurtelou. (Prunières. L'ancienne baronnie de Peyre. Bull. Soc. Lozère. année 1866. t. I. pp. 510 sqq. ; t. II. pp. 159 sqq.)

Saint-Alban, commis des nobles, eut une attitude analogue. Ces deux seigneurs furent, pour Heurtelou, de précieux collaborateurs.

Lasses des luttes civiles, les communautés du Gévaudan central sont peu disposées à s'insurger contre la Couronne. Le triste spectacle que le Gévaudanais a sous les yeux : son village désert, son champ inculte, sa famille décimée par la peste et les bêtes féroces ! Ruiné par les excès de l'armée de Joyeuse et des compagnies de Saint-Vidal, privé de toute justice par la multiplicité même des juridictions rivales, il aspire à l'apaisement. Docile aux directions éclairées d'un évêque populaire, il comprend enfin ses véritables intérêts. Les promesses des Seize étaient toutes pour les villes. Les chefs de la Ligue berçaient le paysan de vagues paroles (1), auxquelles les rusés et pratiques montagnards se montrèrent insensibles : la prudente politique du prélat leur parut offrir des garanties autrement sûres de relèvement.

D'ailleurs, pour un grand nombre, Heurtelou n'est pas seulement l'Evêque, le président des Etats, il est aussi le seigneur direct, le propriétaire de la Terre Episcopale qu'ils cultivent et habitent, ce qui leur a valu de très réels privilèges financiers (2). Badaroux, Mende, Balsièges, Chanac, le Villard, bourgs

---

(1) Dans le manifeste de Péronne, les Seigneurs jurent « de « tenir la main forte et armée à ce que..... le peuple soit soulagé, « les nouvelles impositions abolies et toutes crues ostées depuis « le règne de Louis XII ». E. Lavisse et A. Rambaud. Hist. gén. t. v. p. 158.

(2) Cf. plus haut, pp. 107 et 108.

ou villages épiscopaux échelonnés le long des rives fertiles du Lot, n'ont jamais pactisé avec l'Union depuis sa rupture avec Henri III.

Pas plus que les Ligueurs et les Réformés, les Royalistes catholiques n'échappent donc aux directions immédiates des seigneurs les plus puissants de leur région. Au nord, ceux-là sont soumis au baron d'Apcher; au sud-est, ceux-ci sont les alliés fidèles de Damville; mais, dans le Gévaudan central, ce seigneur est l'Evêque lui-même, le conducteur spirituel de tout le pays, son ancien souverain, presque l'égal du Roi. Apcher s'éloigne parfois du Gévaudan ; Damville n'y vient jamais. Rompant avec la tradition suivie par ses prédécesseurs, Heurtelou « réside » ; et sa présence, en assurant la continuité à ses directions, a certainement hâté le succès de sa politique : les représentants des communautés du Gévaudan central jurent l'obéissance au Roi, le 14 juin 1588, un mois après la Journée des Barricades (1).

---

(1) « Extrait de la délibération prinse en l'assemblée des « Commis, syndic et députés des gens des trois estatz du païs « de Gévauldan, en laquelle la plupart des Consuls des villes et « aultres qui ont voix auxdicts Estatz ont adsisté, — présidant en « ladicte assemblée très révérend père en Dieu, messire Adam, « évesque de Mende, comte de Gévauldan, — tenue audict « Mende, dans la salle des maisons épiscopales de ladicte ville, « le 14ᵉ jour du mois de juin 1588 ». Arch. dép. Lozère C. 814. F. André. Doc. t. III. p. 390).

CHAPITRE IV

Alliance des Réformés Cévenols et des Royalistes Catholiques
Le Parti Royaliste

I. — Montmorency-Damville. — Sa politique en Gévaudan. — Ses relations avec Adam de Heurtelou, évêque de Mende.

II. — Tentative de réconciliation des Réformés et des Catholiques Royalistes (juin 1588). — Intervention de M. de Rochemaure, intendant de Damville. — Propositions faites à « MM. des Estats du Hault Gévauldan » par les Etats Réformés du Bas Gévaudan. — Réponse des Commis et Syndic du Haut Gévaudan.

III. — Rupture des relations entre les deux partis. — Attitude de Damville à l'égard des Royalistes catholiques. — Echec relatif de cette première tentative.

IV. — Retour en grâce de Montmorency-Damville. — Alliance des deux Henri. — Apaisement des passions religieuses en Gévaudan. — Motifs d'entente entre les Réformés et les Catholiques Royalistes. — Révocation de M. de Saint-Vidal. — Restauration de Marvejols. — Le Gévaudan observe la « Tréve des Maréchaux ».

V. — Contraste entre cette attitude pacifique et la surexcitation des haines politiques et religieuses qui, dès la mort d'Henri III, sévissent dans la plupart des provinces de France. — Avènement d'Henri IV. — Entente entre les « personnes notables » du diocèse de Mende pour l'établissement de la paix. — Leurs décisions sont soumises à l'approbation de Damville. — Réponse du Gouverneur.

VI. — Adam de Heurtelou assure Henri IV de sa fidélité à la royauté légitime et de ses bons rapports avec Damville (19 septembre 1589). Il le presse de se convertir au Catholicisme. — Présence des députés du Gévaudan aux Etats royalistes de Languedoc (Béziers, septembre 1589).

VII. — Les Etats particuliers du Pays de Gévaudan (Chanac, novembre 1589). — Présence de la plupart des députés, au nombre desquels figurent ceux des Cévennes. — Ils jurent tous fidélité à Henri IV et à Damville.

I

Tandis que les Ligueurs vivent à l'écart au Nord du diocèse, les Royalistes catholiques entretiennent avec les Réformés cévenols de pacifiques relations auxquelles préside Montmorency-Damville (1).

Catholique sceptique en un temps où l'ardeur de la foi était sans cesse stimulée par l'acuité des haines religieuses, le Maréchal combattit le plus souvent dans les rangs huguenots. A vrai dire, sous le manteau du bien public, il ne travaillait guère que pour lui seul : son intérêt immédiat exigeait-il une alliance avec les Protestants, il n'hésitait pas à faire à leurs propositions un accueil favorable, et parfois même consentait à subir de leur part certaines humiliations (2) ; lui commandait-il au contraire une rupture, il les abandonnait aussitôt, souvent décidé à les combattre (3). Mais son hostilité contre les Joyeuses et les

---

(1) Henri I de Montmorency-Damville fut Gouverneur de Languedoc de 1563 à 1614.

(2) J. Roucaute. Lettres de Damville. op. cit. p. 6.

(3) Dès la première année de son gouvernement, il fit preuve d'une grande sévérité pour les Religionnaires qui « se plaigni-

Guises l'avait définitivement rejeté du côté des Réformés (1). Grand seigneur, jaloux de ses prérogatives presque royales, plus administrateur que soldat, Henri I de Montmorency était doué d'un sens politique très sûr, lui permettant de louvoyer heureusement et de se jouer au milieu des situations compliquées (4). Son attitude en Gévaudan pendant sa disgrâce prouve la flexibilité toute diplomatique de son caractère.

Profitant de la scission qui s'est produite dans le parti catholique, il s'applique à hâter l'alliance des Religionnaires cévenols et des Royalistes du Gévaudan central. Non que de telles négociations soient aisées. N'est-il pas, lui, prince catholique, le seigneur d'une partie et même l'allié de tous les Réformés du diocèse de Mende ? Aussi, prévenant toute objection de la part de l'Evêque-comte, lui a-t-il écrit, dès le 16 juillet 1587 (3) : « Je serais très aise de tascher, par « quelques conférences, de ramener au giron de « Saincte Mère Esglize ceux de la R.P.R. *si cela pou-« voit apporter quelque ouverture à la paix publicque* » (rappelant ainsi le caractère exclusivement

---

« rent de voir l'édit de pacification (la paix d'Amboise) rester « lettre morte entre ses mains ». (J. de Thou.) — Charles IX lui-même modéra son ardeur. (Bibl. nat. mss. fr. 3185 p. 80. — 3194. p. 43. — 3202. p. 53. — Hist Lang. t xii. p. 109 ; — Ibid. Preuves n° 277).

(1) Cf. plus haut, p 43.
(2) Cf. le portrait tracé par Brantôme. Les Grands capitaines français. Edit Lalanne. t. iii. p. 363.
(3) J. Roucaute. Lettres inédites de Montmorency-Damville. Montpellier. 1894 pp. 13 et 14. (Arch. Lozère. G. 61).

laïque de sa politique). « Mais, ajoute-t-il, il y a fort
« peu d'apparence que ceste guerre procède de la di-
« versité des religions ». (Jamais jugement plus juste
ne fut porté sur les luttes de cette époque). « C'est à
« l'estat du Royaulme, aux princes du sang, aux fidè-
« les subjects du Roy qu'on s'attaque, non à la Reli-
« gion de Calvin. A quoy, oultre l'intérest particulier
« que j'y ay, ma qualité et le rang que je tiens en
« France m'obligent d'employer tous mes moyens pour
« le service de Sa Magesté, manutention de sa cou-
« ronne et de ses bons subjects ». Evitant de s'alié-
ner les Royalistes catholiques, il rappelle au prélat
qu'il a « conservé les évesques et aultres personnes
« ecclésiasticques dans les pays de [son] obéyssance
« en toute asseurance et exercice de la Religion avec
« jouissance de leurs biens... Ceulx qui se sont reti-
« rés de l'obéyssance du Roy et de [son] commande-
« dement n'ont pas mieulx faict pour leurs pauvres
« Esglizes » ; et ne négligeant pas les arguments *ad
hominem*, il l'informe qu'il a commandé le maintien
de son bénéfice de Saint-Martin-de-Lansuscle (1),
dans les Cévennes, « comme en tout aultre endroict,
« il luy fera tousiours paroistre les effects de sa bonne
« volonté ».

---

(1) Aujourd'hui petite commune du canton de Saint Germain-de-Calberte (arr. de Florac), Saint-Martin de-Lansuscle, sous l'Ancien Régime, appartenait à la Terre épiscopale. Cf. sur les droits de l'Evêché dans cette paroisse cévenole. Arch. Lozère. G. 645 à 665.

II

A la faveur d'une trêve de labourage conclue avec Joyeuse en avril 1588, Damville délègue en Gévaudan son « intendant de justice », M. de Rochemaure (1), le chargeant d'amener M. de Saint-Vidal, qui proteste encore officiellement de sa fidélité à Henri III, à s'entendre avec lui en vue de l'établissement d'une paix définitive, « soubz le bon plaisir du Roy ». L'intendant se rendit à Mende, où il s'entretint avec l'évêque et les commis des affaires du diocèse, et, de retour à Florac, y « fit assembler ceulx de la nouvelle religion » (Juin 1588 (2).

---

(1) M. de Rochemaure fut accompagné à Mende du « sieur « Jourdain, depputé des habitans de Maruéjols, retirés à Flo- « rac » depuis la prise de cette ville par Joyeuse en septembre 1586. Les Commis du diocèse leur firent des propositions qui ne furent pas agréées par les Cévenols, à en juger par ces quelques mots : « lesdicts de la nouvelle opinion de Maruejols se « debvroient contenter des justes et apparentes raisons derniè « rement proposées au sieur Jourdain, leur depputté, en la pré- « sence du sieur Rochemaure, envoyé de la part du seigneur « de Montmorency ». On n'a aucune donnée précise sur ces propositions. (J. Roucaute. Doc pp. 107 et 108).

(2) Ibid. p. 102.

Les Etats réformés du Bas-Gévaudan consentirent à la paix, mais à quatre conditions nettement spécifiées dans les articles (1) qu'ils communiquèrent à « MM. « des Estats du Hault-Gévauldan » : 1° la ville et le château de Chanac (2), propriétés épiscopales, seront cédés aux habitants de Marvejols qui pourront y pratiquer librement leur culte ; 2° le gouvernement de cette place, qui commande la seule route reliant Marvejols aux Cévennes, sera confié à un gentilhomme choisi par Damville, le plus « agréable possible aux « deux partis » ; 3° le Haut-Gévaudan indemnisera les Réformés de Marvejols pour les pertes très graves que leur a causées l'armée de Joyeuse ; 4° les deux assemblées, « d'une commune main, supplie- « ront M. de Mende, (*lequel tous, d'ung parti et de « l'aultre, recognoissent et respectent comme comte « de Givauldan, désirant lui rendre très humble « service en tant que la liberté de conscience le leur « permet*), de vouloir accommoder, par prest, les habi- « tans de Marvejols de la quantité de cinq cens ces- « tiers de bled, qu'ils luy rendront, la moitié dans ung « an, et l'aultre au bout d'ung aultre » ; afin d'assurer l'observation de la paix, elles députeront vers Damville « chascune d'elles ung ou deux gentilshom- « mes ou aultres de qualité honorable », qui traiteront en sa présence et sous son commandement les points laissés dans l'ombre, « en particulier pour le faict de

---

(1) J. Roucaute. Doc. pp. 102 à 106. — Arch. Lozère. C. 814.

(2) Chanac, sur le Lot, commandait la seule route permettant aux Cévenols d'aller directement à Marvejols, sans passer par Mende.

« la justice », afin qu'à l'avenir toute cause de conflit ayant disparu, « les habitans du Hault et Bas-Gi-
« vauldan, réunis soubz un ferme et asseuré repos,
« puissent laisser à leurs enfans un héritaige de très
« humble dévotion et obéissance à Dieu, de fidélité au
« Roy, *leur naturel et légitime prince*, et d'amitié
« fraternelle des ungs aux aultres ».

Consentir à toutes ces demandes, c'eût été désavouer l'expédition de Joyeuse, dont les conséquences religieuses et politiques avaient été si favorables au prélat et aux catholiques du Gévaudan central, et préparer dans ces hautes régions la restauration du parti réformé. Aussi la réponse (1) des représentants du diocèse, inspirée par Adam de Heurtelou, ne donna-t-elle aux Protestants qu'une demi satisfaction : 1°
« Les habitans catholicques de ce païs sont très dis-
« posés à mettre la souvenance du passé soubz le
« pied et l'ensevelir comme chose non adveneue ».
Mais ils refusent Chanac aux Huguenots « qui se
« contenteront de la seurté que l'assemblée leur offre
« de la protection et sauvegarde tant du Roy que de
« l'Estat du païs. Il ne sera ni méfaict, ni médict aux
« personnes de Maruéjols... ni à leurs biens », à la condition toutefois qu'elles vivent paisiblement dans cette ville, « en l'obéissance et fidelité qu'elles doibvent
« à Dieu, sans aucun exercice de la nouvelle religion,
« ni port d'armes, ni assemblées, ni entreprinses
« quelconques et encore soubz le bon plaisir du Roy
« et non aultrement ». Sa Majesté sera mesme suppliée de leur accorder main-levée de leurs biens. 2° M. de

---

(1) J. Roucaute. Doc. pp. 106 à 112.

Saint-Alban, commis des nobles et gouverneur de Marvejols, sera « prié et requis de se tenir en ladicte « ville pour sa conservation » et d'y veiller personnellement au maintien de l'ordre. — 3° Dans le cas où les habitants de Marvejols désireraient se fixer définitivement dans les Cévennes, pourvu qu'ils y vivent « sans aulcune course, ny pillerie, soict de leur part « ou de celle des Cévenols, ils jouiront de leurs biens « par affermes et arentemens en vertu de la main- « levée que le syndic du païs requerra de sa Majes- « té ». Mais, de leur côté, les ecclésiastiques jouiront paisiblement de leurs bénéfices et biens temporels et payeront les décimes au receveur ordinaire du diocèse, « tant au Bas-Givaudan qu'en tous aultres en- « droicts du Hault-Givaudan sans aulcune contra- « diction ny empeschement ». La garnison que Damville jugera nécessaire à Florac sera, comme les autres corps de troupes établis dans le pays, entretenue sur les deniers perçus par le receveur particulier du diocèse. — 4° Quant aux avances sollicitées par les malheureux fugitifs, Adam de Heurtelou est tout disposé à y consentir ; non seulement il leur prêtera les cinq cents setiers demandés, mais il les leur donnera, « ainsi que toutes les aultres choses dont ils le re- « querront », si toutefois ils reconnaissent leur erreur et se convertissent à la religion catholique. « Alors il « les embrassera, les recevra comme ses propres en- « fans spirituels, et les laissera en sa ville de Mende, « comme il a faict d'une bonne partie de ceulx du « dict Maruéjols, qui sont venus à conversion, ou « bien en sa ville et chasteau de Chanac, à leur « choix ».

III

Les Réformés n'ayant pas favorablement accueilli cette réponse, les négociations furent, pour quelque temps du moins, interrompues. C'était un échec pour Montmorency ; mais il se garda bien de témoigner de son mécontentement à l'évêque et aux commis du Haut-Gévaudan. Au contraire ; il se hâta de les rassurer sur ses intentions personnelles : (1) « Vostre « attitude, leur écrit-il le 27 juin, sera tousiours jugée « comme très raisonnable ; nul ne pourra jamais s'en « offenser ». Il se fait fort de maintenir en paix les Cévenols ; car il leur « ostera les moyens de tenter « quelque agression par le choix qu'il fera de per- « sonnes d'honneur pour les commander, avec pou- « voir de se faire obéir soubz son commandement ». Elargissant son sujet, Damville fait ensuite une véritable déclaration de principes, où se révèlent tout à la fois l'habileté du diplomate et la morgue du gouverneur se réclamant de son titre de « fils du plus « honorable officier de la Couronne et premier offi-

---

(1) J. Roucaute. Lettres inédites de Montmorency-Damville. op. cit. pp. 15 et 16.

« cier de France » (1), — défi indirect à l'adresse de son heureux rival, Joyeuse. Il ne permettra pas que son gouvernement soit « travaillé par la calamité pu-
« blicque, par la rébellion au Roy et la désobéissance
« qu'on voit tous les jours paroistre en divers lieux.
« Je veux, déclare-t-il, employer toute ma vie et tous
« mes moyens pour le service de sa Majesté... Toute
« l'auctorité que j'ai du Roy, j'en userai tousiours pour
« l'obéissance de ses commandemens et des miens,
« qui ne sont et ne seront jamais aultres que sa
« volonté ». Mais, à deux reprises, il proteste de son intention de « n'altérer en rien » l'état du Gévaudan. « Vous pourvoirez à vos affaires, selon
« que vous penserez estre de votre bien... Je n'ay
« jamais voulcu toucher à la domination de l'Esglize
« catholicque, apostolicque et romaine, de laquelle j'ai
« tousiours faict et ferai toute ma vye profession, à
« l'exemple de mes prédécesseurs ». Affirmer ainsi ses sentiments royalistes et catholiques et son respect des libertés du Pays, n'était-ce pas calmer d'avance toutes les inquiétudes du prélat gallican et des habitants du Gévaudan central ?

Aussi cette première tentative ne fut-elle pas complètement infructueuse. N'avait-elle pas permis, entre Heurtelou et Damville, — les deux chefs des factions royalistes, catholique et réformée, — un échange de vues qui prouvait tout au moins leurs intentions pacificatrices ? Si les Catholiques ne se sont pas encore récon-

---

(1) Allusion au titre de Connétable dont fut honoré son père, Anne de Montmorency, en 1538.

ciliés avec les Huguenots, ils consentent cependant à les laisser vivre en paix dans les Cévennes et désirent la création d'un *modus vivendi* assurant à tous, ecclésiastiques et Réformés, la libre jouissance de leurs biens.

Les graves évènements de la fin décembre 1588 et des premiers mois de l'année 1589 hâteront l'union des Protestants et des Catholiques royalistes sous l'autorité de Montmorency rentré en grâce. Les influences combinées de l'Evêque de Mende et du Gouverneur de Languedoc assureront, en Gévaudan, le triomphe définitif de la cause du Béarnais devenu Roi de France.

V

Par le meurtre des Guises, Henri III s'était créé la plus fausse des situations : s'il rompait avec la Ligue, c'était pour se trouver en présence de deux partis animés à son endroit d'une égale méfiance, les Réformés et les Politiques. De leur côté, le Roi de Navarre et Damville ne pouvaient que douter de la confiance inspirée par eux à leurs alliés : l'assemblée de La Rochelle, — cette contrefaçon protestante des Etats de Blois, — leur en avait récemment fourni les preuves les plus évidentes ; toute la chaleur de son éloquence persuasive avait été nécessaire au Béarnais pour assurer l'unité du « parti de la Cause » menacé d'une complète désorganisation. Mais les Eglises lui avaient imposé, ainsi qu'à Montmorency, le contrôle d'un conseil nommé par elles. Cette analogie de situations, très favorable au retour en grâce du Maréchal, hâta l'union définitive des deux Rois.

La réconciliation de Damville avec son souverain, déjà préparée pendant la tenue des Etats Généraux, fut officiellement consacrée par des lettres (1) datées de Blois, le 2 Mars 1589, apologie de la politique du Gouverneur. L'attitude d'Henri III à l'égard de la Ligue devenait chaque jour plus nette. Par un édit signé à Blois (février), il exhorte les villes rebelles à « rentrer dans le devoir » et fixe le 15 avril comme limite extrême de leur insoumission. A cette date, il déclare, par l'édit de Tours, Mayenne et tous les habitants des cités ligueuses « atteins du « crime de lèse majesté » et autorise la confiscation de leurs biens. Dès le 3 Avril, il avait signé, avec l'envoyé du Roi de Navarre, un traité secret d'alliance, sous la forme d'une trêve d'un an, bientôt rendue publique à cause du refus de Mayenne de suspendre les hostilités. Les deux souverains et leurs troupes ne tardèrent pas à se réunir au Plessis-lès-Tours pour marcher sur Paris.

Une évolution analogue dans les relations des partis se produisit, vers la même époque, en Gévaudan. Les hostilités y cessent presque complètement pen-

---

(1) Hist. Lang. t. XII. Preuves n° 423.

dant la première moitié de l'année 1589. Tandis que les Ligueurs se séparent d'Adam de Heurtelou, Réformés cévenols et Catholiques royalistes se font peu à peu à l'idée d'une alliance dans l'intérêt du Royaume et surtout du Gévaudan. Les malheurs de la guerre civile avaient atténué la violence des haines religieuses ; dans ce pauvre pays de montagnes, des raisons d'ordre tout matériel imposaient à ses habitants, soucieux de leur bien-être, une attitude pacifique. D'ailleurs, si quelques dissentiments les divisent encore, si l'attaque soudaine d'un château ou d'un village par une bande de pillards (1) les tient en éveil, l'atteinte portée aux privilèges judiciaires et administratifs du Gévaudan par le maintien d'une Sénéchaussée, dont les officiers se sont déclarés pour la Ligue, vexe également les Catholiques royalistes et les Protestants (2) ; dans cette haine commune de l'institution nouvelle ces partis puisent de sérieux motifs de pacification et d'entente. — Enfin les Cévenols n'ont-ils pas formellement déclaré leur sincère désir de rendre à Adam de Heurtelou « le très « humble service » qui lui est dû en sa qualité de Comte de Gévaudan, affirmant ainsi leur reconnaissance du pouvoir temporel du Prélat de Mende ? (3)

---

(1) Une troupe de Réformés s'était emparée, par surprise, de la petite place de Chirac ; mais ils la cédèrent aux Catholiques en échange de 1500 livres. (février 1588). F. André. Doc t. III. p. 360.
(2) Les Huguenots avaient toujours protesté contre l'érection de la Sénéchaussée de Mende. Cf. plus haut, p. 177, note 1.
(3) Cf. plus haut, p. 205.

Deux faits marquent pour le Gévaudan le début de temps nouveaux : la déchéance de M. de St-Vidal et la restauration de Marvejols.

La révocation (1) du Sénéchal infidèle (succès personnel pour Heurtelou) suivant de quelques mois à peine la restitution à Damville de ses anciens titres et honneurs (2), n'est-ce pas, pour les Gévaudanais, le signe le plus clair du retour du Roi à une politique en tous points conforme à leurs aspirations ?

L'Assemblée de l'Union royaliste, convoquée à Nimes par Montmorency, avait déclaré, le 29 mars, se soumettre au Roi de Navarre et reconnu la nécessité d'assurer aux fugitifs de Marvejols des secours et un lieu de retraite (3). Chacun des trois diocèses de Montpellier, Nimes et Uzès fournit même 500 écus à M. de Montpezat (4), chargé de présider, au nom de Montmorency, à la réparation de la cité royale. « Ledict sieur se transporta en la ville avec quelques « troupes et fit des retranchemens tant à l'Esglize « des Prédicateurs qu'aux maisons réservées ».

---

(1) 15 juillet 1589 ; trois mois et demi après son adhésion solennelle à la Ligue. F. André. Doc. t. III. p. 488.

(2) 2 mars 1589,

(3) Cette requête fut favorablement accueillie par Damville. Ménard. Hist. de Nimes. t. v. preuves. p. 191.

(4) Seigneur de Colias (château situé entre Nimes et Uzès), M. de Montpezat, dont la résidence ordinaire était Montpellier, servait sous les ordres de M. d'Andelot en qualité de lieutenant de compagnie. (Hist. Lang. t. XI. p. 755).

Mais la plupart de ses habitants (1) se fixèrent à Florac, Anduze, Nimes et Montpellier. Ceux qui retournèrent à Marvejols élurent leurs consuls : le premier, M. de Chambrun, fut protestant ; les deux autres catholiques, et cela pour entretenir « l'amitié en« tre eulx ». Le ministre Monnier revint de Nimes et fit entendre à nouveau la « prédication de la Parole de Dieu ». Toutefois la prise de Marvejols a marqué la fin du Protestantisme dans le Haut-Gévaudan, abandonné de presque tous les Huguenots restés fidèles à leur foi. Le nouveau baron de Peyre avait même adhéré au Catholicisme. La ville du Roi se peupla surtout de nouveaux convertis, ramenés à leur religion première par le désir de recouvrer leurs biens saisis et confisqués. « Il y avoit fort peu d'escouteurs au presche, parce qu'il « y avoit beaucoup de temporiseurs et aultres qui pen« soient que ladicte ville ne se remectroit jamais »(2).

Cette restauration paisible de la cité protestante prouve que la « trêve des Maréchaux » (3) était réellement observée dans le diocèse de Mende, tandis que dans les pays limitrophes, en Velay, en Auvergne, la lutte reprenait, dès la mort d'Henri III, (4) toute la violence des premières Guerres de Religion.

---

(1) Une centaine de familles seulement avaient sollicité des Etats de Gévaudan, le 22 janvier 1589, l'autorisation de relever Marvejols. — F. André. Document relatif au rétablissement de la ville de Marvejols. Bull. Soc. Lozère. année 1865. pp. 574 sqq.
(2) F. André. Doc. t. III. pp. 462 et 463.
(3) Damville et Joyeuse.
(4) 1ᵉʳ août 1589.

V

Jamais le Royaume ne fut plus troublé par les factions qu'au lendemain de l'assassinat du dernier des Valois. Henri de Béarn, proclamé roi dans l'Ile de France, la Champagne, la Picardie, mécontente les Réformés par ses concessions aux seigneurs catholiques, qui, de leur côté, le menacent bientôt d'une complète défection. — Cependant la Ligue se désagrège : Charles X est prisonnier d'Henri IV ; Mayenne, son lieutenant-général, aspire à la Couronne et lutte secrètement contre les ambitions rivales de son cousin, Charles de Lorraine, et de Charles Emmanuel, duc de Savoie, petit-fils de François Ier; l'Espagnol Philippe II travaille, en sous main, à ouvrir l'accès du trône de France à sa fille Isabelle-Claire-Eugénie. A Paris, Mayenne se heurte aux prétentions tyranniques et centralisatrices des Seize, tandis que le Clergé de l'Union exalte, de ses prédications violentes et sanguinaires, le fanatique enthousiasme de la foule. Etrange conflit d'intérêts et d'ambitions, qui, de la part des Ligueurs, rendait toute action commune impossible.

Le contraste est grand entre cette surexcitation de toutes les haines religieuses et surtout politiques, et l'attitude réservée, pacifique, du Gévaudan. Les deux gouverneurs de Languedoc, — Damville pour le Roi, Joyeuse pour la Ligue, — ayant conclu, le 31 août, une nouvelle trève de quatre mois, l'accalmie qui suivit l'expédition de l'Amiral se prolonge dans le diocèse de Mende.

Cette suspension d'armes permit à Montmorency d'assurer définitivement, sous sa haute direction, des relations pacifiques aux Réformés et aux Catholiques royalistes gévaudanais. Dès le lendemain de la signature de la trève, les « personnaiges faisant la plus « grande partie de l'estat et communaulté de Gévaul- « dan » (c'est-à-dire l'évêque, les commis, le syndic, etc.) (1) rédigèrent dix articles (2) et les soumirent à son approbation. Désireux surtout d'éviter à leur contrée « les maux et désordres » dont souffre le Royaume tout entier et que « la différence des partis pour- « roit encore apporter en ceste misérable saison, ils « ont advisé de se joindre ensemble…, d'inviter, d'ex- « horter tous les aultres habitans du païs de quelque « estat, ordre et qualité qu'ilz soient d'en fère de « mesme ». Ils vivront « en bonne amitié et corres- « pondance, les ungs aux aultres, pour la défense « commune du païs ; ils y emploieront tous leurs « moïens, les habitans catholicques pour la manuten-

---

(1) Proc.-verb. Etats du Gévaudan. t. ɪ. p. 240.
(2) F. André. Doc. t. ɪɪɪ. pp. 490 à 499. C'est la copie des 10 articles expédiés à Mende, avec la réponse de Damville, datée de Pézenas, le 20 septembre 1589.

« tion de la Sainte Esglize catholicque, apostolicque
« et romaine, et ceulx de la R.P. R., soubz le bénéfice
« de l'Edit de la Tresve, laquelle sera observée de
« part et d'aultre soubz l'auctorité dudict seigneur ».
La préoccupation de leurs intérêts matériels leur impose cette attitude. Aussi insistent-ils sur la ruine du
Gévaudan, sur cette « désolation des villaiges déserts
« et des terres incultes, volleries, rançonnemens et ra-
« vaiges qui se sont faicts depuis trente ans sur le pau-
« vre laboureur et son bestial ». De ces exactions ils
accusent moins les soldats enrôlés dans un parti, mais
qui obéissent cependant à une certaine discipline, que
ces bandes de pillards, désavoués par les Réformés et
par la Ligue, « ramassis de soldats licenciés qui con-
« tinuent, en temps de paix, à dévaliser et à torturer
« le bonhomme, sans pouvoir prétexter les nécessités
« de la guerre, l'intérêt d'une cause générale » (1).
Ces « gens sans aveu ont leur retraicte au Pont-de-
« Montvert, à Genolhac, Chamborigaud et aultres
« endroicts des Sévènes », d'où ils sortent à toute
heure pour piller le bétail des montagnards, qu'ils vendent à des « marchans appostés du Bas-Languedoc ».
Leurs troupes, fortes de cinquante ou soixante cavaliers, après avoir fait « leurs prises, se renferment en
« des lieux écartés, où la justice n'a poinct d'accès ».
Les signataires de cette adresse au Maréchal promettent donc de s'opposer « à telles courses et pillaiges,
« de quelque party qu'ilz procèdent, et généralement

---

(1) G. Fagniez. L'Economie sociale de la France sous Henri IV. op. cit. p. 6.

« de se bander contre toutz ceulx contrevenans au
« traicté ».

La rédaction de cet acte était un succès pour Heurtelou et pour Damville, que la majeure partie du Gévandan reconnaissait comme Gouverneur. Aussi le Maréchal répondit-il le 20 septembre : « Nous avons
« très agréable l'union des bons et fidèles subjectz du
« Roy, et que, pour son service et bien de son Estat,
« y ait entre ceulx du Gévauldan bonne intelligence ;
« en quoy nous nous employerons aux occasions qui
« se pourront présenter ».

Les Royalistes catholiques n'avaient pu être froissés de la déclaration du 4 août, (1) par laquelle Henri IV accordait aux Protestants la liberté du culte dans les places dont ils étaient les maitres. Les Etats du Haut-Gévaudan n'avaient pas répondu autrement aux Réformés cévenols, en juin 1588 : (2) « Si ceulx de
« la nouvelle religion, habitans de Maruéjols réfugiés
« aux Sévennes, soit à Florac ou aultres lieux, se
« contiennent et vivent paisiblement en l'obéyssance
« deue au Roy, sans aulcunes courses, ni pilleries...,
« gentilzhommes, capitaines, soldats et aultres joui-
« ront des biens, [qu'ils possèdent à Maruéjols
« et aux environs], par affermes et arrentemens, en
« vertu de la main levée, laquelle le syndic du païs
« poursuivra envers sa Majesté ».

---

(1) Isambert. Anc. lois françaises. t. xv. p. 3.
(2) J. Roucaute. Doc. p. 109,

VI

Les engagements pris par Henri IV de se faire instruire dans la religion catholique par un très prochain concile général achevèrent de gagner tous les partisans du prélat à la royauté légitime. Par une lettre datée du 19 septembre (1), Adam de Heurtelou assure le Roi de sa fidèlité et de son étroite alliance avec Damville ; il l'exhorte surtout à hâter sa conversion. « J'ay conservé mon diocèse au
« milieu de ces malheureuses et damnables séditions
« en ce sainct debvoir [de soumission à vostre Majesté]
« avec le bon ayde de Monseigneur le duc de Mont-
« morency, (lequel faict bien paroistre, en ceste im-
« portante occasion qui se présente, combien, Sire,
« il est affectionné au bien de vostre service), — quel-
« que opposition qu'aulcuns de nos voisins des pro-
« vinces limitrophes de ceste cy ont essayé de m'y
« donner ; — lesquels enfin je ne fais doubte que si
« vostre dicte Majesté effectue la bonne et saincte ré-
« solution qu'elle a prinse de se faire bon catholicque

---

(1) J. Roucaute. Doc. pp. 179 à 182. (Bibl. nat. fonds Dupuy. t. 61. p. 57).

« et très chrestien défenseur et protecteur de l'Esglize,
« chascung n'en loue Dieu et ne rende peu à peu l'en-
« tière obeyssance qui est deue à Vostre Majesté ».
L'évêque gallican prescrivit même à tout son diocèse des prières publiques pour la conversion du Roi (1),
« dont dépend le repos général et particulier du Royau-
« me, afin d'oster le scrupule de conscience que la bulle
« pontificale a faict naitre en beaucoup de person-
« nes, [qu'il] contien[t] le moings mal [qu'il peult] ».

Se réglant sur l'attitude politique de son prélat, le Gévaudan royaliste se fit représenter par un vicaire général et les consuls de Mende aux Etats de Languedoc (2), qui, réunis par Damville à Béziers, le 27 septembre, jurèrent fidélité à Henri IV (3).

---

(1) Bull. Soc. Lozère. année 1862. p. 42. Lettre d'A. de Heurtelou au Roi, publiée par l'abbé Baldit.

(2) Les Etats généraux de Languedoc « prièrent le duc de
« Montmorency de faire observer la trefve, de la prolonger et de
« congédier en conséquence les troupes qu'il avoit levées ».
(Hist. Lang. t. xi. p. 790). Ils décidèrent notamment de réduire de 20 hommes la garnison de Florac commandée par le capitaide La Croix, sieur de Bourbier, dont la compagnie comprenait 60 soldats. — (Proc. verb. Etats du Gévaudan. t. i. p. 246).

(3) Aucun député du diocèse de Mende ne figura aux Etats ligueurs convoqués par Joyeuse à Lavaur (15 novembre), où fut prêté le serment de ne « jamais obéir à aulcung Roy de
« France qui ne feust catholicque, oinct et sacré ».

VII

Réformés et Catholiques royalistes reconnaissent enfin le même souverain; leurs chefs, Heurtelou et Damville, se sont unis pour assurer la pacification du diocèse. La trêve définitive entre les deux partis fut officiellement consacrée aux Etats particuliers du Pays, tenus à Chanac le 11 novembre (1).

Beaucoup plus nombreux que l'assemblée de 1588, (2) les Etats de 1589 approuvent à l'unanimité les « Articles accordés entre Monseigneur l'Evesque, les « commis, le syndic, les notables du diocèse », et apostillés par Montmorency; ils promettent de les observer « pour le bien, repos et seurté de ce païs ». Aussi, dès le lendemain matin, tous les députés des Cévennes, « ayant comparcu en ladicte assemblée » (3), déclarèrent-ils par la bouche du viguier de Portes, représentant du vicomte, qu'ils étaient « très aises de « l'accord qui se voyoit aux Estats pour le party du

---

(1) Proc verb. Etats du Gévaudan. t. I. pp. 228 à 279. Cf. les principaux extraits dans J. Roucaute. Doc. pp. 182 à 185. — En temps normal, les Etats se seraient réunis à Marvejols, mais la ville royale, ruinée par le duc de Joyeuse, ne pouvait les recevoir.

(2) Comparer les rôles des députés présents en 1588 (Proc.-verb. Etats du Gévaudan. t.I.p.213) et en 1589. (Ibid. pp. 231 à 234).

(3) Ibid. pp. 247 à 249. Ils étaient tous absents en 1588; Cf. plus haut. p. 132.

« Roy, soubz l'obéyssance de Monseigneur le duc de
« Montmorency, et qu'ilz entendoient y assister pour
« en rapporter tout ce que pourroit servir à l'entretè-
« nement de ceste société et union ». Leur requête
fut favorablement accueillie. Il fut décidé que les consuls, procureurs des villes et localités cévenoles ayant droit d'entrée aux Etats, ainsi que le député de Marvejols restauré, seraient « appelés aux impositions
« qui se feroient dorénavant dans le païs, en tout le
« corps d'iceluy ». L'Assemblée se préoccupa surtout de régulariser la situation financière du diocèse, en rompant avec le dualisme administratif des années précédentes (1). Quant à la levée des troupes et à leur entretien, ce furent questions secondaires : indice très net de l'apaisement des esprits. Les Etats étaient donc en droit d'affirmer que « le repos et la tranqui-
« lité commençoient à se bien establir dans le
« Païs » (2).

---

(1) Toutefois cette question ne sera résolue qu'aux Etats de 1592 (janvier et février). Le 4 février, sur la proposition des députés cévenols, « a esté conclud et arresté..... que le dif-
« férend sera vuydé par voye amyaible et d'arbitraige ». Le syndic du Pays et M. de Séras, sieur de Barre (dans les Cévennes) nommeront les arbitres, au jugement desquels devront se soumettre les parties. Mais, dans l'intérêt supérieur « des affaires
« du Roy » et « pour le bien du païs... », il fut décidé que les
« impositions seroient faictes et arrestées en ceste assemblée
« ..... et qu'elles seroient payées tant par le Hault et Bas Gi-
« vauldan, sans préjudice des droicts des parties ». Proc.-verb. Etats du Gévaudan t. I. p 320. Cette décision fut confirmée par la Cour des aides de Montpellier. Ibid. pp. 371 et 372.

(2) J. Roucaute. Doc. p. 185.

CHAPITRE V

Ligueurs et Royalistes

I. — Le nouveau chef des Ligueurs gévaudanais : Philibert d'Apcher. — Les Etats de la Ligue (St Chély — Nov. 1590). — Les partisans de l'Union prennent l'offensive.

II. — Les troupes ligueuses pénètrent en Gévaudan, du Nord (de l'Auvergne et du Velay) et du Sud-Ouest (du Rouergue). — Entrée du duc de Nemours au Puy (1591) — Il y rétablit les affaires de la Ligue compromises par la mort tragique de M. de Saint-Vidal (25 janvier 1591). — Apcher l'y rejoint et le presse d'intervenir en Gévaudan et de marcher sur Mende. — Renforts envoyés à Mende par les Cévenols, confirmation de leur alliance avec les Catholiques royalistes. — Montmorency-Fosseuse, nommé par Damville gouverneur particulier du Gévaudan (3 sept. 1591). — Nemours quitte le Puy et se retire en Auvergne. — Ses projets. — Apcher, gouverneur ligueur du Gévaudan et de la Haute-Auvergne, tente seul de surprendre Mende. — Mais l'insuffisance de son artillerie l'oblige à se retirer sur St-Chély. — Le seul effort tenté par les Ligueurs en Gévaudan avait à peine duré un mois. — La répression royaliste. — Reprise de Chanac aux Ligueurs (13 janvier 1592). — Le capitaine d'Ayres s'empare de La Canourgue, propriété du marquis de Canillac. — Fin des hostilités entre Ligueurs et Royalistes.

I

La pacification définitive, prédite par les Etats du diocèse de Mende en 1589, fut retardée par la turbulence des Ligueurs. En l'absence de St-Vidal, qui s'est rendu à l'appel de Mayenne, Philibert d'Apcher (1), récemment nommé gouverneur particulier du Gévaudan par Joyeuse, convoque, dans sa bourgade de St-Chély, les Etats de l'Union. Son hostilité héréditaire contre son voisin, le comte de Peyre (2), et les Réformés qui

---

(1) Philibert, baron d'Apcher, (né le 18 juin 1562), fils aîné de Jean II d'Apcher tué à Vissac (24 juin 1586) par le capitaine huguenot Tristan de Taillac, baron de Margeride, fut honoré du titre de comte par Mayenne. Il était seigneur de Thoras, La Garde, vicomte de Vazeilles, etc. Il épousa, en 1592, Gabrielle de Foix, veuve de François de Dienne, bailli royal de la Haute-Auvergne. (P. Anselme. t. III. pp. 813-822).

(2) Tandis que les seigneurs de Peyre favorisaient les progrès de la Réforme dans le Haut-Gévaudan, les Apcher s'en montraient les plus redoutables adversaires. N'était-ce pas Jean II qui pour délivrer le Gévaudan du capitaine Merle, s'était engagé, en 1581, à lui céder ses places de Lagorce et Salavas en Vivarais ? De longues et violentes discussions éclatèrent entre les deux familles au sujet de la préséance aux Etats du Pays. (Cf. plus haut, p. 133, note 1).

ont tué son père à Vissac, l'attachement traditionnel de sa famille au Catholicisme, ses obligations personnelles envers les Joyeuses (1) l'ont décidé à s'affilier à la Ligue. Cette adhésion lui permettra sans doute de satisfaire l'ambitieux désir, déjà caressé par Jean d'Apcher, de jouer dans la France centrale un rôle important, que lui assurera d'ailleurs la mort de Saint-Vidal. Nemours lui confiera même le gouvernement de la Haute-Auvergne (2), et Mayenne la sénéchaussée de Mende (3). Son attitude politique témoigne cependant de plus de souplesse que celle de son prédécesseur ; car il parait s'être plus volontiers plié aux conditions d'une trêve (4).

Aux dix députés présents (5) à St-Chély, le 11 no-

---

(1) Sur ce point les données précises font défaut. On lit toutefois, dans une lettre du bailli de Gévaudan, M. de Sabran, à A. de Heurtelou, du 21 mars 1587 : « M. d'Apcher a accompagné M. de Joyeuse [dans son gouvernement de Normandie], *pour ne se montrer ingrat des bons offices et faveurs qu'il a receues dudict seigneur* en la querelle qu'il a contre M. de Flageac, avec lequel il s'est voulu battre ». F. André Doc. t. III. p. 297.

(2) 18 août 1591.

(3) 16 novembre 1593.

(4) F. André. Doc. t. III pp. 497. 516. 529. — t. IV. p. 6.

(5) Pour la noblesse : M. d'Apcher, en personne.
M. de Mercœur, représenté par le sieur de Bénistan.
M. de Cénaret.................... de Boisdumont.
M. de Canillac.................... M" Antoine Martin.
Pour le clergé : le chanoine Etienne Rampan, docteur en droit, « reffugié en la présente ville ».
Pour le Tiers-Etat : les deux consuls de St-Chély, les deux consuls du Malzieu, le second consul de Saugues « adsisté » du fils du premier consul, un consul de Serverette.
J. Roucaute, Doc. p. 187. Procès-verbal des Etats Ligueurs du Pays de Gévaudan tenus à Saint-Chély-d'Apcher.

vembre 1590, le jeune gouverneur expose son plan d'attaque des forces royalistes. Il faut « s'armer en « guerre ; c'est le seul moïen d'empescher l'ennemy. » Il compte sur les troupes que lui fournira l'Auvergne et sur les secours promis par ses alliés, MM. de Saint-Vidal et San-Vésa, gouverneurs du Velay et du Rouergue. L'évêque de Mende, il est vrai, le presse de renouveler la suspension d'armes signée en juin dernier ; mais cet « ennemi des Catholicques » n'agit ainsi que pour s'emparer plus aisément des villes sans défenses (1).

Les Etats, après avoir remercié Philibert d'Apcher du « soing, bonne affection et volonté qu'il leur a, de « tous temps, portés et à leur commune conserva- « tion », votent, à l'unanimité, la « guerre ouverte, « offensive et desfensive ; car, aultrement, estant atta- « qués désarmés, il ne faut doubter qu'ilz ne soient « subjugués » (2).

Décision tardive. Si les Ligueurs avaient fait preuve d'énergie à une époque où l'entente politique n'était pas encore parfaite entre Catholiques royalistes et Réformés, leurs chances de succès eussent été plus grandes. Mais ils allaient se heurter maintenant à l'indifférence des paysans du Gévaudan central pour les principes de l'Union, et surtout à la cohésion du parti royaliste fortifiée par l'imminence même du danger. Les troupes recrutées dans le diocèse ou envoyées par Damville sous les ordres de ses lieutenants ne cesseront d'enrayer leurs tentatives d'expansion.

---

(1) J. Roucaute. Doc. p. 188.
(2) Ibid p. 189.

II

Le Gévaudan, en grande majorité dévoué à Henri IV, et rattaché par les Cévennes au Bas-Languedoc royaliste où commande Montmorency, est presque une enclave parmi les pays ligueurs qui s'étendent de Lyon à Toulouse. L'Union domine, en effet, en Velay, dans la Haute-Auvergne, en Rouergue, et même dans certaines parties du Vivarais, toutes régions limitrophes du diocèse de Mende.

Aussi les troupes annoncées par Apcher y pénétrèrent-elles de deux côtés principaux : du Nord ou du Nord-Est, (c'est-à-dire de la Haute-Auvergne, par St-Flour et St-Chély, ou du Velay, par Saugues et le Malzieu), et, plus rarement, du Sud-Ouest, (du Rouergue, par St-Laurent-d'Olt et La Canourgue).

La proximité de l'armée de Nemours décida les Ligueurs gévaudanais à une action immédiate. Froissé du refus de Mayenne de le nommer gouverneur de Normandie, le jeune Emmanuel de Savoie venait d'abandonner le gouvernement de Paris, qu'il avait défendu vigoureusement contre Henri IV. Affectant dès lors de ne pas répondre aux missives réitérées de son frère utérin (1), il se fixe à Lyon (2) et tente de s'y créer une souveraineté indépendante. « Il se « trouve [ainsi] plus à portée d'exécuter les projets » ambitieux qu'il a formés ». (3) Duc de Nemours et du Genevois, gouverneur ligueur du Bourbonnais, du Lyonnais, du Forez, de la Marche, du Haut et Bas-Pays d'Auvergne, il travaille à assurer sa situation dans la France centrale. C'est cependant au nom du Lieutenant général de l'Union (4) qu'il intervient en

---

(1) Mayenne. Le duc de Nemours était le fils d'Anne d'Este, veuve de François de Guise.

Mayenne reproche à Nemours son silence. Depuis son départ de Paris (novembre 1590), Emmanuel de Savoie n'a répondu à aucune des nombreuses lettres qu'il lui a écrites. (Corr. de Mayenne, op. cit. t. II. pp. 71 et 88. — 20 février et 7 mars 1591). Aussi le chef de l'Union « ne sçait plus à quoy rapporter le « malheur d'estre si longtemps sans recevoir de ses nouvelles ; « ne puis, ajoute-t-il, que je ne continue les plainctes que je « vous en ay desjà faictes par plusieurs fois, pour le désir extres- « me que j'ay d'en estre plus instruict, comme je vous supplie « bien humblement d'en vouloir prendre la peine, et considérer « celle que je puis recevoir, à faulte de sçavoir bien certainement « *ny où vous estes, ny ce que vous faictes* ». Ibid. p. 89. — Le 22 mai 1591, nouvelle lettre : « Je ne sçais plus comment accuser le « peu d'advis que j'ay de vos nouvelles, *n'ayant, après infinies* « *lettres que je vous ay escrites, receu aucune responce de vostre* « *part*... . Ibid p. 245. — Et cependant Mayenne affecte de le traiter sur le pied d'une parfaite égalité. Ibid p. 137.

(2) Vers le milieu de novembre 1590. – Le 11 novembre, il était sur le point de quitter Paris. (Corr. Mayenne. op. cit t. I. p. 2). Le 22 novembre, Mayenne lui écrit directement à Lyon (Ibid. t. I. p. 62).

(3) Mémoires de la Ligue. Edit 1758 t. V. p. 431.

(4) Corr. Mayenne. op. cit. t. II. pp. 141. 142. 150. 165.

Auvergne et en Velay, en l'année 1591. Au Puy, le parti ligueur était gravement menacé depuis la mort tragique de M. de Saint-Vidal, qui, dans un duel de quatre à quatre, était tombé sous l'épée de son propre filleul. (1) M. de Chastes, sénéchal royal, avait aussitôt repris l'avantage (2). Nemours arrive au Puy, le 26 août, (3) y rétablit les affaires de la Ligue et signe une trêve avec les Royalistes. Récemment nommé par le Parlement de Toulouse régent de la Sénéchaussée de Gévaudan (4), Apcher ne tarde pas à l'y rejoindre ; dans une requête à Damville (5), Heurtelou et les Commis du Pays déclarent que ce fut avec l'intention de le presser « d'entreprendre une ex-
« pédition sur la ville de Mende, qui tenoit presque « tout le reste [du païs] bandé au service [du Roi] ». Ce serait rompre la trêve signée en juin 1591 grâce à l'intervention de M. de Rochemaure, député par le Maréchal (6) ; mais l'occasion est trop

___

(1) 25 janvier 1591. — Mandet. Hist. du Velay. op. cit. t. v. p. 367.
(2) Lettre de M. de Chastes au Roi. 12 février 1592. — Hist. Lang, t. xii. col. 1502.
(3) J. Roucaute. Doc. p. 196. note 1.
(4) Le 25 juin 1591. Par cette fiction, le Parlement ligueur de Toulouse évitait une nomination royale. — F. André Doc. t. iii p. 533.
(5) Ibid. p. 559.
(6) Ibid. p. 534. « Conseiller du Roi, juge-mage et présidial « au siège présidial de Nismes, intendant de justice près [Mont-« morency] », Louis de Rochemaure, « rendit, en ce fait, tout le « debvoir digne de ceste négociation et causa un très grand « bien et repos au païs ». Il avait assisté aux Etats du Gévaudan tenus à Mende le 20 juin 1591. (Proc-verb. Etats du Gévaudan. t. i. p. 282).

belle. Apcher « se promet de pouvoir aisément ré-
« duire Mende pour n'y avoir qu'une petite garnison,
« et quelques uns de ses habitans estant à sa dévo-
« tion. [La ville] est mal pourveue de poudre et d'aul-
« tres munitions de guerre. Le peuple, se voyant sur-
« pris et pressé de ces forces arrivées à l'improviste,
« contraindra le seigneur Evesque et les habi-
« tans, qui l'ont jusqu'ici adsisté, de se rendre au
« sieur de Nemours, soit par effroi, soit pour ne vou-
« loir perdre la récolte des bleds qui sont prests à
« serrer ».

Mis en éveil par la proximité d'Emmanuel de Savoie, les Gévaudanais affirmèrent leur attachement
à la cause royaliste en se rendant en toute hâte au
pressant appel de la cité épiscopale. Quatre jours à
peine après l'entrée de Nemours au Puy, le 30 août,
arrivaient à Mende le sergent Tellas et six soldats,
les capitaines Boémy et Bournet. Le 3 septembre, le
sieur de Lambradès, les capitaines de Puccheral, de
Prunet, de la Cornillade « et aultres, au nombre de
« vingt-cinq hommes à cheval et treize arquebu-
« ziers à pied », se présentèrent aux portes de la
ville. Le lendemain, le contingent cévenol, sous les
ordres de MM. de Séras, seigneur de Barre, de
Montbrun, de la Croix, de Saint-André et du capitaine Barrau, est introduit dans la place. N'est-ce
pas la confirmation par les faits de l'alliance des
Royalistes catholiques et des Réformés (1)? Armes et
munitions furent achetées et la ville mise en état de

---

(1) F. André. Doc. t. III p. 543.

— 231 —

défense (1). La garnison, augmentée d'environ 300 arquebusiers (2), comptait 650 hommes.

A ces diverses compagnies il manquait un chef capable d'assurer l'unité du commandement ; Damville le leur fournit en la personne de son cousin, François de Montmorency, seigneur de Fosseuse. C'est dire son bienveillant accueil à la requête des Commis du diocèse, qui, dés le 28 août, avaient délégué auprès de lui les premiers consuls de Marvejols et de Mende, MM. de Chambrun et Chevalier (3). Ils le supplièrent de les secourir, car « de la conserva- « tion de Mende dépendoit la seurté du Givauldan et « aultres païs circonvoisins pour le service de Sa « Majesté. — Soyez asseurés, leur répondit Damville, « que je ne vous laisseroi, ni les aultres bons subjects « et serviteurs du Roy, en peine, ni en hasard. Vi- « vez en ceste créance, et faictes estat de ma bonne « volonté, de laquelle vous esprouverez les effects en « toutes les occasions qui s'offriront ». La nomination immédiate de Fosseuse comme gouverneur particulier du Gévaudan (4) prouva que ce n'étaient pas là de vaines protestations.

---

(1) Les dépenses causées par ces armements furent de 717 écus, 30 sous. — Arch. de Mende. CC. 191.
(2) F. André. Doc. t. III. p. 542.
(3) Ibid. pp. 540 et 541.
(4) 3 septembre 1591. — Arch. Lozère. G.1778.— J. Roucaute. Doc. pp. 193, 195 et 196. — On ne connaît pas la date précise de l'entrée de Fosseuse à Mende ; on lit cependant dans les « Plainc- « tes adressées par l'Evesque et les commis du diocèse » à Damville sur la « conduicte déloyale du sieur d'Apcher » :

Contre toute attente, Nemours (1), ayant subitement quitté le Puy (15 septembre) pour se rendre à Riom, se retira en Auvergne. A-t-il même jamais voulu surprendre la principale ville du Gévaudan ? Peut-être désirait-il surtout étendre à la Haute-Auvergne (2), à laquelle Apcher commandait aussi sous ses ordres, la trêve que les deux partis avaient signée dans les diocèses de Mende et du Puy. Vivant en paix avec les pays voisins, les provinces ligueuses de la France centrale pourraient être partiellement dégarnies de troupes, qui, sous les ordres de Canillac (3), lieutenant géné-

---

« le dessain [de Nemours] feust interrompue... par l'arrivée du « seigneur de Fosseuse qui se rendit [à Mende] *en extresme di-* « *ligence,* du commandement de vostre grandeur... ». F. André Doc. t. III. p. 559.

(1) Cf. les réponses très dignes de l'Evêque et des commis du Gévaudan à Nemours : ils sont tout heureux de savoir le gouverneur ligueur d'Auvergne désireux de « vivre en bonne « paix avec leurs ville et diocèse ». Ils ne doutent pas qu'il ne « trouve bonne et saincte » la trêve signée en juin dernier et n'en souhaite la « continuation pour ung an plustost que pour troys « ou quatre moys... » (La trêve devait, en effet, prendre fin en janvier 1592). Mais ils n'hésitent pas à affirmer leur soumission à Damville. Nous sommes résolus « *à nous maintenir fermes en* « *l'honneur de Dieu, de la saincte foy catholicque, soubz l'autho-* « *rité légitime et les commandemens de l'ancien Gouverneur de* « *ceste province,* et à continuer [à bien vivre] avec nos voisins « quy se comportent de mesme envers ceulx qui ne désirent « que *la liberté du commerce et tranquilité publique* ». — F. André. Doc. t. III. pp. 546-549. — Arch. Lozère. C. 1803.

(2) Ibid. pp. 549 et 550.

(3) Corr. de Mayenne. op. cit. t. II. pp. 67, 72 et 144.

ral de Nemours dans la Basse-Auvergne, se rendraient enfin aux appels répétés de Mayenne (1).

Damville avait habilement invité (2) Apcher à prêter son concours à Fosseuse, pour « la tranquilité du pauvre peuple » et la prolongation de la trève. Mais, surpris et vexé par la nomination d'un gouverneur royaliste, le baron ligueur dédaigna de répondre au gouverneur de Languedoc. Comprenant que le moindre retard assurerait un complet échec à l'expédition projetée, il se décida à entrer seul en campagne. Son corps de troupes comptait six compagnies, de cent arquebusiers chacune, et cent chevau-légers répartis en deux petits escadrons (3).

Sous ses ordres, les Ligueurs traversent, sans se heurter au moindre obstacle, les territoires désolés de la baronnie de Peyre, et s'emparent, grâce à la trahison du capitaine Costeregord, du bourg fortifié de Chanac, propriété de l'Evêché. Remontant la vallée du Lot, ils ravagent les environs de Mende et prennent la Tour de Rochebelot (4), où les habitants des localités voisines avaient « serré leurs grains et tous leurs « aultres biens devers cinq ou six lieues de pays pour

---

(1) Mayenne demandait à « estre secoureu et adsisté pour « faire un effort sur l'ennemy »... et s'opposer à ses desseins sur Paris. Ibid. t. II. p. 150.

(2) Le 3 septembre 1591. F. André. Doc. t. III. p. 545.

(3) Ibid. p. 568. L'expédition de Philibert d'Apcher eut lieu en octobre 1591.

(4) Commune de Rieutort de Randon. Cant. de St-Amans. Arr[t] de Mende.

« les garantir de la gendarmerie » (1). Dans un engagement avec la compagnie du sieur de la Vacqueresse, M. de Vignoles (2), président au présidial de Nimes, de passage dans la région, trouva la mort.

Maître de toutes les petites positions situées aux alentours de la cité épiscopale, Apcher n'attendait plus pour pénétrer dans Mende que la défection promises de quelques-uns de ses défenseurs. Mais le complot fut découvert et les coupables emprisonnés. L'artillerie des Ligueurs était insuffisante pour leur permettre de battre les remparts, récemment fortifiés sur les ordres de Fosseuse (3). L'arrivée d'une troupe de secours envoyée par Damville était probable (4). Apcher, ayant cru prudent de renoncer à la prise de Mende, revint à Saint-Chély.

La répression royaliste ne se fit pas longtemps attendre. Le 17 décembre 1591, Damville avait écrit (5) à MM. de Ligeac, du Tournel, de la Vacqueresse, au capitaine Valmalette et à quelques autres seigneurs du Pays, les invitant à rester « fermes au service « de Sa Magesté et d'adsister M. de Fosseuse dans sa « résistance aux entreprises des Ligueurs ». Le même jour, il pressait aussi les consuls de Langogne de ne

---

(1) F. André. Doc. t. III. p. 560.
(2) Ibid. t. IV. p. 95.
(3) Apcher n'avait que deux canons. — Ibid. t. III. p. 568.
(4) Damville avait assuré les députés du Gévaudan qu'il ne les laisserait pas sans secours. Il avait même écrit, le 12 septembre, aux Commis du diocèse pour leur confirmer ses intentions. — F. André. Ibid p. 549.
(5) Bull. Soc. Lozère. Année 1861. pp. 220 sqq.

jamais céder aux ennemis du Roi et ceux de la cité protestante de Millau d'aider son lieutenant en Gévaudan et de lui prêter des munitions de guerre.

De toutes les places reprises par les soldats de l'Union, la plus importante fut le bourg de Chanac, dominé par le château épiscopal, où se tenaient parfois les Etats particuliers. Le 13 janvier 1592 (1), trois compagnies de soldats royalistes y furent introduites par ce même Costeregord, qui, cette fois, trompa la confiance d'Apcher, comme il avait déja abusé de celle du prélat. Joyeuse en fut « très marry » (2).

De leur côté, les Ligueurs du Rouergue dévastèrent, en juin 1592, les environs de La Canourgue (3). Mais ils ne tentèrent même pas de s'emparer de ce bourg, propriété du marquis de Canillac, dont le capitaine d'Ayres (4) avait fait, dès le 21 novembre 1591 (5), le front de défense du Gévaudan royaliste contre les Ligueurs du diocèse de Rodez.

---

(1) F. André. Doc. t. III. pp. 591 — 596.
(2) Lettre de Joyeuse à Apcher au sujet de la prise de Chanac sur les Ligueurs. (23 février 1592). Ibid. pp. 596 et 597.
(3) Ibid. t. IV. p. 20.
(4) Christophe Galtier, seigneur d'Ayres, près Meyrueis.
(5) Date de la prise de cette localité par le capitaine d'Ayres. Ibid. p. 574. p. 581.

CHAPITRE VI

La pacification du Gévaudan

I. — Adam de Heurtelou et Damville tentent de prévenir et d'annuler l'action des Ligueurs par des « trêves de labourage » fréquemment renouvelées. — La Trêve du mois de février 1592. — Négociations avec les Ligueurs du Rouergue et du Vivarais — Les Cévenols remercient Heurtelou d'avoir travaillé à la pacification du Pays.— Apcher s'éloigne du Gévaudan ; sa présence à Villemur, où mourut Scipion de Joyeuse. — Adam de Heurtelou et Damville répriment les tentatives de pillage faites par M. de Robiac, capitaine royaliste.

II. — La conversion d'Henri IV accueillie avec joie par les Gévaudanais. — Dans une lettre aux Etats du Pays de Gévaudan, Adam de Heurtelou résume toute sa politique : la paix dans la soumission au roi légitime et à ses représentants.

III. — Les négociations avec les Ligueurs. — Soumission des barons de Canillac et d'Apcher. — Nouvel auxiliaire d'Adam de Heurtelou, Philibert d'Apcher agit auprès des communautés ligueuses, les pressant de reconnaître Henri IV. — La première des villes ligueuses de Languedoc, Le Malzieu se soumet à Henri IV (21 sept. 1594). — Soumission de Saugues (27 sept. 1594.) — Tout le Gévaudan reconnaît le roi légitime un an et demi avant la signature de l'Edit de Folembray (24 janvier 1596).

I

Adam de Heurtelou s'applique à prévenir ou à annuler l'action des Ligueurs par de fréquentes trèves, coïncidant parfois avec celles du Languedoc, mais le plus souvent particulières au Gévaudan. Aussi préside-t-il lui-même (1) à la rédaction des mémoires destinés aux négociateurs. Agir ainsi, n'est-ce pas répondre aux désirs des Etats, qui ne cessent d'affirmer leurs intentions pacifiques ?

Ces trèves, annuelles pour la plupart, mais généralement renouvelées, avaient été précédées de plus courtes suspensions d'armes, signées avant les semailles ou les récoltes, et dont le nom dit assez le caractère : c'étaient des « trèves de labouraige », imposées par la nature même d'un pays dont l'agriculture est presque la seule ressource. Jadis elles étaient con-

---

(1) Proc.-verb. Etats du Gévaudan. t. I. p. 309. « ..... Mgr de « Mende et aulcuns des principaulz desdicts Estatz ont vacqué « à dresser les mémoires et instructions de la délégation de « MM. de Peyre, de St Alban, pour la négociation de la trefve « en cedict païs ».

clues entre Catholiques et Réformés (1) ; depuis 1590, elles le sont entre Ligueurs et Royalistes. Analogues à celles du Vivarais, (2) de la Picardie, elles s'appliquent au « labouraige, à la récolte, et à tout le bestail, gros et menu ». Mais les négociants (3) en sont exclus. Elles doivent être aussi rapprochées de celle de La Vilette, signée par Henri IV, le 31 juillet 1593 : « les laboureurs pourront en toute liberté faire leur « labouraige, charrois et œuvres accoustumées, sans « qu'ils en puissent estre empeschés ny molestés en « quelque façon que ce soit, sous peine de la vye ». (Art IV) (4).

Las d'une lutte qui entretenait dans la région la ruine économique, les deux partis accueillirent volontiers toutes les tentatives de pacification. L'initiative venait toujours du prélat ou des Etats royalistes. Leurs chargés d'affaires (5) furent, de 1591 à 1595, MM. de Peyre et de Saint-Alban.

Depuis sa conversion au Catholicisme et sa prise de possession des vastes domaines de son frère, Mar-

---

(1) Cf. plus haut, pp. 204. 214. 216.

(2) Trêve entre « les sectateurs des deux religions en Vivarais » (1574). — « Trêve entre l'échevinage d'Amiens et celui d'Abbeville » (1592). G. Fagniez. op. cit. p. 13. — Trêve entre Damville et Nemours pour le Vivarais. Ibid. p. 14.

(3) Ainsi que les gens de guerre. Hist. Lang. t. xi. p. 745.

(4) G. Fagniez. Ibid. p. 11.

(5) Depuis l'arrivée de Fosseuse à Mende, on ne constate plus, en Gévaudan, la présence d'un délégué de Damville (tel que M. de Rochemaure en 1588, 1589 et 1590) chargé de présider, en son nom, à toutes ces transactions. Les négociateurs appartiennent toujours au Pays.

chastel de Peyre réside dans le diocèse de Mende. Avec lui, la puissante et vieille famille des comtes de Peyre reprend en Gévaudan le rôle influent que lui assignaient sa fortune et ses domaines. Député par les Etats auprès de Philibert d'Apcher en 1592 (1), il participa à la conclusion de toutes les trèves.

M. de Calvisson, seigneur de St-Alban (2), habitait sur les confins du Gévaudan ligueur, à proximité de Saint-Chély. Vainement Apcher essaya de le gagner à l'Union, lui représentant l'Evêque de Mende comme « l'ennemi des Catholicques » (3) ; — sa charge viagère de commis des nobles eût fait de lui une précieuse acquisition. — Saint-Alban protesta de son attachement au Roi légitime (4), à Damville, et de

---

(1) 28 janvier 1592. Proc.-verb. Etats du Gévaudan. t. I. p. 307.

(2) Chef-lieu de canton, arrond. de Marvejols. Le château, restauré et agrandi, est affecté à l'asile départemental des aliénés.

(3) Avant la seconde réunion, à St Chély, des Etats ligueurs du Gévaudan (1ᵉʳ décembre 1591), Apcher écrivit à St-Alban pour lui exposer les motifs de sa récente expédition sur Mende, et l'inviter à assister à l'assemblée : « Je vous ay cogneu de tout
« temps très-affectionné au soutien et manutention de notre re-
« ligion catholicque et zellateur du repos du païs : je vous sup-
« plieroi honorer ceste assemblée de vostre présence pour y ap-
« porter vostre bon et prudent advis et esteindre cest embraze-
« ment quy s'en va gaster et brusler le païs, sy par *la noblesse*
« *et aultres ordres* n'y est pourveu ». F. André. Doc.t.III.p.570.

(4) Ibid. pp. 580 et 581. Lettre de Saint-Alban à M. de Mende : « Il n'est besoing que vous craignés que me soit
« entré en opinion de moy trouver en ces Estatz ; c'est
« chose à quoy je n'ay nullement pensé ; *et croyés, s'il vous*
« *plaist, que l'on ne me sçauroit esbranler de mon debvoir et du*

ses bons rapports avec Adam de Heurtelou. Il écrivait fréquemment (1) à ce dernier pour l'instruire des évènements importants survenus dans le centre et le nord du Royaume ; auxiliaire d'autant plus influent qu'il parait avoir toujours vécu en bons termes avec le chef des Ligueurs. Aussi les Etats du mois de décembre 1592 n'acceptent-ils pas sa démission de commis des nobles, « attendeu qu'il n'y a lieu de chan-
« gement pour le bon debvoir qu'il a tousjours rendeu
« en sa charge, au grand contentement de la dicte as-
« semblée, oultre l'expérience et cognoissance qu'il a
« des affaires du païs » (2).

Grâce à l'intervention de ces deux agents, une trêve annuelle (3), signée en juin 1591, fut renouvelée en février et en décembre 1592. Elle devait durer jusqu'en février 1594.

Ces longues suspensions d'armes, trop souvent violées, étaient négociées, soit à la veille, soit pendant la tenue des Etats particuliers. Telle la trêve conclue

---

« *service du Roy, de celluy de Mgr le Connestable, ny moings du*
« *vostre, auquel j'ay voué toute l'affection que sçauriez désirer*
« *de celuy quy est. Monsieur, vostre très humble et très affec-*
« *tionné serviteur* ». St-Alban, le 29 novembre 1591.

(1) F. André. Doc. t. IV. pp. 52, 62, 67, 69. etc... L'occupation de l'Auvergne et du Velay par les Ligueurs rendait très difficiles les relations d'A. de Heurtelou avec le centre et le nord du Royaume. C'est St-Alban qui le tient au courant de ce qui se passe dans ces régions éloignées ; il utilise parfois les renseignements que lui fournit sa femme. Ibid. pp. 62 et 63.

(2) Proc.-verb. Etats du Gévaudan t. I. p. 374.

(3) F. André. Doc. t. III. p. 534. t. IV. pp. 6 à 13.

en février 1592 (1). Les Etats, « conférans ensemble
« des moyens et expédiens qui ont esté dès longtemps
« désirés et recherchés pour tenir ce païs en repos,
« afin de luy donner quelque soulagement et loisir de
« respirer », prient MM. de Peyre, de St-Alban et
de Beaune de se rendre auprès de Philibert d'Apcher
et l'inviter à leur faire connaitre ses intentions. Des
instructions, rédigées par le prélat et les « principaux
des Estats », leur furent remises, à leur départ (30 janvier). Le 7 février, MM. de Hauteville, de Salètes et
Michel, délégués par Apcher, sont introduits dans
l'assemblée par les trois négociateurs royalistes. Le
chef de l'Union les a chargés de présenter aux Etats
certains articles particuliers. Une commission, composée de l'Evêque, des barons de Peyre et du Tournel,
de MM. de Beaune, de St-Alban et autres, se réunit
à ce sujet dans l'antichambre de la salle des séances.
Après avoir été discutées et rédigées, les réponses
aux requêtes du seigneur d'Apcher furent soumises à
l'approbation des Etats qui les jugèrent « raisonnables ». Toutefois le prélat et les commis du diocèse
furent autorisés à régler définitivement les difficultés
qui pourraient contrarier l'exécution dudit traité.
L'obstacle le plus sérieux était l'inconstance même
de Philibert d'Apcher, qui, l'année précédente, avait
violé ses engagements et tenté une surprise de la ville
de Mende. Il est vrai que le chef ligueur avait lancé

---

(1) Sur les négociations relatives à la trêve du mois de décembre 1592, cf. Proc.-verb. Etats du Gévaudan. t. I. pp. 344, 363, 367.

la même accusation contre l'Evêque, coupable d'avoir « introduit [dans sa cité], pour gouverneur,... le sieur « de Fosseuse, contre l'expresse teneur des articles ac- « cordez [en juin 1591] ». Mais, cette fois, pour prouver la sincérité de leurs déclarations, les deux gouverneurs, Apcher et Fosseuse, consentent à ce que trois ligueurs du pays, MM. de Sieujeac, de Rancillac, de Montbrun, et trois royalistes, MM. de Peyre, de Beaune et de St-Alban, se rendent « fidejusseurs et respon- « sables en leurs propres et privés noms.... de la foy «.... desdictz sieurs gouverneurs et dudict païs », et promettent, sous obligation de leurs personnes et de leurs biens, qu'il n'y aura aucune contravention au traité ; sinon, le coupable sera jugé par ces six personnes, qui le désigneront à celui des deux gouverneurs chargé de « réparer l'attentat commis ».

Une trève (1) analogue fut signée avec le Rouergue. Préparée le 15 juin 1592, elle fut définitivement conclue le 26 juillet suivant et renouvelée au début de 1593. Un projet de trève avec le Vivarais fut même élaboré en décembre 1592, afin que le diocèse de Mende « demeurant en repos et seurté de toutes parts, « puisse, par ce moyen, respirer ». (2)

Aussi M. de Vébron, — un Cévenol, — faisant allusion à la pacification du Gévaudan, écrivait-il, dès le 28 juillet 1592, à Adam de Heurtelou, inspirateur de tous ces traités : « Vous nous avez procuré ce bien, « et le tenons de vous ; nous avons tous occasion

---

(1) F. André. Doc. t. IV. pp. 27 à 31.
(2) Proc.-verb. Etats du Gévaudan t. I. p. 364.

« de prier Dieu pour vous et vous estre à jamais très
« affectionnés serviteurs ». (1)

Si, d'autre part, on tient compte de la longueur, souvent excessive, des hivers rigoureux, on comprendra aisément que l'influence d'une faction belliqueuse, remuante, ait été toujours gênée dans ces régions d'accès difficile (2).

Plus que sa parole donnée, les ordres de Joyeuse obligèrent Apcher à tenir ses engagements. Scipion de de Joyeuse, ci-devant grand-prieur de Toulouse, avait succédé à son père, le Maréchal, comme chef de l'Union en Languedoc. Après quelques succès, il avait assiégé Villemur, bourg fortifié situé sur la rive droite du Tarn, au nord de Toulouse (3). Entraînant à sa suite la noblesse ligueuse du Gévaudan et de la Haute-Auvergne, Philibert d'Apcher unit ses forces à celles de San-Vésa, gouverneur du Rouergue. Leurs 1200 arquebusiers à cheval vinrent grossir l'armée de Joyeuse (4).

Vaincu, le duc se noya dans le Tarn, qu'il tentait de franchir à la nage (15 octobre). Le lendemain, Apcher figura, à côté d'Hauterive, d'Entraigues, de Cornusson, de Clermont-Lodève, de San-Vésa,

---

(1) F. André. Doc. t. IV. p. 31. Arch. Lozère G. 1803.
(2) Aussi les deux seules expéditions importantes (Joyeuse en 1586 et Apcher en 1591) eurent-elles lieu, la première en août et septembre, la seconde en octobre, c'est-à-dire après la rentrée des blés, mais avant les premiers froids.
(3) Hist. Lang. t. XI pp. 822, 824, 828.
(4) J. de Thou. Hist. Univ. op. cit. t. XI. p. 535.

parmi les onze gentilshommes de première noblesse (1) qui allèrent trouver le cardinal de Joyeuse, gouverneur de Toulouse, et l'engagèrent à persuader à son frère, le capucin frère Ange (2), de prendre le commandement des forces de la Ligue en Languedoc (3). — En 1593, la présence d'Apcher est signalée à Lyon (4). Ces fréquentes absences du chef des Ligueurs gévaudanais permirent au diocèse de Mende de jouir enfin de deux années de paix.

Le 21 octobre, les Etats ligueurs de Languedoc, réunis à Albi, accordèrent à Joyeuse 70.000 écus, en sus des impositions ordinaires, mais exemptèrent de ce supplément de tailles les villes du Gévaudan, « en « considération des dépenses qu'elles avoient faictes « pour se maintenir dans le parti de l'Union » (5). Ils nommèrent Apcher administrateur des finances du diocèse de Mende. Aucun député de cette circonscription administrative n'assista cependant aux Etats généraux de 1593 (6).

De leur côté, les Royalistes s'étaient fait représenter par un vicaire général et deux consuls de Mende aux Etats convoqués par Damville à Montagnac (octobre 1592). La présence de l'Evêque était encore nécessaire dans son diocèse, où il avait parfois

---

(1) Hist. Lang. t. xi. p. 829.
(2) Henri, ex-comte du Bouchage.
(3) J. de Thou. op. cit. t. xi. p. 539.
(4) F. André Doc. t. iv. p. 53.
(5) Hist. Lang. t. xi p. 834.
(6) A. Bernard, Proc.-verb. des Etats généraux de 1593. Collection des Doc. inédits. Paris 1842.

à contenir le zèle compromettant de quelque fougueux capitaine royaliste : tel M. de Robiac, qui fit main-basse sur le bétail paissant en Auvergne, sur les confins du Gévaudan. Le prélat s'en plaignit au Maréchal, qui lui répondit aussitôt (1) ; «..... Je suis
« très marry d'entendre le ravaige du bestail faict en
« Auvergne, prévoyant bien que cela ne pourroit que
« porter dommaige au Gévauldan et foulle au peu-
« ple... *Je n'ayme point ces picoreurs* ». Témoignant lui-même son mécontentement à M. de Robiac, il lui ordonne de rendre tout ce qu'il a pris « sans
« rien retenir, ni faire payer ; car il n'est pas que,
« pour la commodité de quelques particuliers, le gé-
« néral soit intéressé et ruyné ». Il ne fallut rien moins que toute l'autorité de M. de St-Alban pour « rompre l'assemblée qui avoit esté faicte en Auver-
« gne, afin de prendre une revanche » (2).

---

(1) F. André. Doc. t ɪᴠ. pp. 56 et 57. Arch. Lozère C. 1803. 10 juillet 1593.
(2) Ibid. pp. 60, 61, 62, 64 à 71, juillet et août 1593. Arch. Lozère. C. 815 et 1803.

II

Heurtelou (1) était d'autant plus porté à éviter toute tentative de représailles, d'un parti ou de l'autre, qu'il venait d'être informé de la très prochaine conversion du Roi. Un de ses correspondants lui écrit d'Alais, au début de juillet : « un gentilhomme est icy de la part « du Roy pour fère entendre à Mgr [de Montmorency] « sa catholisation et le faire trouver bon à ceulx de sa « religion » (2). Les prières du prélat et de ses diocésains seraient-elles enfin exaucées !

Aussi, grande est la joie des habitants de Mende, dès la confirmation de l'heureuse nouvelle : le 25 juillet 1593, à Saint-Denis, aux pieds de Renaud de Beaune, leur ancien évêque, aujourd'hui leur métropolitain, le Béarnais a solennellement déclaré vouloir vivre et mourir dans la foi catholique. Des fêtes pu-

---

(1) Les Commis du Gévaudan avaient cru à une attaque de Nemours en août 1593. Mais telles n'étaient pas les intentions du chef ligueur, qui s'en revint en Auvergne par Brioude. « J'estois bien résoleu, leur écrit de Chanac Adam de Heurte- « lou, s'il feust venu vous attaquer, d'aller vivre ou mourir avec « vous ». — F. André. Doc. t. IV. p. 71. Arch. Lozère. C. 1803.

(2) Juillet 1593. F. André. Ibid. p. 55.

bliques égayent la vieille et sombre cité épiscopale. L'année suivante, le comte de Peyre sera même délégué pour porter au Roi converti les félicitations de ses fidèles sujets de Gévaudan (1).

Retenu à Chanac par la maladie, Heurtelou écrivit aux Etats réunis à Mende, le 22 novembre 1593 (2) : « Je vous exhorte de rendre grâces à Dieu de ce qu'il « lui a pleu inspirer, par son Sainct-Esprit, le Roy à « se convertir en nostre Saincte Foy et Esglize catho- « licque, apostolicque et romaine, pour le plus grand « don divin qu'il pouvoit envoyer à toute la Chrétienté « et à ce pauvre Royaulme. *Que si nous nous sommes* « *montrés, comme nous avons faict, ses bons et fidè-* « *les subjects en ceste espérance*, maintenant qu'elle « est accomplie, nous debvons d'aultant plus affec- « tionnément lui rendre nostre fidélité et obéyssance, « et conséquemment à Mgr le Connestable, représen- « tant l'authorité de sa Magesté en ce païs, qui « s'est toujours montré amateur du bien, repos « et soulagement de ceste province, sur toutes les « aultres de Languedoc, et de mesme à M. de Fos- « seuse, y commandant en son absence, — louer et « remercier encore ceste bonté divine de ce qu'il lui « plait nous envoyer sa saincte paix, qu'on tient pour « faicte, qui est une seconde grâce qu'il faict « à ce pauvre royaume et à ung chascung de « nous en particulier ». Cette lettre est la formule de la politique de l'Evêque-Comte de Gévaudan,

---

(1) Proc.-verb. Etats du Gévaudan. t. I. p. 459. 11 juin 1594.
(2) J. Roucaute. Doc. p. 204.

ainsi réduite à ses deux principes directeurs, étroitement solidaires : la paix dans la soumission au Roi légitime et à ses représentants.

III

Dès maintenant, il n'est plus gêné dans ses tentatives de pacification par la religion de celui dont il défend la cause. Les « ennemis des Catholicques » du Royaume de France, mais ce sont les Ligueurs eux-mêmes contre lesquels le prélat gallican va bientôt lancer l'excommunication (1). Aussi presse-t-il les partisans de l'Union de reconnaître l'autorité d'Henri IV.

Le 14 août 1593, il avait écrit aux Commis du diocèse (2) : « J'ay ceste espérance que les remontran-
« ces que j'ay faictes à [M. de Canillac] de prendre le
« party du Roy, (puisque le subject (3) de la guerre du

---

(1) Le 10 avril 1594, Heurtelou informe Henri IV qu'il a excommunié les Ligueurs de son diocèse, mais que le seigneur d'Apcher ne tardera pas à se soumettre.— Bibl.Nat. Mss.Dupuy.t.62 p. 99. inédit.
(2) F. André. t. iv. pp. 71 et 72. Arch. Lozère. C. 1803.
[3] C'est-à-dire la religion du Roi.

« party de la Ligue a cessé), ne seront point infruc-
« tueuses, comme j'en prie Dieu de bon cœur ». Le
marquis, suivi de ses « domestiques et d'une dizaine
« de ses amis », était entré paisiblement dans sa
ville de La Canourgue, que le capitaine d'Ayres
avait prise le 21 novembre 1592. Le 24 septembre
1593 (1), il affirma sa résolution « de la mainte-
« nir en l'authorité du Connestable et du païs [de
« Gévaudan], comme elle estoit auparavant, et de
« tout temps, contre ceulx qui vouldroient y ap-
« porter le trouble ». Toutes les tailles, imposées par ordre du Roi ou du Gouverneur de
Languedoc, seront « levées et payées au Rece-
« veur du diocèse, qui pourra seurement et libre-
« ment aller et venir, faire sa recepte, ses contrainctes
« et exécutions, tout ainsi qu'il faisoit auparavant, de
« la part et auctorité de Sa Grandeur et de l'Estat
« de ce dict païs ». Que le Connétable prenne ce
bourg et ses habitants sous sa sauvegarde. — L'année précédente, le sieur des Salelles, chargé d'affaires du marquis, avait déjà reconnu l'autorité du
Roi et de Damville sur les domaines de son maître en
Gévaudan, Rouergue et Haute-Auvergne (2). Le 24
septembre 1593, Canillac (3) ne fit donc que confirmer
les actes de son représentant. Devenu royaliste, il

---

[1] F. André. Doc. t. IV. pp. 75 et 79.
(2) Ibid. pp. 27 à 31.— Arch. Lozère. C. 1803. 25 juillet 1592.
(3) Sur la soumission de Canillac et des Ligueurs d'Auvergne à Henri IV. Cf. Imberdis. Histoire des Guerres de Religion en Auvergne. t. II. pp. 451-460.

protège même le diocèse de Mende contre les Ligueurs du Rouergue.

Restaient Apcher et les Ligueurs du Gévaudan septentrional. Les Etats, réunis à Mende le 23 novembre 1593, désirent le renouvellement de la trêve (1) qui prend fin le 28 février suivant. Damville et Heurtelou sont animés des mêmes intentions. Les commis, afin de donner aux négociateurs de la paix tout le temps nécessaire, s'entendirent avec le chef de l'Union, pour l'établissement d'une suspension d'armes d'un mois (2). Le connétable les approuve volontiers, car « dans ce temps, [M. de Mende] aura donné « un coup pour la continuation de la dernière « trefve particulière ». Le prélat prévoyait d'ailleurs la complète pacification de son diocèse. « J'espère que « ce seront les dernières trefves, — écrit-il, le 3 mars « 1594, à M. de Chanolhet syndic du Pays, — pour ce « que je vois ung chascung se disposer à prendre le « party du Roy » (3).

Aux Etats du mois de juin 1594, les députés de Philibert d'Apcher déclarent qu'il n'a « aulcune volonté « de faire la guerre dans ce dict païs, qu'il en obligera « sa foy et parolle envers le Connestable, et baillera « les seurtés requises » (4). Ils offrent même, en son nom, « de casser, dès à présent, toutes les garnisons « qu'il tient aux villes de son party ». Aussi, dans les remontrances adressées par les Commis des Etats

---

(1) Proc.-verb. Etats du Gévaudan. t. I. p. 397.
(2) Mars 1594. F. André. Doc. t. IV. pp. 86 et 92.
(3) Ibid. p. 88.
(4) Proc. verb. Etats du Gévaudan. t. I. pp. 443 et 444.

à Montmorency, la réduction des garnisons de Mende et autres localités du Gévaudan est-elle spécifiée, « attendeu le bon succès des affaires de Sa Magesté, « par tout son Royaulme, qui se dispose à une géné- « rale recognoissance de son authorité, et que le sieur « d'Apcher, chef du party, est sur le poinct, avec les « places qu'il tient, de se remettre à son obéyssance, « ainsi que ses députés en ont donné espérance aux « dicts Estats » (1). La Satire Ménippée et l'arrêt du Parlement de Paris du 25 mars 1594 avaient, en effet, porté les derniers coups à la Sainte-Union, affaiblie par ses dissensions, irrémédiablement compromise par une alliance impopulaire avec l'Espagne.

A l'imitation des autres gouverneurs ligueurs, Apcher traita directement avec Henri IV. Il sollicita le gouvernement de la Haute-Auvergne, mais n'obtint qu'une gratification de 12.000 écus (2) et le titre de capitaine de cinquante hommes d'armes (3). Le 16 juillet 1594, le Roi, par lettres patentes écrites au camp, devant Laon, « donne descharge [à ce « seigneur] et à tous ceulx qui l'ont adsisté durant « les troubles... de tout ce que a esté par eulx faict et « géré, soit par impositions, levées de deniers, ran- « çons, prises de villes, fortz, remparement d'i- « ceulx, fonte d'artillerie, levée de resve et hault passai- « ge, tant en païs de Haulte Auvernhe que de Givaul- « dan, mesme la rencontre adveneue audict Givauldan

---

(1) F. André. Doc. t. IV. p. 94. Arch. Lozère. C. 1803.
(2) J. Roucaute. Doc. p. 197.
(3) F. André. Ibid. p. 96.

« entre le sieur d'Apchier et le capitaine La Vacqua-
« resse et aultres, avec leurs troupes, où feust tué le
« président de Vigniolles.... » ; car le dit sieur d'Apcher « s'est, de luy mesme et sans contraincte, non
« seulement réduict à [son] obéyssance, mais aussi
« plusieurs places de la prévosté de Sainct-Flour et
« aultres du païs d'Auvernhe, y ayant disposé les ha-
« bitans dicelles, — dont Sa Majesté a beaucoup de
« contentement » (1).

Dès lors, Apcher agit auprès des communautés ligueuses (2), les pressant de se soumettre à Henri IV.
Le 18 septembre 1594, les consuls et notables du
Malzieu déclarent qu'ils ont « enduré beaucoup
« de foulles et de ruines..... pour aider à establir en
« France un Roy catholicque » ; puisque il a plu à
Dieu de le leur accorder, ils doivent naturellement
service à Henri IV ; ce sera le seul moyen de « couper
« chemin à tant de suicides et malheurs..... qui ont
« coureu jusques à présent ». Ils décidèrent donc
d'envoyer à Fosseuse des députés avec mission de
prêter entre ses mains le serment de fidélité au Roi.
La cérémonie eut lieu à Mende, trois jours plus
tard, en présence du gouverneur, du syndic et des
commis du diocèse. Les habitants du Malzieu se
prévalurent de ce que, *les premiers du pays de Gévaudan et même du gouvernement de Joyeuse*, ils
avaient « librement embrassé le service et obéissance
« de Sa Magesté », pour solliciter de Fosseuse « les

---

(1) F. André. Doc. t. IV. pp. 94 à 97.
(2) Ibid. pp. 104 à 107.

« effects de sa bienveillance ». Le gouverneur les assura qu'ils trouveraient en lui « tout l'aide, faveur, « adsistance et soulagement qu'ils en debvoient juste- « ment espérer ». Leurs députés, « la main levée à « Dieu », jurèrent, au nom de la communauté, de rester fidèles à Henri IV (1).

Le 27 septembre, les représentants de Saugues prêtèrent le même serment (2). Les sujets gévaudanais du duc de Mercœur étaient devenus royalistes ; l'intrigant gouverneur de la Bretagne avait toléré, de leur part, ce changement d'attitude, pourvu qu'il ne « portast aulcun préjudice à son revenu » (3). Quant à la communauté de Saint-Chély, elle s'était probablement soumise en la personne de son seigneur, Philibert d'Apcher.

La politique pacifique d'Adam de Heurtelou avait enfin porté tous ses fruits. L'évêque-comte en eut un sentiment très net : « Je me réjouis infiniment, — « écrit-il, le 28 septembre 1594, aux Commis du Gé- « vaudan, — de voir mes diocésains recognoistre « l'obéyssance que tout bon subject doibt à son Roy « légitime et catholicque... Je puis dire maintenant « que mon diocèse est en l'estat auquel je le désirois « il y a longtemps ; de quoy je loue grandement Dieu

---

(1) F. André. Doc. t. IV. pp. 108 à 112.

(2) Ibid. pp. 111 à 114. Les Consuls de Sauges et du Malzieu déléguèrent M. d'Anderjoul auprès de Montmorency. Leur procureur prêta entre les mains du Gouverneur royaliste le serment de fidélité à Henri IV. Ibid. p. 115.

(3) Ibid. p. 105.

« pour le repos et soulaigement que mon pauvre peu-
« ple en recevra » (1).

Deux mois après la signature de l'Edit de Folembray (2), le 12 Mars 1596, les Ligueurs languedociens, réunis à Toulouse, reconnurent Henri IV. Depuis un an et demi, le Gévaudan tout entier lui était soumis. La Ligue s'y était affirmée plus tard, pour y finir plus tôt.

---

(1) Arch. Lozère. C. 1803. — Sur la soumission des Ligueurs gévaudanais à Henri IV, Cf. J. Roucaute. Doc. pp. 206 à 210

(2) 21 janvier 1596. — Le Roi « y conclut son accommodement « avec le duc de Mayenne, le duc Joyeuse... etc. ». Hist. Lang. t. xi. p. 860. — Le traité avait été arrêté en principe dès le mois de décembre 1595 entre Henri IV et Joyeuse ; ce dernier écrit, en effet, à Damville, le 4 décembre, qu'il « s'honore » d'être « son serviteur » et qu'il embrasse le parti du Roi avec « la plus entière fidélité ». Ibid. t. xii. Preuves n° 445.

Dès lors, le Gévaudan tout entier fut rattaché à la partie du Gouvernement de Languedoc dont Ventadour eut la lieutenance. Il fut représenté aux Etats généraux de Languedoc, tenus à Pézenas en 1596, par l'évêque en personne et le baron de Peyre. — C'était la première fois, depuis son élévation à l'épiscopat de Mende, que Heurtelou assistait à la grande assemblée provinciale ; la pacification de son diocèse le lui avait enfin permis.

CONCLUSION

Au début de l'année 1586, tous les Catholiques gévaudanais, animés d'une égale haine contre les Réformés, avaient, d'une même voix, sollicité du Roi la ruine de Marvejols et de la baronnie de Peyre. En 1589, les hostilités religieuses sont passées au second plan : il n'y a plus deux factions seulement en présence, mais trois, géographiquement réparties :

1° Dans la région septentrionale du diocèse, - prolongement du Velay et de l'Auvergne en Gévaudan, - dominent les Ligueurs, unis à ceux du Puy et de St-Flour.

2° Au centre, autour de Mende, dans les fertiles vallées enserrées par les Causses et sur les ramifications méridionales de la Margeride, les Politiques ou Royalistes catholiques sont dociles à la voix conciliatrice de l'Evêque-Comte Adam de Heurtelou.

3° Au sud-est enfin, les Réformés, répartis dans les multiples vallées cévenoles qui les attirent vers la plaine protestante de Nimes, cèdent aux volontés de Damville, gouverneur de Languedoc, comte d'Alais et baron de Florac.

Ces trois factions ont cependant un caractère commun, dû à l'état social du Pays, où la bourgeoisie est effacée, mais où la féodalité est encore puissante. Les baronnies d'Apcher et de Mercœur sont situées au nord du diocèse ; les domaines propres de l'Evêque-comte comprennent surtout Mende, ses environs et les rives du Lot ; Florac, la seule baronnie cévenole, appartient à Montmorency. Or Damville, Heurtelou et Apcher (1) sont les chefs respectifs des Réformés, des Royalistes catholiques et des Ligueurs. Si, dans le Royaume en général, « la Ligue catholique a abouti, « comme l'Union protestante, à la formation de Répu- « bliques municipales confédérées », ces partis politi- ques paraissent avoir toujours conservé, en Gévaudan, leur caractère primitif, nobiliaire et féodal.

II

Toutes les factions, dont les luttes ensanglantent la France, sont donc juxtaposées dans le diocèse de Mende. A priori, on s'attendrait à constater une vive surexcitation des haines politiques et religieuses, d'au- tant plus violentes que, dans ces régions isolées et rela- tivement peu étendues, elles se greffent d'ordinaire sur des rivalités de personnes ou de communautés.

Il n'en fut rien. De 1589 à 1596, la vie gévaudanaise n'est troublée que par quelques actes de brigandage, — vols de bestiaux, pillages de fermes, ou prises de châteaux — dont la fréquence est favorisée par l'anar- chie des guerres civiles.

---

(1) Apcher était, à cette date, le lieutenant de Saint-Vidal et son fondé de pouvoirs en Gévaudan.

C'est que, dès l'année 1589, tous les Réformés, députés aux Etats particuliers, ont affirmé leur sérieux désir d'apaisement et d'entente. L'alliance entre Cévenols et Catholiques royalistes, un instant gênée par la réglementation du régime financier, se réalise en 1591. A peine fut-elle conclue que Philibert d'Apcher, successeur de St-Vidal, se décida à marcher sur Mende ; mais il échoua contre le dévouement des habitants de la cité épiscopale, du Gévaudan central et des Cévennes à la cause du Roi légitime. Le seul effort, vainement tenté d'ailleurs par le chef de la Ligue, n'avait pas duré un mois. Le 11 novembre 1590, s'étaient tenus, à St-Chély, les premiers Etats du parti de l'Union, représenté par dix députés seulement; le 27 septembre 1594, le Gévaudan tout entier était royaliste. Les insurgés s'étaient soumis dès qu'Henri IV leur avait ôté, par sa conversion, le dernier prétexte à la poursuite des hostilités. Ainsi la faction ligueuse, confinée dans les hautes régions septentrionales, avait à peine vécu quatre années, toujours contenue par les « trêves de labourage », parfois même la violente opposition des Royalistes catholiques et réformés.

Quelles sont, en dehors des grands faits qui dominent l'histoire nationale, les causes, particulières au Gévaudan, de l'échec de la Ligue ?

1º *Causes économiques*. — Pauvre pays d'agriculture et d'élevage, sans agglomération urbaine, « foulé » par les soldats de Joyeuse, de Saint-Vidal, d'Apcher et de Montmorency-Fosseuse, le diocèse de Mende ne peut supporter plus longtemps la guerre civile, qui le dépeuple, prive ses terres de laboureurs, et annule l'industrie des *cadis* et des *serges* en éloignant de ses pâturages les troupeaux transhumants. Aussi cette attitude batailleuse des Ligueurs, qui s'impose cependant à un parti dont la violence seule fait la force, y était-elle modérée par de fréquentes « trèves de labourage », signées dans l'intention de ne pas consommer la ruine de la propriété foncière, unique ressource de cette contrée.

2° *Causes administratives.* — La constitution administrative du Gévaudan y a aussi très heureusement favorisé le succès de la cause royaliste. Dans ce pays reculé, l'autorité de l'Evêque de Mende est d'autant plus grande que le pouvoir central est moins fort, le Tiers-Etat moins influent. Adam de Heurtelou est non seulement prélat, mais comte de Gévaudan. Président des Etats et de la Commission de l'Assiette, — qu'il domine par son ascendant personnel accru de tout le prestige que lui assure sa double charge, — il entraine à sa suite presque tous les représentants du diocèse. Ses prérogatives temporelles accentuent encore son attitude royaliste, car il est contrarié dans leur exercice par les usurpations du gouverneur et sénéchal, M. de Saint-Vidal, et des officiers de la nouvelle Sénéchaussée, tout dévoués aux Guises. L'antipathie de ces deux hommes symbolise l'opposition de leurs politiques.

3° *Causes politiques.* — Heurtelou, l'un des plus dignes représentants du clergé gallican, a volontiers adhéré au parti d'Henri IV. Le Béarnais n'a-t-il pas promis de se faire instruire, dans les six mois, par un concile national, ce rêve des modérés et de l'Eglise française ? Aussi l'évêque de Mende, chef des Catholiques royalistes, hostile aux prétentions du baron de Saint-Vidal, entretenait-il de pacifiques relations avec Damville, protecteur des Réformés. L'analogie et la concordance de leurs politiques eurent bientôt pour résultat la fusion des deux partis royalistes. L'expansion ligueuse fut dès lors enrayée.

A vrai dire, dans cette région montagneuse, éloignée de tout centre urbain important, les paysans ne connurent la Sainte-Union que par quelques-unes de ses conséquences économiques et administratives, bien faites pour les en détourner. Tout en sauvegardant ses privilèges, — que ses diocésains considéraient comme leurs, — contre les tendances usurpatrices d'un gouverneur et sénéchal affilié à la Ligue, l'évêque avait, du même coup, donné satisfaction à des laboureurs misérables, hostiles à toute innovation politique, indifférents aux bienfaits promis par l'Union d'une vague fédération municipale.

Epuisé par la guerre civile, le Gévaudanais attend son salut de la royauté légitime, magistrature suprême qui apparaît alors au paysan comme la source unique de toute justice et de tout bien être. Aussi le diocèse de Mende est-il un des pays de France où se sont le plus tôt manifestés ces sentiments loyalistes, — précieux éléments de force pour la monarchie capétienne, que cette religion royale a souvent aidée, au lendemain des grandes crises, à ressaisir le pouvoir, à reprendre et à poursuivre son œuvre centralisatrice.

FIN

Vu et lu,
En Sorbonne, le 27 juin 1899,
Par le Doyen de la Faculté des Lettres de l'Université de Paris,
A. CROISET

Vu et permis d'imprimer :
Le Vice-Recteur de l'Académie de Paris,
GRÉARD

APPENDICES

I

Extrait de « l'estat des terrains abandonnés ou incultes dans divers lieux du Gévaudan (1) ».
1586-1594.

[Cf. plus haut, p. 101].

« Dans la paroisse de Brion [canton de Fournels] sont vacans : les biens de Pierre Gensaint, mort de la peste en l'année 1586, personne n'ayant réclamé sa

---

(1) Cette enquête, dont une partie seulement a été conservée, avait été prescrite par les Etats particuliers du Gévaudan (1591). — Proc.verb. Etats du Gévaudan, t.1, p.285 : «... Les vacans augmentent chascune année, et la recepte des tailles se trouve d'aultant plus diminuée et pourroit finallement estre réduicte à néant, s'il n'y estoit remédié. Pour ces considérations, a esté advisé et conclud qu'il sera faicte sommaire vérifiçation desdictz vacans par le sieur juge du Bailliaige, tant sur la procédure et information des vacans de l'année passée que sur les cadastres et dépar-

succession ; — ceulx d'Antoine Pellat, mort aussi de la mesme contagion ; — ceulx de Guillaume Pécoul, absent du païs, — ceulx de Guillaume Vacheresse, depuis que l'armée du duc de Joyeuse lui enleva son bestail ; — les biens en friche de la femme Bernier, décédée de la contagion, ainsi que toute sa famille.

Au village du Fau [hameau de la commune de Brion], sont abandonnés : les biens de Jean Pougion et de Jean Achard, morts de la contagion, ainsi que tous les membres de leurs familles, à l'exception d'une femme qui fut, peu de temps après, dévorée par les bestes féroces.................................. ».

Nombreux sont les vacants des paroisses d'Auroux [canton de Langogne], Allenc [canton du Bleymard], Châteauneuf [arrondissement de Mende], Belvezet [canton du Bleymard], Chastanier [canton de Langogne], Sainte-Enimie [arrondissement de Florac], etc.

« Les taxes des biens vacans sont estimées, au Malzieu, 125 escus, — à St-Chély-du-Tarn [canton de Ste-Enimie], 46 escus, 3 sols, 10 deniers, etc.

(Arch. Lozère. C. 21).

---

temens généraulx de chascune des paroisses intéressées..........
.....Ung estat général [des vacans] sera dressé, icelùy envoyé à MM. les trésoriers généraulx de France..... ».

II

Note sur la Sénéchaussée de Mende
1583-1596
[Cf. plus haut, p. 119].

La Sénéchaussée de Mende est mentionnée une seule fois dans l'Histoire Générale de Languedoc : « Entre les nouvelles charges que [les Estats de Languedoc, réunis à Béziers, en juillet 1585,] supplièrent le Roy de supprimer, dans le cahier de doléances on spécifia nommément le siège de Séneschal que le Roy avoit érigé à Mende pour tout le Pays de Gévaudan par un édit du mois de mai 1583 » ; — et le savant Bénédictin d'ajouter : « son érection n'eut pas lieu ».

Cette affirmation est erronée.

Voici les dates principales de l'histoire de la Sénéchaussée de Mende :

1° Edit de création (1) ; *mars 1583* (2).

2° Enregistrement de cet édit au Parlement de Toulouse ; *4 août 1583*.

---

(1) Arch. Haute-Garonne. Série B. Parlement. Edits. Reg. XI f° 2. — J. Roucaute. Doc. pp. 3-11.

(2) Erreur de Dom Vaissète, qui fixe au mois de mai la date de l'édit de création.

3° Installation des officiers de la Sénéchaussée par M. de Luc, conseiller au Parlement de Toulouse, *du 21 mars au 12 avril 1585*. (1).

4° Procès de la Sénéchaussée (2).

a) Action intentée par le juge-mage au juge de la Cour commune et au juge de l'Evêque ; *20 août 1585* (3).

b) Avis du Conseil du Parlement de Toulouse confirmant les prérogatives temporelles du prélat de Mende, *27 novembre 1585* (4).

c) Le syndic du diocèse de Mende cite le juge-mage et son greffier à comparaître devant le Conseil d'Etat, *23 décembre 1585* (5).

d) Arrêt du Conseil d'Etat maintenant le nouveau siège, mais interdisant à ses officiers de porter atteinte aux droits du prélat, aux privilèges séculaires du pays de Gévaudan stipulés par le Paréage de 1307. *17 décembre 1587* (6).

5° Suppression de la Sénéchaussée par Henri IV. *12 août 1596* (7).

La Sénéchaussée de Mende a donc vécu 13 ans, ou plutôt 11 ans ; car, si elle fut créée en 1583, ses officiers ne furent installés qu'en 1585.

---

(1) Arch. Lozère. C. 1344, inédit.
(2) Les principales pièces du Procès de la Sénéchaussée sont aux Archives de la Lozère, Série G. Liasses 915 à 919.
(3) Ibid. G. 917. — J. Roucaute. Doc. pp. 33 sqq.
(4) Ibid. G. 916. — J. Roucaute. Doc. pp 44-48.
(5) J. Roucaute. Doc. p. 85.
(6) Ibid. pp. 85-94. — Arch. Lozère. C. 794.
(7) Cf., ci-dessous, la confirmation de l'édit de suppression dont nous n'avons pas retrouvé le texte.

Confirmation par Henri IV de son Edit du 12 août 1596 supprimant la Sénéchaussée de Mende.

Paris, le 16 septembre 1598.

[Archives de la Haute-Garonne. — Série B. — Parlement. Edits. Reg. 12 f° 44 sqq. inédit].

Henry, par la grâce de Dieu Roy de France et de Navarre, au premier de nos amés et féaulx conseillers les maistres des Requestes ordinaires de nostre hostel, conseillers de nos cours souveraines, juge royal sur ce requis, salut. — Par arrest cejourd'huy contradictoirement donné en nostre privé conseil, entre le scindic général du pays de Languedoc et le scindic du diocèse de Nismes, demandeurs en exécution d'arrest aussi par nous donné en nostre d. Conseil, le 12° jour d'aoust 1596, et, en ce faisant, que le siège du séneschal de Mende, pays de Gévaudan, demeure esteinct et supprimé, et que l'arrest donné en nostre cour de parlement de Tholoze, le 4° mars 1597, au préjudice du d. arrest donné en nostre d. conseil, soit cassé, d'une part ; et messire François de Montmorency, seigneur et baron de Fosseuse, proveu de l'estat de séneschal du d. Mende, et maistre Vidal Martin, défendeurs, d'autre part.

Nous, suivant et conformément au d. arrest par nous donné en nostre d. Conseil le d. 12° jour d'aoust 1596, avons ordonné que le siège de séneschal de

Mende et officiers d'icelluy demeureront esteincts et supprimés ; sauf au d. sieur de Fosseuse de poursuivre son remboursement de la somme de deux mil escus, selon et ainsi qu'il est ordonné par autre arrest de nous, donné en nostre d. Conseil le 14 septembre au d. an 1596 ; et avons cassé le d. arrest de nostre d. cour de Parlement de Tholoze du d. 4° mars 1597, et toutes les procédures faictes en conséquence d'icelluy, comme donnés au préjudice des arrestz de nostre d. Conseil,— et faict inhibitions et défenses aux subjects du d. pays de Gévaudan de se prouvoir pour leurs procès et différens pardevant autre séneschal que celluy de Beaucaire et Nismes, et auxd. défendeurs et tous autres, de prendre qualité d'officiers au séneschal du d. Mende. Pour ces causes, vous mandons et au premier de vous sur ce requis commectons par ces présentes que nostre dict arrest vous mettiez à deue et entière exécution, en ce que exécution y est requise et y eschet, nonobstant oppositions et appellations quelconques, dont si aulcunes estoient, nous en avons retenu et réservé à nous et à nostre d. conseil la cognoissance, l'interdisant et défendant à nostre d. cour de parlement de Tholoze et à tous autres nos juges. Mandons et commandons au premier nostre huissier ou sergent sur ce requis, faire tous exploicts, significations, assignations et exécutions pour ce requis et nécessaires, car tel est nostre plaisir ; de ce faire vous donnons pouvoir, commission et mandement spécial par ces d. présentes. Mandons et commandons aussi à tous nos justiciers, officiers et subjects vous obéir en ce faisant, nonobstant comme dessus et quelconques édicts, ordonnances, mandemens, défenses et lettres à ce contraires. Donné à Paris, le seiziesme jour de septembre l'an de grâce mil cinq cens quatre-vingt-dix-huict, et de nostre règne le dixiesme. Ainsi signé : par le Roy en son Conseil, Dreux ; et scellées du grand scel en cire jaulne, sur simple queue.

Le présent arrest et lettres patentes y attachées ont esté registrés ès registres de la cour, suivant l'arrest et délibération d'icelle du jourd'huy. Faict à Tholoze, en parlement, le 16 de décembre mil cinq cens quatre-vingt-dix-huict.

INDEX ALPHABÉTIQUE

A

Alais (1). 31, 33, 182, 246, 255.
Albi. 244.
Albi (diocèse d'). 22, 23.
Allenc (seigneur d'). 92, 132.
Allier (l'). 168.
Andelot (Charles de Coligny, marquis d'). 44, 47, 59, 176.
Anduze. 33, 77, 214.
Angu (Nicolas d'), évêque de Mende. 187.
Antrenas. 17, 86.
Apcher (Baronnie d'). 171, 256.
Apcher (Jean d'). 33, 47, 50, 87, 109, 225.
Apcher (Philibert d'). 91, 132, 153, 165, 166, 167, 171, 182, 224, 226, 227, 229, 230, 232, 233, 234, 235, 239, 241, 242, 243, 244, 250, 251, 252, 253, 256, 257.
Aquitaine. 39.
Arpajon (Seigneurs d'). 12, 132.
Aragon (Rois d'). 7, 8.
Aubrac (Domerie d'). 83, 132.
Aubrac (Monts d'). 4, 25, 26, 31, 94, 168.
Aumont (maréchal d'). 48, 51.

---

(1) Les noms géographiques sont en italique.

Auvergne. 3, 31, 37, 39, 45, 46, 50, 90, 95, 110, 143, 148, 149, 162, 163, 166, 167, 168, 170, 214, 225, 226, 227, 229, 232, 233, 243, 245, 249, 251, 252, 255.

Ayres (Le Capitaine d'). 235, 249.

B

Badaroux. 107, 197.

Balsièges. 197.

Barcelone (comte de). 7.

Barreau (Le Capitaine). 230.

Barreau (Syndic des Réformés du Bas-Gévaudan). 63 175.

Barre. 33, 179, 180, 182.

Barre (Seigneurs de). 92, 132, 178.

Beaucaire (Sénéchaussée de). 19.

Beaune (M. de). 241, 242.

Beaune (Renaud de), archevêque de Bourges. 23, 44, 115, 142, 146, 185, 186, 187, 246.

Bèze (Théodore de). 90.

Béziers. 220.

Biron. 52.

Blois (Etats de). 81, 86, 106, 111, 136, 141, 142, 143, 145, 210.

Boémy (Le Capitaine). 230.

Bourges (Archevêché de). 185.

Bourgogne. 152.

Bournet (Le Capitaine). 230.

Bretagne. 253.

Brugeyron (Jean), vicaire général de l'Evêque de Mende. 120.

Burel (Jean), bourgeois du Puy. 190.

C

Canillac (Château de). 91.

Canillac (marquis de). 17, 50, 53, 62, 64, 66, 87, 90, 110, 133, 166, 233, 235, 248, 249.

Canourgue (La). 17, 45, 83, 133, 227, 235, 249.

Capétiens (Les). 7, 8, 9.

Causses (Les). 4, 25, 26, 65, 77, 255.

Cazalmartin (Jacques de), avocat, député du Gévaudan aux seconds Etats de Blois. 141-150.

Cénaret (Baronnie de). 87, 90, 132, 156, 158, 166.

Cévennes (Les). 4, 17, 18, 32, 36, 38, 45, 47, 65, 77, 97, 115, 132, 178, 181, 182, 203, 210, 217, 218, 221, 227, 257.

Cevénols. 29, 30, 31, 44, 173, 182, 208.

Chambon. 131.

Chamborigaud. 217.

Chambrun (M. de). 214, 231.

Champagne. 215.

Chanac. 18, 20, 66, 197, 205, 206, 207, 221, 233, 235, 247.

Chanoulhet (M. de), syndic du Gévaudan. 96, 137, 146, 250.

Charles X. 215.

Charles de Lorraine. 215.

Charles-Emmanuel, duc de Savoie. 215.

Charron, commissaire général des vivres de l'armée du duc de Joyeuse. 50, 53.

Chastes (M. de). 164, 229.

Châteauneuf-Randon. 87, 90, 132.

Châtillon (François de Coligny, seigneur de), 45, 46, 47, 54, 61, 74, 176.

Chevalier, consul de Mende. 231.
Chirac. 17, 34, 60, 72, 86, 132.
Clermont. 48, 50, 53, 110, 143, 163.
Clermont-Lodève (M. de). 243.
Colagnet (Le). 83.
Compeyre. 54.
Condé. 38, 52, 174.
Cornillade (Le Capitaine de la). 230.
Cornusson (M. de), 243.
Costeregord (Le Capitaine). 233, 235.
Courtenai (M. de). 59.
Crémieu (Edit de). 120.
Croix (Antoine de Bourbier, sieur de la). 177, 230.
Crussol (Marie de). 34, 36, 90.
Crussol (Seigneurs de), duc d'Uzès. 22.

D

Damville (Henri de Montmorency, seigneur de). 37, 43, 44, 52, 62, 73, 74, 77, 90, 114, 153, 177, 179, 181, 182, 198, 201-205, 207, 208, 209, 210, 211, 213, 216, 218, 219, 220, 221, 222, 226, 227, 229, 231, 233, 234, 239, 241, 245, 246, 249, 251, 255, 256, 259.
Dumas, juge de la Cour Commune de Gévaudan. 120, 136, 140.
Duprat (Claude). évêque de Mende. 187.
Duranti (Le Premier Président). 163.

E

Entraigues (M. d'). 243.
Espagne. 101.

F

Fau (Le). 100.

Florac. 33, 62, 77, 87, 131, 174, 177, 179, 180, 204, 207, 214, 218, 255, 256.

Folembray (Edit de). 38, 254.

Fontanilles. 18.

Fosseuse (François de Montmorency, seigneur de), gouverneur du Gévaudan. 231, 233, 234, 242, 247, 252, 258.

G

Gabriac. 33, 182.

Gabriac (Seigneurs de). 92, 132, 178.

Garde Guérin (Consuls nobles de la). 132,

Gapfrancès (Commanderie de). 83.

Genoulhac. 217.

Gentil (Le Capitaine). 176.

Gévaudan (Diocèse de Mende ou Pays de). 3, 4, 5, 6, 7, 8, 14, 16, 18, 21, 22, 37, 39, 48, 52, 66, 74, 76, etc.

Gévaudan (Bas). 26, 31, 35, 109, 173-176, 178, 180, 205, 206, 207.

Gévaudan (Haut). 17, 31, 35, 45, 72, 78, 109, 115, 151, 177, 196, 205, 206, 207, 208, 214, 218.

Gévaudan (Cour Commune du Bailliage de). 19, 178.

Gévaudan (Etats de). 38, 92, 104, 131-141.

Grèzes (Château de). 17.

Grèzes (Vicomtes de). 7.

Guise (Le duc de). 37, 116, 145, 152, 163, 166, 202.

Guyenne. 3, 37, 52.

H

Hauterive (M. de). 243.

Hauteville (M. de). 241.

Henri II. 168.

Henri III. 43, 46, 47, 48, 51, 53, 76, 90, 104, 106, 110, 117, 122, 131, 137, 138, 139, 145, 148, 160, 186, 195, 198, 204, 210, 214.

Henri IV. 36, 37, 38, 43, 45, 52, 53, 74, 153, 160, 165, 176, 181, 210, 211, 215, 219, 220, 227, 238, 246, 248, 251, 252, 253, 254, 257, 259.

Heurtelou (Adam de). 24, 47, 51, 52, 75, 78, 84, 115, 119, 132, 135, 137, 138, 140, 170, 184-194, 205, 206, 207, 209, 212, 213, 219, 221, 237, 240, 242, 246, 247, 250, 253, 255, 256, 259.

I

Ile-de-France. 215.

Isabelle-Claire-Eugénie, fille de Philippe II. 215.

Ispagnac. 83, 109, 175, 184.

J

Joyeuse (Le maréchal, vicomte, Guillaume de). 44, 114, 204, 209, 216, 217, 243.

Joyeuse (L'Amiral, duc, Anne de). 43, 50, 52, 53, 55, 58, 63, 64, 65, 68, 70, 73, 76, 86, 91, 93, 96, 115, 143, 148, 152, 170, 171, 177, 192, 197, 201, 205, 206, 216, 218, 257.

Joyeuse (Scipion de), Grand prieur de Toulouse. 243.

Joyeuse (Le Cardinal de), gouverneur de Toulouse. 244.

Joyeuse (Le capucin frère Ange), frère du précédent. 244, 252.

L

La Gorce (Baronnie de). 109.
La Mark (Antoinette de), femme de Damville. 90, 182.
Lambrandès (M. de). 230.
Langeac. 168.
Langogne. 66. 83, 96, 131, 132, 235.
Languedoc. 3, 20, 28, 31, 37, 39, 43, 44, 45, 52, 61, 93, 97, 101, 103, 104, 180, 181, 217, 227, 233, 237, 244, 247.
Languedoc (Etats de). 21, 90, 135, 139, 220, 244.
Laon. 251.
La Peyre (Pierre d'Auzoles, sieur de), gouverneur du Château de Peyre. 71.
Laroche (Capitaine), Gouverneur de Marvejols. 45, 60, 62, 63.
Lavardin (Jean de Beaumanoir, sieur de). 55, 56, 66.
Lecques (Monsieur de), maréchal de camp de Damville. 62, 177.
Leynadier (Robert), chanoine de Mende. 141, 144.
Ligeac (M. de). 234.
Limousin. 163.
Lozère (Mont). 4, 94.
Lyon. 164, 227, 228, 244.
Lyonnais (Le). 152, 162, 168, 170.

M

Mâconnais (Le). 170.
Malzieu (Le). 38, 45, 46, 48, 56, 57, 71, 72, 91, 105, 133, 168, 169, 170, 171, 182, 192, 227, 252.

Margeride (Monts de la). 4, 5, 26, 31, 57, 168, 255.

Marvejols. 17, 18, 19, 25, 34, 35, 37, 38, 44, 48, 52, 58, 59-70, 71, 73, 75, 77, 154, 159, 170, 175, 191, 205, 206, 207, 213, 214, 231, 255.

Matignon. 52.

Maubert (Pierre), député du Clergé de Gévaudan aux seconds Etats de Blois, 141, 148.

Maubourg (Lysias de la Tour). 158.

Mayenne. 160, 161, 215. 224, 225, 227, 233.

Mende. 18, 19, 25, 26, 37. 38, 68, 73, 78, 83, 86, 95, 97, 107, 109, 117, 118, 133, 144, 146, 168, 177, 186, 197, 207, 225, 229, 230, 231, 233, 234, 244, 246, 252, 255, 256, 257.

Mende (évêques de). 7, 9, 20, 24, 35, 50, 52, 66, 226, 241, 247, 258, 259.

Mende (Diocèse de), Cf. Gévaudan.

Mercœur (Le duc de). 37, 90, 105, 133, 166, 182, 253, 256.

Mercœur (Baronnie de). 45, 87, 90, 91, 169, 170, 171.

Merle (Le Capitaine). 36, 37, 38, 58, 68, 71, 72, 73, 93, 109.

Meyrueis. 45, 77.

Michel (M. de), 241.

Millau. 33, 34, 45, 62, 73, 77, 235.

Millau (Vicomtes de). 7.

Mirandol (Seigneurs de). 92, 132.

Monnier, ministre de Marvejols. 60, 214.

Montagnac. 244.

Montalleyrac (M. de). 166.

Montauroux (Seigneurs de). 92, 132.

Montbrun (M. de). 177, 230.

Montferrand. 158.
Montmorency. Cf. Damville.
Montpellier. 20, 77, 102, 104, 213, 214.
Montpezat (M. de) 213.
Montrodat (Seigneurs de). 92, 133, 134.
Morangiès (Monsieur de). 92.
Moulins. 54.

N

Nantes. 166
Nemours (duc de). 166, 225, 227, 228, 229, 230, 232, 233.
Nemours (Edit de). 38, 43.
Nîmes. 3, 31, 33, 77, 116, 117, 173, 174, 177, 178, 181, 213, 214, 255.
Nogaret (Château de). 17, 132.

O

Orléanais (L'). 52.

P

Palhers. 83, 132.
Parade (La). 109, 175.
Paris. 152, 164, 185, 227.
Paris (Parlement de). 169, 170, 251.
Peccaïs (Salines de). 174.
Peyre (Château de). 38, 44, 58, 70, 72, 75, 91.
Peyre (Baronnie de). 29, 35, 45, 77, 87, 90, 97, 170, 233, 255.
Peyre (Astorg de). 34, 36, 90.

Peyre (Marchastel de). 90, 132, 196, 214, 224, 238, 239, 241, 242, 247.

Philippe II. 215.

Picardie (La). 215, 238.

Pisseleu (Charles de), évêque de Mende, 187.

Polignac (Baron de). 90.

Pompidou (Le). 18.

Pont-de-Montvert (Le). 33, 217.

Portes (Viguier de). 221.

Portes (Seigneurs de). 92, 132, 178, 179.

Prunet (Le capitaine de). 230.

Puecheral (Le capitaine de). 230.

Puy (Le). 55, 118, 156, 164, 168, 229, 230, 232, 255.

Puy du Fou (M. de). 59.

Q

Quercy. 163.

R

Rampan (Etienne), Chanoine de l'Eglise cathédrale de Mende. 165.

Rancillac (M. de). 242.

Randan (Comte de). Gouverneur ligueur de la Basse-Auvergne. 167.

Recoulettes (Seigneurs de). 95.

Ribennes. 101.

Riom. 149, 166, 169. 170. 232.

Robiac (M. de). 245.

Rochebelot (La Tour de). 233.

Rochefort d'Ailly (Pierre de). 90.

Rochefoucauld (Jean de la), évêque de Mende. 187.

Rochelle (La). 177, 181, 210.
Rochemaure (M. de). 204, 229.
Rodez. 73, 75, 193, 196.
Rouergue. 3, 4, 31, 37, 39, 45, 91, 148, 162, 168, 177, 227, 235, 242, 249. 250.

S

Sabran (M. de). 47, 76, 120.
Saint-Alban (Aymar de Calvisson, seigneur de) 37, 92, 133, 134, 197, 207, 238, 241, 242, 245.
Saint-André de Valborgne. 180.
Saint-André (M. de). 230.
Saint Chély. 26, 58, 66, 91, 97, 133, 165, 168, 171, 182, 224, 225, 227, 234, 253, 257.
Saint-Denis. 246.
Saint-Etienne-Vallée-Française. 17, 33, 35, 118, 132, 178, 179.
Saint-Flour. 37, 45, 52, 66, 167, 168, 227, 252, 255.
Saint-Germain-de-Calberte. 17, 33, 180,
Saint-Hilaire. 18.
Saint-Jean (Chevaliers de). 131.
Saint-Jean-du-Gard, 33, 77.
Saint-Julien. 18.
Saint-Laurent-d'Olt. 227.
Saint-Léger-de-Peyre. 34, 72, 91.
Saint-Martin-de-Lansuscle. 203.
Saint-Pierre-des-Tripiers. 109, 175.
Saint-Privat. 33.
Saint-Sauveur-de-Peyre. 34. 91.
Saint-Sauveur-lès-Chirac. 85, 193, 196.
Saint-Vidal (Antoine II de la Tour). 37, 44, 48, 51,

55, 57, 58, 63, 66, 68, 70, 91, 93, 96, 114, 117, 119, 123, 138, 139, 153-161, 164, 165, 167, 168, 171, 187, 197, 204, 213, 224, 225, 226, 257, 258, 259.

Saint-Vidal (Claire de), 90.

Sainte-Croix. 17.

Sainte-Enimie. 83, 131.

Salelles. 86.

Salelles (M. de). 249.

Salètes (M. de). 241.

San-Vésa (M. de), Gouverneur du Rouergue. 226, 243.

Saugues. 66. 105, 133, 168, 169, 171, 182, 227.

Sauveterre (Causse de). 65.

Savaron (Procureur d'Auvergne). 149.

Séras (Monsieur de). 177, 220.

Serverette. 38, 71, 72, 87, 133, 170, 171.

Servières (Seigneurs de). 132.

Sévérac (Seigneurs de). 92, 132.

Sienjac (M. de). 242.

Sipière (Imbert de Marsilly, sieur de). 55.

Syméon (juge du Malzieu). 140.

T

Tarn (Le). 4.

Tellas (Le sergent). 230

Thou (J. A. de). 67, 68, 181, 194.

Toulousain (Le). 162, 168.

Toulouse (Parlement de). 19, 102, 118, 139, 163, 164 170, 227, 229.

Tournel (Aldebert du). 8, 10, 241.

Tournel (Baron du). 47, 87, 90, 133, 234.

Truyère (La), 168.

U

Uzès. 3, 36, 77, 213.

V

Vacquaresse (Le Capitaine de La), 234, 252.
Valdonnez (Le). 26.
Valmalette (Le Capitaine). 234.
Vazeilles (M. de). 166.
Vébron. 17.
Vébron (M. de). 242.
Velay. 3, 22, 23, 31, 39, 46, 90, 117, 138, 148, 158, 159, 162, 164, 168, 214, 227, 229, 255.
Vidal-Martin, juge-mage de la Sénéchaussée de Mende. 120, 122.
Vignoles (Le président de). 234, 252.
Vilette (*Trève de la*). 238.
Villard (*Le*). 197.
Villemur. 243.
Virgile (Le capitaine). 47.
Vivarais (Le). 3, 22, 109, 227, 238, 242.
Volte (M. de La). 166.

Table des Matières

Avant-Propos 1
Bibliographie III
Carte du Pays de Gévaudan au début du règne d'Henri IV
(hors texte)...

INTRODUCTION

Les caractères historiques du Gévaudan au xvi° siècle..... 1
I. — Configuration du Pays de Gévaudan : la *Montagne*,
les *Causses*, les *Cévennes*. — Son isolement...........
II. — Sa physionomie historique. — Le pouvoir temporel
des évêques de Mende, comtes de Gévaudan. — Rapports
du Roi et du prélat, du xii° au xiv° siècles. — Le Paréage
de 1307 ....
III. — A la veille des Guerres de Religion, la grande influence de l'évêque-comte s'affirme au point de vue social et politique, judiciaire, administratif :
1° Loin d'être une « quantité politiquement négligeable »,
le Clergé occupe, en Gévaudan, la première place, au-dessus de la Noblesse et du Tiers-Etat, à côté du Roi. —
La société gévaudanaise est plus féodale que moderne.
— Son caractère archaïque. — Le prélat est propriétaire
de l'une des plus vastes seigneuries ecclésiastiques du
Royaume ; les nobles gévaudanais sont ses vassaux.
2° La justice est organisée d'après une triple répartition
des biens fonds en « Domaine propre du Roi », « Domaine propre de l'Evêque », « Terre commune à l'Evê-

que et au Roi ». — Bailli royal de Marvejols ; bailli épiscopal de Mende ; bailli de la Cour Commune siégeant alternativement à Mende et à Marvejols. — Les aliénations ou engagements d'une partie du domaine de la Couronne ont porté atteinte à l'autorité du bailli royal. — Grande influence judiciaire du prélat et de son bailli, due surtout à l'étendue du domaine épiscopal.
3° Diocèse civil et diocèse ecclésiastique. — La circonscription administrative se confond avec la circonscription ecclésiastique. — Les Etats Particuliers du Pays de Gévaudan ont des attributions plus étendues que les « Assiettes » ordinaires des diocèses languedociens. — Différences entre les Etats du Gévaudan et ceux du Vivarais, du Velay, de l'Albigeois. — Rôle prépondérant de l'Evêque de Mende.................. ....

IV. — Dualisme judiciaire et administratif, symbolisé par les deux bourgs les plus importants du Gévaudan : Marvejols, cité royale, Mende, cité épiscopale..................

V. — Les troubles causés par les Guerres de Religion gênèrent l'action du gouvernement central et permirent aux prélats d'exercer leurs prérogatives presque souveraines. — Les différences géographiques, économiques et ethnographiques entre le Gévaudan septentrional et central et le Gévaudan méridional sont complétées par l'opposition des « Montagnards » catholiques et des « Cévenols » protestants..... ....

VI. La Réforme dans le diocèse de Mende. — Création des Eglises des Cévennes, — de Marvejols et de la baronnie de Peyre. — Ces deux centres, dont le premier est de beaucoup le plus important, sont les derniers appendices du Midi protestant vers la France centrale. — Deux circonscriptions administratives : le Haut-Gévaudan catholique, le Bas-Gévaudan réformé. — Mais les Huguenots eux-mêmes « reconnaissent toujours et respectent le Prélat de Mende comme comte de Gévaudan ».

VII. — Caractère général des hostilités entre Protestants et Catholiques, de 1563 à 1580. — Le capitaine Merle. — Plan du présent Travail..............................

Première Partie

Chapitre Ier

L'expédition du duc de Joyeuse. — Le siège de Marvejols (1586).. 41

I. — Edit de Nemours. — Réveil des hostilités en Gévaudan. — Progrès des Réformés commandés par Andelot. Prise du Malzieu............................

II. — Les Catholiques gévaudanais, appuyés par les prélats de St Flour et du Puy, réclament du Roi une intervention armée. — Henri III y consent, mais exige du diocèse de Mende une contribution de 23.000 écus. — Les créanciers du Gévaudan. — L'amiral duc de Joyeuse, fils du lieutenant général de Languedoc, commande l'armée royale et ligueuse......................

III. — Cette tentative se rattache à un plan général d'attaque des forces du Roi de Navarre et de ses alliés dans le Midi de la France. — Projets de Joyeuse............

IV. — L'amiral traverse la France centrale. — Reprise du Malzieu..................................

V. — Sur les conseils de M. de Saint-Vidal, gouverneur du Gévaudan et du Velay, l'armée, évitant le château de Peyre, investit Marvejols. — Surprise des Réformés. — Le siège. — La capitulation. — Massacre des fugitifs. — Sac de Marvejols. — Mende profite de la ruine de sa rivale...................................

VI. — Siège et prise du château de Peyre défendu par Pierre d'Auzoles. — M. de Lavardin, lieutenant de Joyeuse, livre Pierre d'Auzoles aux habitants de Mende, qui se vengent sur lui des excès commis par son beau-frère, le capitaine Merle......................

VII. — Mais le Gévaudan a failli à tous ses engagements. — L'armée, mal soldée, mal nourrie, décimée par la peste, est licenciée en Rouergue.....................

VIII. — Conséquences religieuses et politiques de cette tentative en Gévaudan : ruine des Religionnaires de Marvejols et de la baronnie de Peyre ; le **Haut-Gévaudan** exclusivement catholique ; les Protestants isolés dans Cévennes. — L'Evêque et sa ville, Mende, à l'abri du péril huguenot. — Les Catholiques gévaudanais peuvent se rendre plus nettement compte de la grave situation économique et administrative que leur ont créée vingt-cinq années de luttes civiles, tristement couronnées par l'expédition de Joyeuse...

Chapitre II

Etat social et financier du Gévaudan, après l'expédition de Joyeuse (1586-1589).. 79

I. — Les trois ordres et les gens du plat pays participent, quoique à des degrés divers, à la désorganisation générale..

II. — Le Clergé. — Situation matérielle et morale. — Le monastère bénédictin de Saint-Sauveur-lès-Chirac, en 1588. — De tous les grands domaines gévaudanais, celui de l'Evêché a le moins souffert des guerres civiles......

III. — La noblesse : revenus nobles et revenus roturiers. 1° Les huit « barons de tour ». 2° Les nobles proprement dits ayant droit d'entrée aux Etats. 3° Les nobliaux montagnards. Ces derniers se font volontiers chefs de bandes. « Patria Gabalorum, patria tyrannorum ».......

IV. — Le Tiers-Etat. Les fonctions consulaires désertées. — La vie économique suspendue......................

V. — Ruine des gens du plat pays, anciens serfs répartis dans les *mansi*. — Elle est due aux excès des troupes de St-Vidal et de Joyeuse, et des bandes de pillards commandées par les chefs montagnards. — La famine : cherté des denrées. — Dépopulation du Gévaudan......

VI. — Finances. — Les « biens vacants ». — Plus la population diminue, plus ses charges augmentent : *a*) accroissement des deniers extraordinaires ; — *b)* deniers ordinaires ; le chiffre n'en varie plus depuis 1530, mais la perception en devient toujours plus onéreuse. — « Réalité » des tailles. — Privilège de la « Terre épiscopale » en matière d'impôts...

VII. — Dettes du diocèse de Mende : les plus importantes furent contractées en 1581 (rachat de Mende au capitaine Merle) et en 1586 (entretien de l'armée de Joyeuse). Leur total s'élève à 100.000 écus, somme considérable pour le pays et pour l'époque. — Le Gévaudan aura recours au Roi...............

Chapitre III

Etat administratif et judiciaire. — Evêché et Sénéchaussée de Mende............ 113

I. — Le gouvernement du Pays de Gévaudan. — Excès commis par le Gouverneur, M. de Saint-Vidal.........

II. — Fondation de la Sénéchaussée de Mende. M. de St Vidal sénéchal. — Violation des privilèges épiscopaux par les officiers du nouveau siège....................

III. — Procès entre le juge-mage et les officiers ordinaires de l'évêque, appuyés par le bailli de la Cour Commune, les Etats particuliers du Gévaudan, les Etats de Languedoc, les Agents du Clergé général de France. — Arrêt du Conseil d'Etat (17 décembre 1587). — L'Evêché et les Etats particuliers sollicitent du Roi la suppression de la Sénéchaussée. — Conséquences de ces deux récentes créations sur l'état général du diocèse de Mende........

Chapitre IV

Les doléances du Pays de Gévaudan. — Ses députés aux seconds Etats de Blois........................ 130

I. — Les Etats particuliers tenus à Mende le 27 septembre 1588. — Leur composition.........................

II. — Cérémonial des Etats....................

III. — Délibération de l'assemblée sur les doléances à présenter au Roi en son Conseil. — Election des députés aux Etats de Blois. — Rôle prépondérant de l'Evêque...

IV. — Les représentants du Gévaudan aux seconds Etats de Blois. — Intérêt de l'étude du compte de M. Decazalmartin, député du Tiers..........................

V. — Première requête (10 février 1589). Réponses évasives ou négatives du Conseil royal. — Deuxième requête (16 mai 1589) : que le Roi fasse contribuer au paiement des dettes du Gévaudan les Pays voisins qui ont aussi bénéficié de la prise de Marvejols. Le Conseil ordonne une enquête — Aucune amélioration n'est apportée par le pouvoir central à la triste situation du Pays de Gévaudan ....

Livre II

Chapitre Ier

Portrait inédit du baron de St-Vidal (hors texte).........
Les Partis en 1589. — La Ligue en Gévaudan............ 151
I. — Rupture d'Henri III et de la Ligue. — Géographie politique du Gévaudan au début de l'année 1589 : au nord, les Ligueurs ; — au sud-est, les Réformés cévenols ; — au centre, et dans la majeure partie du diocèse, les Catholiques royalistes. — Ces trois partis affectent des caractères particuliers au diocèse de Mende........
II. — Les Ligueurs. — Leur chef, M. de Saint-Vidal. Son portrait. — Sa politique..................................
III. — Le serment des Ligueurs du Puy circule en Gévaudan. — Les trois ordres et la Sainte-Union. — Le mouvement ligueur a toujours conservé, dans le diocèse de Mende, son caractère primitif, catholique et féodal......

Chapitre II

Les Cévenols...................................... 172
I. — Les Cévennes gévaudanaises forment une circonscription administrative : le Bas-Gévaudan. — Finances. — Armée. — Justice. — Etats particuliers. — Organisation ecclésiastique..................................
II. — Les Cévenols sont toujours fidèles à Henri de Béarn et à son allié, Montmorency-Damville, baron de Florac...

Chapitre III

Portrait inédit d'Adam de Heurtelou, (hors texte)......
Les Royalistes Catholiques............................ 183

I. — Adam de Heurtelou, évêque de Mende, comte de Gévaudan, est le chef de ce parti nouveau. Son portrait, sa politique de prélat gallican dévoué à la monarchie légitime..

II. — Relations d'Adam de Heurtelou avec Henri III.....

III. — Adam de Heurtelou et les trois ordres du diocèse. — Les représentants des communautés du Gévaudan central jurent l'obéissance au Roi, le 14 juin 1589, un mois après la journée des Barricades................

Chapitre IV

Alliance des Réformés Cévenols et des Royalistes Catholiques. — Le Parti Royaliste......................... 199

I. — Montmorency-Damville. — Sa politique en Gévaudan. — Ses relations avec Adam de Heurtelou, évêque de Mende...

II. — Tentative de réconciliation des Réformés et des Catholiques Royalistes (juin 1588). — Intervention de M. de Rochemaure, intendant de Damville. — Propositions faites à « MM. des Estats du Hault Gévauldan » par les Etats Réformés du Bas Gévaudan. — Réponse des Commis et Syndic du Haut Gévaudan................

III. — Rupture des relations entre les deux partis. — Attitude de Damville à l'égard des Royalistes catholiques. Echec relatif de cette première tentative..............

IV. — Retour en grâce de Montmorency-Damville. — Alliance des deux Henri. — Apaisement des passions religieuses en Gévaudan. — Motifs d'entente entre les Réformés et les Catholiques Royalistes. — Révocation de M. de Saint-Vidal. — Restauration de Marvejols. — Le Gévaudan observe la « Trêve des Maréchaux »........

V. — Contraste entre cette attitude pacifique et la surexcitation des haines politiques et religieuses qui, dès la mort d'Henri III, sévissent dans la plupart des provinces de France. — Avènement d'Henri IV. — Entente entre les « personnes notables » du diocèse de Mende pour l'établissement de la paix. — Leurs décisions sont soumises à l'approbation de Damville. — Réponse du Gouverneur.

VI. — Adam de Heurtelou assure Henri IV de sa fidélité à la royauté légitime et de ses bons rapports avec Damville (19 septembre 1589). Il le presse de se convertir au Catholicisme. — Présence des députés du Gévaudan aux Etats royalistes de Languedoc (Béziers, septembre 1589).

VII. — Les Etats particuliers du Pays de Gévaudan (Chanac, novembre 1589). — Présence de la plupart des députés, au nombre desquels figurent ceux des Cévennes. — Ils jurent tous fidélité à Henri IV et à Damville......

Chapitre V

Ligueurs et Royalistes... 223

I. — Le nouveau chef des Ligueurs gévaudanais : Philibert d'Apcher. — Les Etats de la Ligue (St Chély. Nov. 1590). — Les partisans de l'Union prennent l'offensive........

II. — Les troupes ligueuses pénètrent en Gévaudan, du Nord (de l'Auvergne et du Velay) et du Sud-Ouest (du Rouergue). — Entrée du duc de Nemours au Puy (1591) — Il y rétablit les affaires de la Ligue, compromises par la mort tragique de M. de Saint-Vidal (25 janvier 1591). — Apcher l'y rejoint et le presse d'intervenir en Gévaudan et de marcher sur Mende. — Renforts envoyés à Mende par les Cévenols, confirmation de leur alliance avec les Catholiques royalistes. — Montmorency-Fosseuse, nommé par Damville gouverneur particulier du Gévaudan (3 sept. 1591). — Nemours quitte le Puy et se retire en Auvergne. — Ses projets. — Apcher, gouverneur ligueur du Gévaudan et de la Haute-Auvergne, marche sur Mende. — Mais l'insuffisance de son artillerie l'oblige à se retirer sur Saint-Chély. — Le seul effort tenté par les Ligueurs en Gévaudan avait à peine duré un mois. — La répression royaliste. — Reprise de

Chanac aux Ligueurs (13 janvier 1592). — Le capitaine d'Ayres s'empare de La Canourgue, propriété du marquis de Canillac. — Fin des hostilités entre Ligueurs et Royalistes..

Chapitre VI

La pacification du Gévaudan... 236

I. — Adam de Heurtelou et Damville tentent de prévenir et d'annuler l'action des Ligueurs par des « trêves de labourage » fréquemment renouvelées. — La Trêve du mois de février 1592. — Négociations avec les Ligueurs du Rouergue et du Vivarais — Les Cévenols remercient Heurtelou d'avoir travaillé à la pacification du Pays. — Apcher s'éloigne du Gévaudan ; sa présence à Villemur, où mourut Scipion de Joyeuse. — Adam de Heurtelou et Damville répriment les tentatives de pillage faites par M. de Robiac, capitaine royaliste............................

II. — La conversion d'Henri IV accueillie avec joie par les Gévaudanais. — Dans une lettre aux Etats du Pays de Gévaudan, Adam de Heurtelou résume toute sa politique : la paix dans la soumission au roi légitime et à ses représentants. ....

III. — Les négociations avec les Ligueurs. — Soumission des barons de Canillac et d'Apcher. — Nouvel auxiliaire d'Adam de Heurtelou, Philibert d'Apcher agit auprès des communautés ligueuses, les pressant de reconnaître Henri IV. — La première des cités ligueuses de Languedoc, Le Malzieu se soumet à Henri IV (21 sept. 1594). — Soumission de Saugues (27 sept. 1594.) — Tout le Gévaudan reconnait le roi légitime un an et demi avant la signature de l'Edit de Folembray (24 janvier 1596)......

CONCLUSION 255
APPENDICES : ....
I. — Extrait de « l'estat des lieux, etc »................... 261
II. — Note sur la Sénéchaussée de Mende................ 263
Index alphabétique 267
Table des Matières... 283

www.ingramcontent.com/pod-product-compliance
Lightning Source LLC
Chambersburg PA
CBHW071415150426
43191CB00008B/926